글로벌 리믹스

글로벌 리믹스

리처드 스케이스 지음 | 안진환 옮김

Global Remix

미래의 창

나는 10년 정도 전 세계를 돌아다니며 여러 기업의 경영진들이나 중간 관리자들을 상대로 강연을 해왔다. 기업에 몸담은 사람들을 상대로 강연을 하다 보니 자연히 앞으로 10~15년 사이에 기업 경영에 영향을 미칠 요인들을 지적하고 그 대비책을 논의하였다. 바꾸어 말해서 세상에 커다란 영향을 미칠 굵직한 흐름들을 파악하고, 그런 흐름들이 기업에 구체적으로 어떤 여파를 미칠지 짚어보는 방식이었다. 기업 경영에 대해 강연을 하는 사람들이 이야기를 풀어 나가는 방식을 보면 대개 둘 중의 하나이다. 거시적인 동향에 치중하느라 기업이 실제로 겪게 될 구체적 영향을 소홀히 다루거나, 반대로 나무 한 그루 한 그루에 매달려서 전체 숲에 대한 이야기는 제대로 하지 못하는 경우이다. 나는 언제나 중용을 취하려고 애썼다. 이 책 역시 나의 그런 입장을 그대로 드러내고 있다.

즉, 앞으로 10~20년 사이에 이 세상 대부분의 기업들이 향해 나아갈 방향을 헤아린 다음, 그런 방향을 선택함으로써 기업의 모습과 개인의 삶이 어떻게 달라질지 예측해 보았다.

인도와 중국 그리고 몇몇 아시아 국가들의 경제가 눈에 띌 정도로 발전하면서 전 세계의 기업 경영이 그 양상을 바꾸어 가고 있다. 우선 대규모 제조업들이 이 지역으로 이전하는 현상을 지적할 수 있을 것이다. 에너지 가격과 생필품 가격 인상의 주된 원인 또한 거기에서 찾을 수 있다. 앞으로 40년 뒤에는 전 세계에 매장되어 있는 원유가 바닥이 난다. 그런데 세계의 원유 소비량은 해마다 늘고 있고, 그 증가분 가운데 3분의 1이 중국의 원유 소비 증가 때문이다. 미국의 무역 수지 적자 가운데 일부는 중국에 있는 미국 기업들이 미국에 상품 수출을 한 탓에 발생한 것이다.

이런 현상들에 맞물려 서구에서는 그동안 통용되던 마케팅 원리가 더 이상 효력을 발휘하지 못하고 있다. 소비자들을 연령, 직업, 소득을 기준으로 세분화해 표적으로 삼고 전략을 구사하던 마케팅이 더 이상 통하지 않게 되었다. 자유분방하고 개성이 강한 소비자들은 계속해서 취향을 바꾸는 다양한 틈새시장 집단으로 변모하였는데, 그토록 수가 많고 수시로 바뀌는 틈새시장들은 오랜 시간 공을 들이는 마케팅 전략을 구사하지 않고는 공략할 수가 없다. 게다가 소비자들은 날로 현명해져서 기업으로서는 거기에 대처하기가 점점 어려워진다. 이 같은 변화는 기업으로 하여금 성공하자면 변하지 않을 수 없도록 강요하고 있다.

따라서 이 책은 이 같은 변화 속에서 기업이 경쟁력 우위를 확보하려면 실제로 어떻게 해야 할지 해결책을 모색하고 있다. 그 해결책이라고 하는 것은 혁신적인 제품과 서비스를 출시할 수 있는 창의성 넘치는 기업 문화를 발전시키는 일을 토대로 한다. 달리 말해서 연공 서열에 기반을 둔 위계 조직의 틀에서 벗어나야 한다는 것이다. MP3 세대라고 불리는 젊은이들은 군말 없이 시키는 일이나 하는 그런 세대가 아니며, 미래의 경쟁력 우위를 마련해 줄 창조적 아이디어가 넘치는 젊은 인재들이다. 이들을 위해서는 마음을 열고 사람을 사람으로 대하며 격식을 따지지 않는 조직 문화가 마련되어야 하는데, 그런 분위기가 넘치는 기업을 나는 '카페 같은 기업(cafe corporation)' 이라고 부르고 싶다.

그런데 문제는 현재 기업의 경영진 양성 프로그램이나 경영 대학원 교과 과정으로는 기업이라는 조직에 그런 분위기가 넘쳐흐르게 할 정도의 품성을 지닌 경영진이나 관리자들을 길러낼 수 없다는 데 있다. 민간 부문이나 공공 부문을 막론하고 앞으로 조직에는 진정한 리더는 더 많이 있어야 하는 반면 관리자는 점점 더 줄어들어야 한다. 카페 같은 기업이 되게 하려면 조직 구성 체계는 최소한으로 유지하는 반면 혁신적인 조직 문화는 넘치게 해야 한다. 대기업들은 여러 나라의 경제 성장을 가능하게 했던 진취적 소기업들의 예를 통해 어떻게 하면 그렇게 할 수 있는지 배울 수 있을 것이다. 앞으로 대기업은 유명 브랜드 이름 아래 함께 움직이는 여러 작은 사업 단위들의 집합체로 거듭날 것이다. 아직까지 미국이나 유럽에는 그런 기업들이 별로 없다.

기업 자체가 그렇게 변한다면 기업에서 일하는 사람 역시 달라지지 않고는 버틸 수 없다. 현실적으로 별로 쓸모도 없는 것을 가르치는 현재의 대학을 졸업하면서 받은 학위 같은 것만 가지고는 안 된다. 자신만의 장점이 될 수 있는 인간적 자질과 품성을 찾아내고 발전시켜야 한다. 카페 같은 기업에서 일하게 될 사람들은 하는 일의 성격으로 구분할 때 다음과 같은 세 가지 유형 가운데 한 가지 유형의 일을 하게 될 것이다. 즉, 주연(celebrities), 조연(lieutenants) 그리고 단역(passing through strangers)이다. 이 셋 가운데 어떤 유형의 일을 하느냐에 따라 소득, 라이프스타일, 인간관계가 달라질 것이다. 연공서열에 바탕을 둔 위계 조직과 그런 조직의 조직 문화가 점점 사라짐에 따라 관리자의 일인 조연 역할을 하는 사람의 수는 점점 줄어들고, 대부분이 경영진인 주연이나 쌍방의 욕구가 맞을 때 업무 계약에 따라 단역의 일을 하게 될 것이다.

이 책을 쓰면서 타당성을 입증할 수 있는 미래 예측을 담는 한편으로, 읽기 쉽고 재미있는 이야기를 들려 주기 위해 애썼다. 결국 실제로 소기업을 운영하는 사업가로서, 경영학을 연구하는 학자로서, 기업 경영에 대한 강연을 하는 강연자로서의 나의 체험을 바탕으로 이야기를 풀어 나갔다. 날마다 하는 일을 통해 21세기의 첫 10년 안에 기업들의 실제적인 사회 경제적 변화를 이끌고 있는 기업 경영인들과 관리자들에게 이 책을 바친다.

감사의 글

나는 지난 10여 년 동안 세계의 이곳저곳을 돌아다니며 기업 경영에 대해 이야기를 했었는데, 그 결과 이런 책을 낼 수 있게 되었다. 기업의 경영진들과 워크숍을 할 때도 있었고, 학회에서 발표를 할 때도 있었고, 천 명도 넘는 특정 업계 종사자들을 위해 강연을 할 때도 있었다. 그런 과정에 집중 조명을 받는 강단에 서서, 혹은 쉬는 시간에 커피를 마시며 이야기하는 동안에 여러 가지 날카로운 질문들을 받았다. 그런 질문들 덕분에 이 책이 나올 수 있었다. 책을 쓰기 위해 준비하는 동안은 폴 타이럴과 조나난 스케일즈에게 많은 도움을 받았다. 그러나 무엇보다도 산업 강사 협회(Speakers for Business)의 브렌던 반즈와 트레이시 볼 그리고 스티브 챔벌레인에게 많은 신세를 졌다. 이들은 책을 쓰는 동안 계속해서 격려해 주고 실질적으로 힘을 보태 주는 것은 물론 많은 의견을 제시해 주었다. 그러나 이 책에서 논의한 내용에 대한 모든 책임은 오로지 필자가 질 것이다. 미친 사람의 헛소리처럼 들리는 내용도 있겠지만 그런 내용조차 기업 경영의 미래에 대한 논의와 논쟁을 불러일으킬 수 있다면 이 책을 쓴 목적이 달성된 것이라고 생각한다.

목차

1

식욕은 글로벌, 입맛은 로컬

- 세계를 실질적인 시장으로 삼을 수 있을 만큼 여러 가지 제약이 사라졌다.
  - 인터넷이 보급되고 세계적인 공급망이 갖추어졌다.
- 중국 – 세계의 경제를 주도하는 경제체이다.
- 인도 – 곧바로 지식 경제 체제로 진입하고 있다.
- 중국과 인도의 약 25억 명에 달하는 소비자 인구는 세계 경제에 막대한 영향을 미친다. 서구 기업에는 새로운 시장 기회를 제공한다.
- 단순히 과거의 지리적 제약이 사라진 것만이 아니다. – 신용과 직접적인 교류를 통한 관계의 강화 및 경쟁적인 클러스터(clusters)들이 중요해졌다.
- 너 나 할 것 없이 전부 중국어를 배워야 할까?

인도와 중국이 신흥 경제 대국이 될 것이라는 예상이 이곳저곳에서 쏟아져 나올 만큼 두 나라의 경제가 활력을 띠기 시작하자 서구 기업의 경영진들은 상당한 충격을 받았다. 여러 업계의 선두 기업들에게 인도와 중국 경제의 활력은 분명히 위협적이다. 단지 두 나라가 상대적으로 저렴한 임금의 노동력을 어마어마하게 보유하고 있다는 사실 때문에 그들이 겁을 집어 먹은 것은 아니다. 두 나라가 신흥 경제 세력으로 떠오른다는 것은 또한 엄청난 시장 기회의 생성을 의미하기 때문에 놀라는 것이다. 골드만삭스에 따르면 2020년이 되면 인도와 중국의 전체 소비자 합산 구매력은 세계의 다른 어느 지역 소비자들의 구매력 합계보다 더 커질 것이라고 한다. 앞으로도 여전히 서구 기업의 대부분이 서구 시장을 주요 시장으로 삼아 성장하겠지만 그래도 이 두 나라를 주시하지 않을 수 없게 될 것이다.

앞으로 20년이나 30년이 흐르는 동안은 최신 정보 기술과 커뮤니케이션 기술을 이용해 좀 더 폭넓고 깊게 성장 기회를 모색하고, 효율을 제고하고, 더 큰 이익을 안겨줄 수 있는 소비자 집단을 발굴하는 기업들만이 제대로 성공할 수 있다. 세계화라는 커다란 흐름 앞에 꿈쩍도 하지 않는 틈새시장은 별로 없으며, 있다고 해도 급속히 사라질 것이다.

서구 기업들을 포함해 대부분의 기업들이 현재로서는 외국 시장에 상품과 서비스를 판다는 의미에서만 '세계적' 기업 활동을 한다고 말할 수 있다. 따라서 여러분의 기업이 아직도 외국과 교역을 하지 않는 상태이거나 제휴, 협력 등을 하지 않고 있다면 빨리 시작해야 한다. 그렇게 하지 않으면 세계 시장에서 성장할 역량이 사라지는 위기에 봉착하거나 내수 시장에서 기민한 경쟁 업체에게 입지를 내어주게 될 것이다.

쟁의를 일삼는 강성 노조들은 몇몇 강대국들이 제대로 된 정책조치만 취하면 세계화라는 흐름은 중지되거나 방향이 바뀌리라고 생각하는 것처럼 보인다. 그러나 사실 세계화의 흐름은 나날이 빨라지고 안정적이 될 수밖에 없는 자기 추진력을 지닌 흐름이다. 그 이유가 무엇이라고 생각하는가? 어떤 의미가 되었든 인간에게는 교류하고 소통하려는 본능이 있다. 대화를 통해 생각의 차이를 좁히는 일이 되었든, 상품을 교역하는 일이 되었든 말 그대로 상호간의 소통이라는 뜻의 커뮤니케이션은 예전의 그 어느 때보다도 빠른 속도로 발전하고 있다. 휴대전화나 인터넷 같은 텔레커뮤니케이션을 포함해 공항이나 항만 등을 통한 물류라는 커뮤니케이션은 교역과 관련된 모든 관행을 세계적으로 표준화하는 동시에 조화가 이루어지게 만들고 있다. 커뮤니케이션의 발전이 초래한 더욱 놀라운 일은 서구 대부분의 기업을 포함해 아시아의 신생 기업들 가운데 일부마저 그 어느 때보다 신속하고 효율적으로 아무한테나 사서 아무한테나 팔 수 있게 되었다는 사실이다.

이런 식의 상호 교류가 가능하게 만든 대표적인 원인은 누가 뭐래도 인터넷이라고 해야 할 것이다. 인터넷은 지금까지 나온 커뮤니케이션 수단 가운데 가장 강력한 수단이다. 어떤 기업이라고 해도 컴퓨터, 웹 브라우저, 모뎀을 갖추고 전화선에 연결만 하면 거의 못할 일이 없다. 예를 들어, 전 세계를 뒤져 혁신적인 제품과 서비스를 생산하는 데 필요한 부품이나 인재들을 찾아낼 수 있다. 또, 비용을 절

• 표 1-1 세계 인터넷 공급

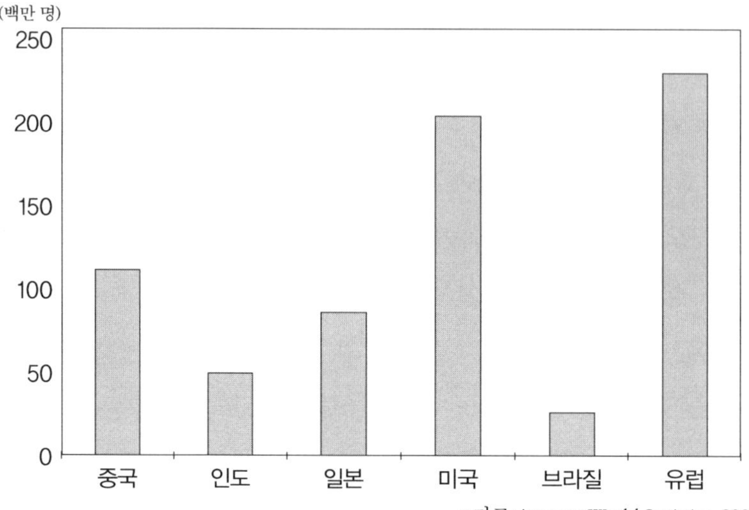
(백만 명)
250
200
150
100
50
0
중국
인도
일본
미국
브라질
유럽
* 자료: internet World Statistics, 2005

• 표 1-2 인도의 인터넷 사용자 수

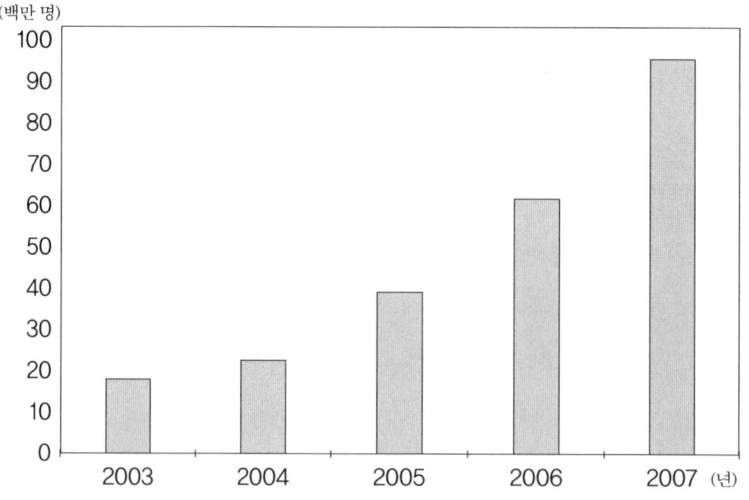
(백만 명)
100
90
80
70
60
50
40
30
20
10
0
2003
2004
2005
2006
2007 (년)
* 자료: internet World Statistics, 2005

감하면서 세계 시장을 무대로 마케팅을 할 수 있다. 뿐만 아니라 외주로 신용보증이나 제3자 배상 증명을 얻어 신용 상태를 입증하고, 배송 서비스를 이용해 신속하게 주문한 상품을 발송할 수 있다.

한편 중형 기업이나 대기업의 경우에는 저임금, 지방 정부의 지원이나 보조, 또는 특수기술을 찾아 기업 조직 가운데 일부를 다른 지역으로 이전한 상태에서도 인터넷을 이용해 여전히 한 곳에 있는 조직을 관리하듯이 전체 조직을 관리할 수 있는 이점도 있다.

기업의 규모가 커지면 커질수록 조직의 해외 이전이나 외국 기업과의 제휴, 협력을 통해 효율성을 높일 수 있다. 이제는 더 이상 기업의 규모가 반드시 기업의 역량을 뜻하는 것이 아니기 때문이다. 2장에서 살펴보겠지만 개인이 운영하는 소기업들은 이제 '규모의 경제'나 '진입 장벽'을 겁내지 않는다. 그들은 이제 지극히 개성적인 취향까지도 만족시키는 제품들이나 고도로 숙련된 희귀 서비스들을 필요로 하는 고객들을 찾아내 세계에 널려 있는 공급망을 통해 얼마든지 공급할 수 있게 되었기 때문이다. 서구의 기존 기업은 구조조정의 필요성 때문에, 또 아시아의 신흥 기업들은 새로운 시장의 개척 필요성 때문에 국적을 초월한 기업들 간의 인수 합병도 잦아질 것이다.

자금마저도 그렇게 국경을 초월해 움직이기 때문에 우선 세계적인 공급망이 형성될 수 있다. 그렇게 형성된 공급망은 인터넷 덕분에 지속적으로 사업을 영위할 수 있다. 앞으로 20년이나 30년 안에 엄청나게 많은 기업들이 세계화의 흐름과 인터넷을 활용할 것이기 때문에 경제의 순환은 이제 더 이상 한 국가의 테두리 안에서 이루어지지 않을 것이다.

현재의 G8에 대해 한 번 생각해 보라. 경제 대국이라고 하는 세계의 몇 나라가 포함되어 있지만 사실 전부가 경제 대국은 아니다. 앞으로 20년이나 30년 뒤에도 이 나라들이 여전히 G8에 포함되어 있다면 G8이라고 하는 것은 유명무실한 것이 될 것이다. 투자 은행인 골드만삭스는 2050년이 되었을 때 구매력 대비 국내총생산이라는 관점에서 진정 G8에 포함될 나라들을 경제력에 따라 중국, 미국, 인도, 일본, 브라질, 러시아, 영국, 독일의 순으로 예상하고 있다.

경제학자들이나 통계학자들은 인도가 중국과 비슷한 경제력을 보유하거나 중국을 능가하는 경제력을 보유할 것으로 내다보고 있다. 영어를 할 줄 아는 사람이 인도에 압도적으로 많은데다 2030년이 되면 인도의 근로 가능 인구가 중국의 근로 가능 인구보다 많아질

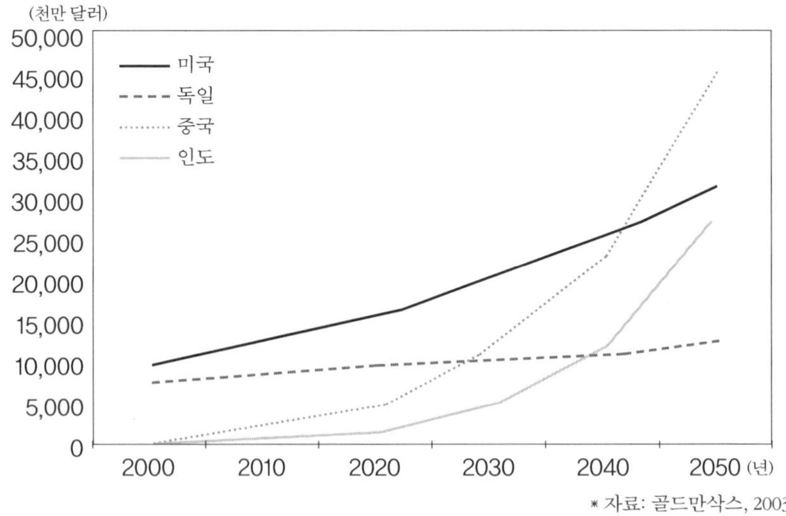

• 표 1-3 **아시아의 미래**(GDP: 국내 총생산)

＊ 자료: 골드만삭스, 2003

• 표 1-4 2050년 세계 경제 규모(GDP 2003 US 기준)

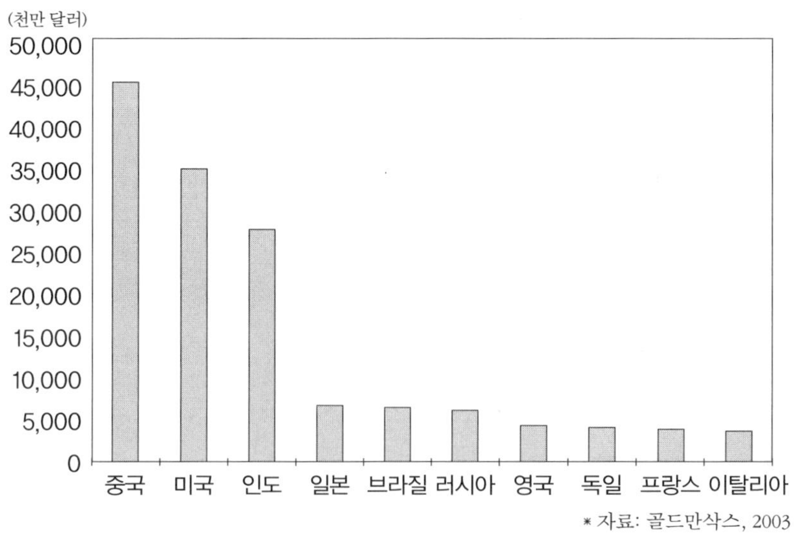

• 표 1-5 중국의 성장에 따른 연쇄효과: 총 무역거래량 중 중국과의 무역 비중

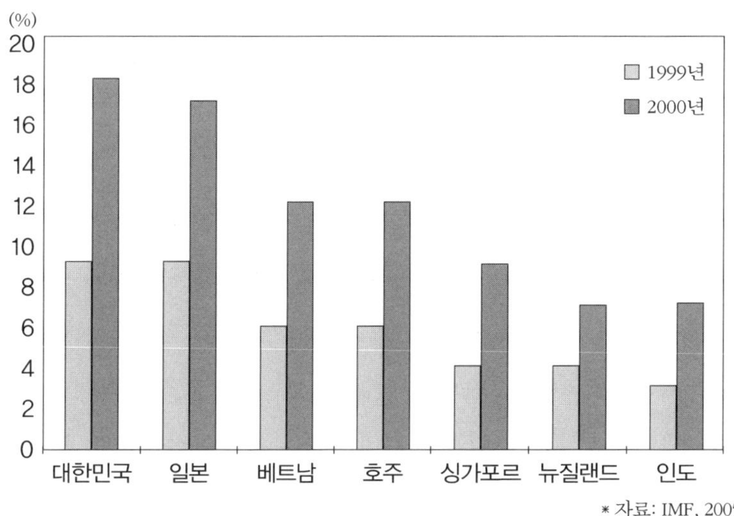

것이기 때문이다. 어쨌든 아무리 늦어도 2020년경에는 인도와 중국 두 나라 모두 G8에 포함될 것이라는 데는 누구도 이의를 제기하지 않는다.

현재의 G8 국가들의 결정에 소기업들의 사업이 영향을 받는다는 사실을 인정한다면 앞으로 20~30년 뒤에 G8에서도 가장 입김이 강해질 두 나라를 주시하여 유리한 고지를 점령해야 하지 않겠는가? 물론 두말할 필요도 없는 일이다. 우선 중국과 인도의 경제가 지금처럼 발전할 수 있었던 이유가 무엇이었는지 알 필요가 있다. 그런 다음 앞으로 어떤 일들이 '틀림없이 일어날 것' 인지 이해해야 한다. 그래야 두 나라의 약진에 편승하여 과실을 따먹을 수 있다.

미래에 대해 알고 싶다면 아시아를 주시하라

기업의 일부를 해외로 이전하는 문제는 기업 경영자들, 노조 간부들 그리고 정치인들에게 상당히 골치 아픈 문젯거리다. 이전과 관련된 문제는 세상의 교역이 통합된 체계 속에서 이루어지며 기업의 활동 반경 역시 그 정도로 넓어졌다는 것을 여실히 보여주는 상황이라고 해야 할 것이다. 해외로의 이전은 전 세계 어디에서나 기업이든 개인이든 좀 더 공정한 경쟁을 할 수 있는 터전을 만드는, 성가시지만 할 수밖에 없는 일이다. 다행히 듣도 보도 못하던 일은 아니다. 이미 1960년대에 서구 대기업들 가운데 일부가 제조공장을 대만으로 옮겼었다. 미국의 전기제품 제조기업인 텍사스 인스트루먼트도 1984년 인도의 뱅갈로레(Bangalore)로 공장을 옮겼다. 1990년대 이후 기업들의 해외 이전 속도가 빨라지면서 사람들은 놀라기 시작했다.

이런 일들은 네트워킹(networking) 기술의 발전 덕분이다. 마지못해 해외 이전을 해야 하는 기업이라면 바로 이 네트워킹 기술의 발전을 원망할 것이며, 앞날을 내다보고 착실히 준비한 기업이라면 네트워킹 기술의 발전에 고마움을 표할 것이다. 네트워킹의 발전 못지않게 중요한 변화 요인은 중국이 사회주의와 자본주의 시장 경제 체제를 접목시킨 것이다. 현재 중국과 인도는 교육 및 인프라에 집중적으로 투자하여 서구 기업들이 보기에 가장 이상적인 해외 이전 기지가 되기 위한 노력을 쏟아 붓고 있다.

2020년이 되면 아시아는 어떤 기업에게나 생산 설비를 이전하는

• 표 1-6 2005년 생산분야의 시간당 노동비용

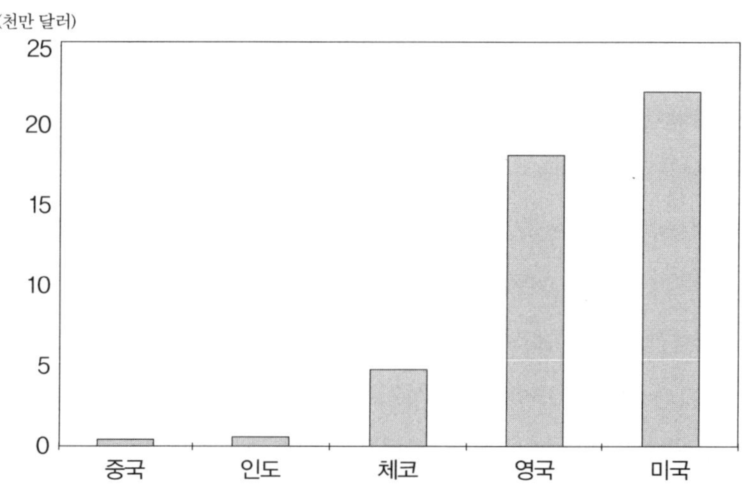

* 자료: R. Scase, *Living in the Corporate Zoo*, 2002, Capstone Publishing

최적격지가 될 것이다. 대기업들의 경우에는 고도로 전문화되어 있고, 브랜드에 영향을 미치고, 해외 이전 자체가 어려운 몇몇 영역을 빼고는 모조리 동양으로 이전시키는 것이 최선일 것이다. 세계가 그야말로 하나이다보니 기업들은 별 어려움 없이 필요로 하는 기능들을 최저의 비용으로 조달할 수 있게 될 것이다. 이러한 현상은 선진국의 비숙련 근로자들에게 매우 커다란 위협이 될 것이다. 따라서 경제 선진국의 개인 근로 인력들은 남들이 쉽게 흉내 낼 수 없는 기능과 지식, 경험을 갖추고, 쌓고, 하는 일에 몰두해야 할 것이고, 정부 또한 이를 적극 지원해야 할 책임이 있다.

중국 대륙의 동해안에 들어서 있는 경제특구(SEZs: Special Economic Zones)들이 막대한 규모의 해외 직접 투자 자금들을 유치한 것은 중국이라는 국가 자체가 이미 전 세계의 제조업 기지가 되었다는 의미라고 할 수 있다. 이미 중국은 전 세계의 PC 가운데 90퍼센트를 생산하고 있다. 삼성전자는 한국에서의 노트북 컴퓨터 생산을 중단하고 중국으로 생산 기지를 이전하였다. 〈파이낸셜 타임즈〉 2006년 3월호에 따르면 베이징 정부는 세계적인 반도체 생산 심장부가 되겠다는 야심을 품고 미화 3억 달러에 이르는 컴퓨터 칩 제조 공장 설립 계획을 세우고 있다. 앞으로 몇 년 안에 상당히 많은 중국의 신흥 사유 기업들이 외국 대기업의 하청업체 수준에서 벗어나 세계적인 시장 선도 브랜드가 될 것이다.

그런 기업들 가운데는 풍부한 자금으로 서구 기업들을 인수하여 자국의 저렴한 생산 비용과 결합시켜 경쟁력 우위를 확보하는 기업들이 있다. 예를 들어 중국의 컴퓨터 제조 기업인 레노보(Lenovo)는

2004년 12월 IBM의 PC 사업 부문을 17억 5천만 달러에 인수하였는데 가히 세기적인 대규모 인수 케이스라고 할 만하다. 다른 기업들도 연구개발, 창의성, 지역 시장에 대한 정보 등에서 앞서 있는 외국 경쟁 기업들을 인수하고 있다. 가전제품 기업인 하이어(Haier)는 스타일과 첨단 기술 면에서 누구보다 앞서 가는 이탈리아 메네케티(Meneghetti) 의 냉장고 사업 부문을 2001년에 인수하였다.

인도도 중국 못지않게 서구 기업들에게 매력적인 나라이다. 인도에는 저렴한 노동비용 말고도 여러 가지 장점이 있다. 우선 인도 사람들이 근로에 대해 지닌 윤리관을 높이 살 수 있다. 게다가 영어를 할 줄 아는 인구가 상당히 많다. 틀이 잘 잡힌 인도의 고등 교육 체계는 매년 1백만 명 이상의 영어를 할 줄 아는 고등 교육 이수자들을 길러 내고 있다. 2008년이 되면 전문 분야를 이수한 인도의 고급 인력은 영국, 프랑스, 이탈리아, 스페인을 포함한 대부분 유럽 국가들의 전문 분야 고급 인력보다 많아질 것이다. 상대적으로 여전히 낮은 임금과 전문성을 결합시킨 인도는 서구로부터 서비스 부문의 일을 잠식해 가기에 충분한 역량을 지니고 있다. 맥킨지 앤드 컴퍼니(McKinsey and Co.) 의 예상에 따르면 인도는 2010년이 되면 미국의 회계 및 법률 관계 서비스 시장에서 10퍼센트 정도를 외주로 가져가게 될 것이라고 한다.

거스를 수 없는 이런 흐름에 대해 유럽 국가들 대부분이 신경질적인 반응을 보였다. 그리고 그런 면에서는 미국이 어느 나라보다도 두드러져 보인다. 미국은 공화당이건 민주당이건 가릴 것 없이 보호무역주의적인 정책을 옹호해 왔고, 그들이 '위협'이라고 여기는 인도의 변화에 맞서 그런 입장을 더욱 견지해 왔다. 로널드 레이건 대통령의 경제 자문역을 지낸 폴 크레이그 로버츠(Paul Craig Roberts)는 2004년 1월 워싱턴에 있는 브루킹스 재단(Brookings Institution)에서 연설을 하면서 기업들이 해외로 사업 이전을 하는 탓에 '20년 뒤면 미국은 제3세계 국가가 될 것'이라고 예측하였다. 그러나 미국 기업들이 해외로 사업을 이전하는 추세가 미국 경제에 보탬이 된다는 증거가 더 많다. 미국의 경영 컨설팅 업체인 맥킨지 앤드 컴퍼니는 2002년 조사를 통해 자료를 입력하는 일을 하는 사람의 임금이 인도에서는 2달러인데 이것은 미국에서 똑같은 일을 하는 사람이 받는 임금의 10분의 1이라는 사실을 공표하였다. 또 미국 기업이 사업을 해외로 이전시킨 후 1달러당 58센트의 순수비용 절감 효과를 얻었으며, 미국 경제는 소비자들이 더 싼 값에 상품을 사는 효과를 비롯해 총 1달러 14센트의 이득을 보았다는 결과도 아울러 발표하였다.

미국이 정말로 두려워해야 할 것은 서비스 분야에서 서구의 유명 브랜드 기업들에 대항할 만한 인도 기업들이 점점 더 늘어난다는 사실이다. 인도의 소프트웨어 산업은 괄목할 만한 성장을 기록하고 있으며, 2008년이면 수출 총액 규모가 900억 달러에 달할 것으로 보인다. 방갈로리의 인포시스 테크놀로지(Infosys Technologies), 하이드러바드(Hyderabad)의 사트얌 컴퓨터 서비스(Satyam Computer Services), 뭄바이(Mumbai)의 타타 컨설턴시 서비스(Tata Consultancy Services) 등은 서구의 소프트웨어 선두 기업들을 조금도 겁내지 않는다. 인도의 신흥 기업들은 자신들이 창의성, 디자인, 혁신 등과 관계된 일들은 제1세계의 '강자들'에게 맡길 수밖에 없고 별로 남는 것도 없는 뒤치닥거리 허드렛일이나 해야 한다고 생각하지 않는다.

　　12억이 훨씬 넘는 인도의 전체 인구 가운데 절반이 25세 미만이
며 인도의 교육 제도는 비약적으로 개선되고 있다. 2003년에 실시한
세계 수학 및 과학 능력 동향(TIMSS: Trends in International Mathematics
and Science Study) 검정 결과에 따르면 인도 고등학생들의 학력 수준
평균이 미국 고등학생들의 학력 수준 평균에 비해 여전히 뒤떨어지
지만 앞으로 몇십 년 뒤에는 학력 수준이 높은 인도 학생들이 압도적
으로 많아지게 될 것이다. 이 검정 결과에서 한 가지 더 주목해 보아
야 할 사실이 있는데, 그것은 최근 몇 년 동안 미국의 4학년 학생들
(9~10세)의 학력 평균은 대만, 일본, 싱가포르 학생들의 학력 평균보다
계속 뒤처지는 것으로 나타났다는 사실이다.

　　인도와 중국은 과학과 기술 분야에서 고등교육을 받은 고급 인력
들을 점점 더 많이 배출해 내고 있으며, 이 인재들은 제약과 생명공학
부문에서 점차 선도적인 역할을 떠맡아 가고 있다. 그 결과 과거 서구
에서 눈에 띄게 좋은 대우를 받았던 일자리들이 조만간 해외로 이전
될 처지에 놓여 있다. 우리는 지식 경제의 힘의 균형이 한쪽으로 기울
어지는 현상을 목격하고 있다. 개인이 창업해 운영하는 소기업들의
입장에서 볼 때는 아시아만큼 어마어마한 성장 기회가 널린 곳이 없
기 때문에 결국 서구에서 동양으로 두뇌가 유출되는 현상이 나타나
게 될 것이다.

　　중국과 인도는 유능한 인재들을 길러내는 쪽에만 관심을 두고 있
는 것이 아니라 원자재와 에너지 확보 및 소비라는 면에서도 경계심
을 불러일으킬 만큼 비약적인 성장을 이루고 있다. 중국은 이미 세계
의 강철 및 철광석 소비량 가운데 상당 부분을 차지하고 있다. 중국은

2005년에 전 세계가 소비한 석탄 및 철광석 가운데 절반을 사용하였으며, 강철, 알루미늄, 구리, 아연은 세계 전체 소비량 가운데 20퍼센트를 차지했다. 이런 사실은 세계의 생필품 가격에 중대한 영향을 미칠 수 있는 요인이다. 더욱 심각한 사실은 중국은 자국이 생산하는 원유보다 훨씬 많은 원유를 소비한다는 것이다. 바로 이런 이유 때문에 중국 국영 해외 원유 개발 공사(CNOOC: China National Offshore Oil Corporation)가 2005년 6월 미국의 원유 시추사 우노컬(Unocal) 매각 입찰 때 목을 매고 달려들었던 것이다. 2001년 이후 중국의 원유 소비량은 40퍼센트 이상 증가하였는데 이것은 전 세계 원유 소비 증가분의 3분의 1에 해당한다.

2006년 중국은 하루 7백만 배럴의 원유를 소비함으로써 미국 다

• 표 1-7 **원유 소비량 점유 증가율**(2002~2005년)

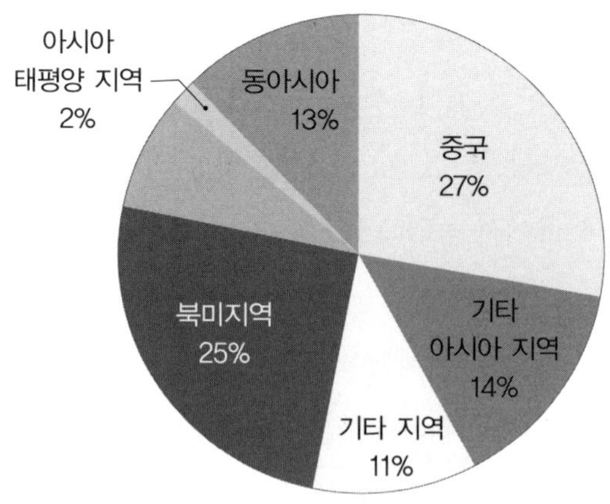

* 자료: OECD Factbook, 2006

음으로 많은 원유를 소비하는 나라인 한편, 미국, 일본에 이어 세 번째로 원유를 많이 수입하는 나라이기도 하다. 앞으로 수십 년 동안 중국이 어디에서 원유를 수입하게 될 것인가 하는 문제가 국제 정치는 물론 국제 원유가에도 큰 영향을 미칠 것이다. 중동에서 원유를 수입하든가, 현재 일본과 영유권 문제로 대립하고 있는 지역에서 원유를 얻든가, 아프리카 혹은 다른 지역에서 원유를 수입하든가 그 결과 여하에 따라 국제 정치 및 국제 원유가가 영향을 받을 수밖에 없다. 원유를 확보하기 위해 필사적인 노력을 하는 중국은 2006년 이란과 7백억 달러 규모의 장기 공급 계약을 체결하였다. 미국 에너지 관리청(US Energy Information Administration)에 따르면 중국의 원유 수요량은 2025년에 이르러 하루 1,400만 배럴에 달할 것인데 이 가운데

• 표 1-8 **중국의 원유 생산량과 소비량**(1994~2006년)

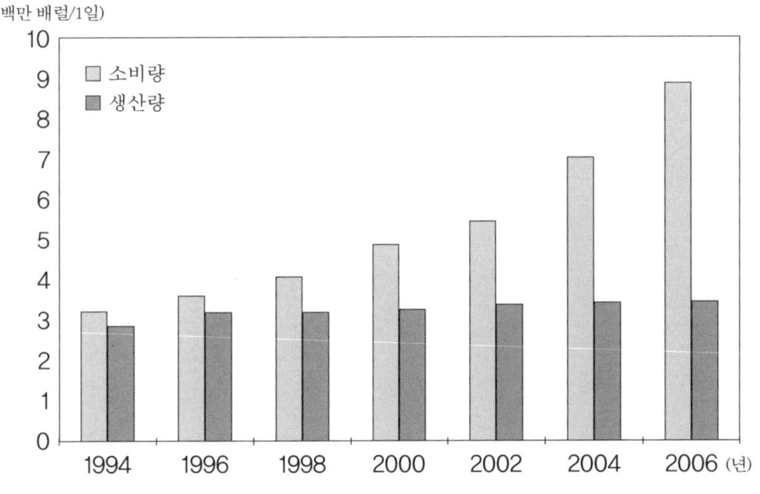

＊자료: US Energy Information Administration

3분의 2 정도가 수입으로 충당될 것이라고 한다.

　원유 물량 확보를 위한 이런 긴장과 대립에도 불구하고 세계의 원유 공급량은 점점 줄어들 수밖에 없다. 따라서 각각의 기업들은 장기적인 관점에서 각 지역의 연료 및 에너지 가격의 동향을 고려해야 한다. 앞으로도 30~40년 동안은 원유가 가장 중요한 에너지 자원 노릇을 할 것이고 유럽이나 미국의 원유 가격은 2015년경 리터나 배럴 기준으로 계산할 때 현재의 3배에 달할 것으로 전망된다. 지구에 매장되어 있는 원유가 점점 고갈되어 가고, 대기 중에 방출되는 이산화탄소의 양을 규제하기 위한 세계적인 합의가 마련되고 실천에 옮겨진다고 해도 2020년 전 세계의 원유 수요량은 하루 1억 1천만 배럴에 이를 것으로 보인다. 현 시점에서 가스나 다른 에너지 자원이 원유를 대체할 주요 에너지 자원이 된다고 하더라도 전반적인 에너지 가격은 지속적으로 상승할 것이라는 것이 일반적인 예상이다. 이미 다른 분야에서도 입증되었지만 아시아의 원유 수요량 증가는 결국 공급을 초과할 것이고 큰 후유증을 낳을 것이다.

　최근에 세계적으로 선적 비용이 크게 증가한 까닭은 다름이 아니라 중국의 막대한 원자재 수입과 그런 원자재를 이용해 생산한 완제품 수출 물량의 증가로 말미암아 해운 물동량이 증가하였기 때문이다. 아시아 경제의 지금까지의 약진은 어떻게 보면 시작에 불과하다. 아시아 경제는 이제 성장을 위한 본격적인 발걸음을 내딛을 것이다. 우리는 지금까지 제조업들이 통째로 인도나 중국으로 이전해 가는 것을 목격하였고, 데이터 서비스업이 인도로 옮겨가는 것도 지켜보았다. 게다가 중국과 인도의 중산층이 늘어나면서 소비자를 상대로 하는 서비스업들까지 인도와 중국으로 흘러가는 것을 지켜보고 있다.

2015년경부터는 지식 경제의 무게 중심 역시 동양으로 옮겨가는 것을 목격하게 될 것이다. 영국, 유럽, 미국에서 사업을 영위하는 사람들은 무게 중심의 이동이 시작되었다는 사실을 현실로 받아들이고 거기에 대처하는 수밖에 없다. 그러나 겁을 먹을 필요는 없다. 오히려 기대감을 안고 대처하는 것이 좋다. 중국이나 인도가 점점 더 경쟁력을 갖추게 되겠지만 그것은 달리 말해 두 나라가 점점 더 부유해진다는 의미이며, 결국 판매를 위한 시장 기회라는 뜻이기도 하다. 물론 부분적으로는 여전히 불공정한 부분이 있을 수도 있지만 전 세계를 활동 영역으로 삼는 기업 활동은 좀 더 넓은 시장에서 좀 더 공정한 경쟁을 통해 누구나 더 번영할 기회를 얻을 수 있다는 의미이다.

20억 잠재 소비자를 지닌 중국과 인도

그런데 경제학에서 흔히 하는 것처럼 인도와 중국을 여전히 '개발도상국'으로 분류하는 것이 옳은 일일까? 생계형 농업에 종사하는 빈곤층의 숫자가 절대 다수라는 면에서 보면 옳은 분류이다. 그러나 세계은행(World Bank)의 조사에 따르면 중국의 농촌 지역 빈곤층 인구는 1990년에 2억 8천만 명이었던 것이 1997년에는 1억 2천4백만 명으로 55.7퍼센트나 급격히 줄어들었다. 그 이후로도 여러 가지 다른 조사들을 통해 나타난 결과를 보면 전체적인 빈곤층의 수가 엄청난 속도로 줄어들고 있다.

인도의 경우 12억 명이 훨씬 넘는 전체 인구 가운데 약 25퍼센트가 빈곤층 이하의 생활을 할 만큼 아직은 정말 가난한 나라이다. 그러나 1994년부터 2004년 사이에 국민총생산은 연평균 6.8퍼센트로 성장하였고 빈곤층 비율은 10퍼센트 하락하였다. 그러자 처음으로 서구의 브랜드들을 살 만한 여유도 지니게 되었고, 그럴 의향이 있는 계층도 생겨났다. 도시의 중산층들은 서구의 중산층들과 똑같은 소비 유형을 보이는 것 같다. 그 가운데에는 서구 국가들의 유명 도시까지 날아가 과시적인 소비를 하는 사람들도 있다. 서구의 여피들과 마찬가지로 인도나 중국의 여피들도 미국의 최신식 기준에 맞추어 넘치는 오락거리들을 즐기고, 풍성하고 맛난 먹을거리들을 사고 먹고, 집 안에서의 편안함을 추구하고 있다.

바로 이런 현상 때문에라도 서구 기업들, 특히 중대형 기업들은 아시아로 사업 부문을 이전하거나 새로운 사업 조직을 개설해야 한다. 그래야만 고도 성장을 희망하는 그 시장에서 지역 시장의 특성에 적응하면서 든든하게 뿌리 내릴 수 있다. 영국의 거대 은행 재벌인 HSBC가 2004년 3월 4천 명분의 일자리를 영국에서부터 해외로 이전하겠다고 공식 발표했던 근본적인 이유도 거기에 있다. 국가 차원에서 볼 때 지금까지 아시아의 기업들과 통합하는 노력을 가장 잘해온 나라는 아무래도 미국이다. 미국은 2006년까지 중국에서 제휴 관계나 합작 사업을 포함해 총 35만 개의 법인 등록을 마친 상태이다. 다른 나라들의 총 법인 등록 수가 15만 개에 불과하다는 사실을 생각할 때 미국이 어느 정도 앞서 있는지 알 수 있다. 유럽의 다른 나라들은 정말이지 부진을 면치 못하고 있다. 2006년 영국의 총 수출액 가운데 인도와 중국을 대상으로 한 수출액 규모는 전체의 1퍼센트에 불과하다. 과거에 영국이 중국이나 인도와 맺고 있던 역사적 관계를 생각해 보면 빈약하기 그지없다. 아시아가 해외 자본을 유치하는 속도가 얼마나 빠른지 과거처럼 수출을 준비하기 위해 3~5년씩을 보내거나, 정부의 지원이나 보조, 혜택 같은 것을 기다리고 앉아 있을 여유가 없을 정도이다.

분별력 있게 그리고 신속하게 움직이는 기업들은 그만큼 많은 보상을 얻게 될 것이다. 골드만삭스가 2004년에 내 놓은 한 보고서에 따르면 소위 브릭스(BRICs: Brazil, Russia, India, China) 경제 안에서 '중산층'을 가늠하는 기준인 미화 3천 달러 이상의 연간 소득을 올릴 수 있는 인구는 2014년에 8억 명에 달할 것이라고 한다. 앞으로 10년 안에 연간 소득 미화 3천 달러 이상을 올릴 인구가 중국에서만 10배 이상 증가할 것이라고 한다. 인도의 경우 현재의 기준 수치 규모 자체가 작기는 하지만 그래도 증가율은 14배가 될 것이라고 한다. 브라질에서는 두 배 이상 늘어날 것이라고 한다. 계속해서 이 보고서는 연간 소득 미화 1만 5천 달러 이상인 인구가 2006년에는 전체 인구 가운데 극히 일부에 지나지 않지만 2025년이 되면 일본의 전체 인구인 2억을 넘는 숫자가 될 것이라고 한다. 이 예상대로라면 그동안 서구 기업들이 주도하며 강세를 보였던 전문직 서비스, 여흥 및 오락, 미디어, 의료, 소매업 분야에서 어마어마한 시장 기회가 생성된다는 것이다. 물론 브릭스 경제가 성장하면 이 같은 산업 부문에 진출하는 국내 기업들도 늘어나겠지만 그동안 쌓은 경험과 자금력에서 앞서는 서구 기업들이 보다 유리한 고지를 점령할 수 있다.

다른 업종을 살펴보면 인도나 아시아의 소비자들은 전통적인 소비 유형을 착실히 따르는 것으로 보인다. 대부분의 사람들이 자동차를 역시 부의 상징으로 생각하고 있다. 2025년이 되면 중국의 소비자들은 세계 어느 나라의 소비자들보다 자동차를 더 많이 살 것인데, 연간 2억 대의 자동차를 구매할 것으로 보인다. 인도나 중국의 도시 지역 주민들은 사상 유례가 없는 빠른 속도로 '욕구 위계론'의 피라미드 위를 따라 움직이고 있다. 머릿속 의식 자체도 세계 동포주의의 의식을 지닌데다 충분한 소득을 올리고 있는 이 지역의 젊은 전문직 종사자들은 패션, 가구, 레저, 미용용품 등에 이미 상당한 돈을 쓰고 있다.

아시아의 젊은이들이 주로 서구의 취향, 특히 미국식 취향을 좋아하는 만큼 위와 같은 업종에서 서구 기업들은 보다 큰 시장 기회와 높은 이윤을 기대할 수 있을 것 같다.

세계화라는 말은 궁극적으로는 미국화를 의미한다고 보아야 한다. 그리고 미국 기업들의 브랜드뿐 아니라 미국의 음악, 영화, 텔레비전 프로그램들이 미국화의 핵심이라고 볼 수 있다. 지구촌이라는 개념과 말은 미디어에서 만들어 낸 것인데 세계적으로 영향력 있는 미디어들은 주로 미국의 로스앤젤레스와 뉴욕에 몰려 있다. 소득 증대와 상대적으로 저렴해진 민간 항공료 덕분에 점점 더 많은 동양 사람들이 서양을 여행한다. 그 덕분에 서구식 라이프스타일의 수용은 한결 더 빨라지고 폭넓어질 것이다. 2015년이 되면 해외여행을 하는 중국 사람들은 매년 1억 명 이상이 될 것으로 보인다.

고등교육을 받기 위해 서구로 오는 아시아 유학생들 또한 계속 늘어날 것이다. 이미 상당히 많은 아시아 유학생들이 호주, 영국, 미국의 대학에서 경영학 석사를 취득하고 있다. 그렇게 공부하여 얻은 경영에 대한 최신 지식을 지니고 본국으로 돌아가 활기차게 생성 발전하는 시장에 뛰어들어 서슴없이 창업을 한다. 따라서 교육 분야는 서구가 우월적 사고를 유지하는 동시에 상업적 이익도 얻는 부문으로 유지·발전시킬 필요가 있다.

세계무대의 기업 활동에서
인간적 요소의 중요성

제조업 부문에서는 이미 수백만에 달하는 일자리가 동양으로 옮겨갔고, 이제 서비스업 부문에서도 수백만에 달하는 일자리가 동양으로 옮겨가려 하고 있다. 그런데 경영학자들은 하나같이 이런 현상이 서구의 경제와 기업들을 위해 '최선의 선택'이라고 한다. 그렇지만 서구 사회의 개인이 치러야 하는 대가에 대해서는 어떻게 설명할 수 있을까? 인도와 중국이 첨단 기술이나 전문 지식이 필수적인 부문에서까지 인재들을 길러낸다면 미국이나 유럽의 노동자들은 전부 위기에 직면하게 되는 것은 아닌가?

확실히 서구 기업들은 앞으로 더욱 치열한 경쟁에 직면할 것이다. 그러나 공정한 경쟁 시대에 그것은 피할 수 없는 일이다. 분명히 짚고 넘어가야 할 사실은 서구 사회에서 세계화의 여파로 인한 '피해자'를 자처하는 사람들조차도 사실은 세계화 덕분에 여러 면에서 득을 보고 있다는 것이다. 그 중에 가장 먼저 꼽을 수 있는 것이 물가의 하락이다. 제조업이 아시아로 대거 이전해 가면서 인플레이션의 통제에 도움이 되었고, 가전제품, 의류, 텔레커뮤니케이션 장비 등을 포함한 여러 가지 가정용품의 가격이 떨어졌다. 텔레비전, 음향기기, DVD 플레이어, 정원용품 그리고 심지어는 유럽에서 미국으로 수출되는 '19세기 고가구' 의 원산지가 어디로 표기되어 있는지 살펴보라. 전부 'made in China' 로 표기되어 있다. 그 결과 전 세계의 사람들이 보다 쉽게 삶의 질을 개선하고 있다.

그런 면에서 보면 서구 근로자들은 정보 기술과 커뮤니케이션 기술이 발달하면서 인간적 접촉 과정이 줄어들게 된 현상 때문에 자신들의 일자리가 없어지지 않을까 하는 걱정을 할 필요가 없다. 컴퓨터와 인터넷이 확산되면서 사무실에서 더 이상 종이로 된 서류를 쓰지 않아도 될 시기가 올 것으로 내다보았지만 현실적으로 종이 없는 사무실이란 존재할 수 없는 것처럼 인간적 접촉이 없는 사업이란 생각할 수 없다. 세계를 무대로 사업을 한다는 것은 하청, 재하청의 관계를 맺어 나간다는 의미이기도 하다. 그리고 여전히 사업 일선에서 일하는 대부분의 사람들에게는 얼굴을 마주 대하는 만남이 신뢰를 쌓는 최선책이다. 그것은 관리자들이 외국의 사업 관행, 사업상의 규제, 사업의 동향 등에 배우고 익힐 수 있도록 중요하게 부상하는 시장에 정기적으로 보내어 몸소 깨우치도록 하는 관리자 훈련도 사라질 수 없다는 의미이기도 하다.

기업의 입장에서 중요한 시기인 이때 성장하는 시장에서 살아남기 위해서는 전문적인 경영진을 충원해 조직의 관리와 운영에 필요한 지식을 보완할 필요가 있다는 뜻이기도 하다. 어떤 경우에나 인간적 접촉이야말로 세계 도처에 산재해 있는 사업 단위들이 전략적 일관성과 실행력을 지닐 수 있게 하는 최선의 길이다. 특히 국가별 규제나 법령이 달라 소비자 정보의 통합과 지적 재산권의 보호 유지에 어려움을 겪는 상황에서는 더더욱 그렇다. 중형 기업이든 소기업이든 기업이란 기업은 대부분 기업 문화와 업무 관행이라는 면에서 '국제적'이 될 필요가 있다.

인간적 접촉을 할 때에는 지역의 독특한 관습을 염두에 두고 잘 대처해야 한다. 예를 들어 중국에서는 사업이라는 것이 글자 그대로 '관계'라는 뜻의 중국어 '관시(guanxi)'에 의해 좌우된다는 것을 명심해야 한다. 어떤 사업상의 거래가 이루어지기 전에 양쪽 사람이 만나 서로의 역량과 신뢰 가능성을 저울질해 보는 시간을 가진 뒤에야 비로소 본격적인 사업 관계로 들어간다. 세계적인 공급망이라는 것은 궁극적으로는 자회사 모회사를 따지는 것조차 대수롭지 않게 여길 만큼 하청과 재하청의 거래 관계에 의존하기 때문에 가능하다. 따라서 아시아에서 사업을 영위하는 기업에게 관계 관리는 몹시 중요하다. 서구 기업들은 어떻게 하면 신뢰를 쌓아 갈 수 있는 것인지에 대해 분명히 이해할 필요가 있다. 서구 기업들은 인간적인 유대 관계보다는 주로 계약과 상법의 테두리 안에서 사업을 영위해 오는 데 익숙해져 있기 때문이다.

국경을 초월해 사업을 영위하는 일이 점점 늘고 다반사가 되면서 거기에 관련된 사업 자체도 생성된다. 여행사, 호텔, 위락 시설은 물론 세탁업, 자동차 정비업, 슈퍼마켓, 주유소 등이 상대적으로 활황을 맞을 것이다. 비숙련 근로자들도 이 부문에서는 비록 한시적이기는 하지만 정상적 근로를 할 기회를 얻을 수 있다. 이와 동시에 서구에서는 배관공, 전기 수리공, 실내 장식가 등 전문적인 기술직이 가장 안정적인 직업으로 떠오를 것이다. 대부분의 서구 교육이 적지 않은 기간 동안 지식 산업 쪽에 맞추어 이루어졌다는 사실을 생각하면 역설적이라고 하지 않을 수 없다. 제3장에서 자세히 살펴보겠지만 소위 손재주를 써서 일하는 사람들의 직업이 안정적인 이유는 그들의 기능이 본질적으로 물리적 장소와 떨어질 수 없기 때문이다. 그렇다면 회계사나 디자인 엔지니어가 되는 것보다 미용사나 배관공이 되는 것이 나은 것인가?

서구 사람들이 집안 실내 장식이나 의류, 소유한 물건 등을 통해 자신을 표현하려 하고, 그를 위해 점점 더 많은 돈을 쓰려고 하는 만큼 손재주나 공예 기술 등을 활용하는 직업은 앞으로도 조금은 더 괜찮은 직업이 될 가능성이 크다. 아시아의 젊은 전문직 종사자들이 서구적 취향에 맞추어 소비 생활을 하는 반면에 서구의 젊은 전문직 종사자들은 자신들이 보기에 안목 있고, 자신을 표현하는 구매들을 통해 자신을 남과 차별화하려고 한다. 전에는 값비싼 호사품이었지만 이제는 상대적으로 가격이 싸진 덕분에 꼭 필요한 것은 아니지만 부담 없이 사서 쓰는 소위 '신종 호사'라는 현상은 세계화의 덕분이라고 보아야 한다. 예를 들어 항공료가 싸지면서 호텔에 좀 더 많은 돈을 쓰고, 가전제품의 가격이 내리면서 집안 장식에 좀 더 많은 돈을 쓰게 되었는데, 적어도 그 점에 대해서는 중국에게 고맙다고 해야 할 것 같다.

미국과 유럽에서 사람들이 끊임없이 집을 리모델링하거나 수리,

개조하는 것은 부동산 가격이 계속해서 오르는 데도 그 이유가 있다. 전 세계적으로 분별력 있게 쓰이는 돈의 양이 급격히 줄어들게 만들 만큼 재난에 가까운 경기 침체를 유발하는 일이 없는 한 라이프스타일 업계는 나날이 변해가는 소비자들의 취향에 맞추면서도 자신들의 제품과 서비스를 부흥시키고 부활시킬 수 있을 것이다. 이에 대해서는 제6장에서 다시 살펴볼 것이다. 그 단계에 들어가기 전에 기업들은 특정한 장소와 연계된 제품이나 서비스를 찾아내거나, 전 세계에 걸쳐 같은 욕구와 취향을 지닌 소비자 집단을 찾아내 통합시킴으로써 성장을 모색할 수 있을 것이다. 미래에는 어느 기업이든 이런 식으로 성장하게 될 것이다.

어느 곳에나 있다는 유비쿼티의 위험성에 대해서는 세계적인 브랜드를 가진 기업들이 누구보다도 더 잘 알고 있다. 총 브랜드 가치가 20억 달러에 달하는 명품 제조 기업이 더 이상 '누구나 쓸 수 없는' 제품이 아닌 수준까지 가격과 품질을 낮추는 것은 어리석은 일이다. 그 이름만 들어도 저절로 미국을 생각나게 만드는 브랜드들도 최근에 와서 세계적인 불매 운동에 맞닥뜨렸다. 이런 브랜드들 입장에서는 다행스럽게도 기술의 발달 덕분에 소기업이 대기업처럼 행세할 수 있고, 반대로 대기업이 소기업처럼 운신할 수도 있게 되었다.

기술의 발달 덕택에 소매 기업들 사이에서는 지극히 효율적인 재고 관리가 가능해졌고, 소량 생산은 물론 다양한 취향의 주문에 맞추어 조립 생산하는 체제의 운영이 가능해졌다. 그 결과 지역 특색을 살리고 개인의 취향을 만족시키기까지 하는 제품들을 효율적인 비용과 방식으로 생산할 수 있게 되었다. 예를 들어 자동차를 살 때 지역 대리점이나 판매점에 자신이 원하는 사양과 취향들을 구체적으로 밝히면, 대리점이나 판매점은 그 사실을 제조 판매 회사에 알리고 제조 판매 회사는 전 세계의 부품 업체들을 통해 부품을 공급받아 구매자가 원하는 형태의 자동차를 일정 기간 안에 생산해 전해 줄 수도 있게 되었다. 그런데 이런 추세는 아무래도 소기업 쪽에 더 유리한 면이 있다. 고객들의 다양한 개성과 기호에 맞춘 제품이자 서비스를 제공하는 적응력 면에서는 아무래도 소기업의 운신이 훨씬 편하다. 따라서 서구의 소규모 자동차 제작 회사들의 경우에도 자신들의 장점을 제대로 살릴 수 있는 길을 찾기만 한다면 규모의 경제 효과를 토대로 한 아시아의 대규모 자동차 회사들과도 경쟁을 할 수 있다.

지식 경제 체제 안에서는 안정적이며 믿고 의지할 수 있는 커뮤니케이션 역량만 갖춘다면 어떤 기업이든 어느 지역에서나 어떤 사업이든 영위할 수 있다는 생각이 절대적 진리처럼 받아들여지지만 그런 믿음에도 맹점이 있다. 기업들은 혁신적인 제품이나 서비스의 개발과 생산, 판매 등을 위해 자신들이 의지하고 있는 중추적인 인재들이 전에 비해 그들이 사는 곳에 대해 상당한 의미를 부여하고 있다는 사실을 알게 되었다. 좀 더 많은 대중이 풍요롭게 살 수 있게 되면서 나타난 당연한 현상이라고 할 수 있다. 근로자들이 한 개인으로서의 자신의 가치를 알게 되면서, 즉 회사의 입장에서 볼 때 자신이 얼마나 소중한 존재인지를 의식하게 되면서, 그에 상당하는 보상을 원하게 되었다. 그러한 보상 속에는 삶의 질을 높이려는 바람도 들어 있고, 이들이 생각하는 질 높은 삶에는 가족이나 친구와 가까운 곳에 사는 것은 물론 다양한 문화 시설과 편의 시설의 혜택을 편하게 누리는 것까지 포함되어 있다. 그렇기 때문에 앞으로 제2장에서도 좀 더 자세히 살펴보겠지만 기업의 경영진들은 기업의 체제를 관리하는 관점에서 볼 때, 기업 역량의 해외 이전이라는 측면뿐 아니라 중추적인 인재들의 라이프스타일 역시 관심을 가지고 지켜보아야만 한다.

백지장도 맞들면 낫다:
경쟁 업체들에게 도움을 받는 방법

특정 지역에 자리 잡은 기업이 세계를 무대로 기업 활동을 하면서 적용해 볼 수 있는 방식이 있는데, 그것은 하버드 대학 교수인 마이클 포터(Michael Porter)가 '클러스터(clusters)'라고 지칭한 개념을 활용하는 것이다. 클러스터란 한군데에 모여서 기업 활동을 영위하는 것이 서로에게 도움이 된다는 것을 자각한 같은 또는 비슷한 업종의 기업들이 한곳에 모여 이룬 사업자 집단을 뜻한다. 바로 이런 클러스터를 생성시키고 활용하면 한 지역에 자리 잡은 제약을 넘어 세계를 무대로 기업 활동을 하는 데 도움을 받을 수 있다. 과거에는 각 지역의 원자재, 에너지 자원, 운송 수단 등을 중심으로 클러스터가 형성되어 있다. 피츠버그, 시카고, 글래스고, 알사스 로렌, 랭커서, 라인 루르 등과 같은 지역은 산업 혁명 기간 동안 그런 식으로 발전했던 곳들이다. 오늘날 전 세계의 많은 기업들은 이제 예전과 같은 성격의 클러스터는 물론 세계적인 차원의 클러스터를 형성할 수 있을 정도의 역량들을 지니고 있다.

아직도 특정 산업 분야의 많은 기업들이 천연 자원을 둘러싸고 한 지역에 밀집하는 현상을 쉽사리 찾아볼 수 있다. 중동에 몰려 있는 원유 및 가스 회사들, 남미의 커피 재배 회사들, 러시아, 인도, 남아프리카의 다이아몬드 채굴 회사들이 그런 예이다. 조금만 눈을 크게 뜨고 보면 어떤 나라의 정부들은 예로부터 전해 내려오는 명산지라든가 원산지라는 특정 지역의 명성을 그대로 살리려고 애를 쓰거나, 명망 있는 기업들의 명성을 계승시키려고 인위적 노력을 기울이고 있다는 사실을 알 수 있다. 그리고 조금 더 냉철한 시각으로 살펴보면 마이클 포터가 지적한 그런 의미를 고스란히 지닌 형태의 클러스터들이 존재한다는 사실 또한 깨달을 수 있다. 이런 클러스터를 형성하는 기업들은 기업 활동의 여러 면을 좀 더 쉽게 영위하기 위해 그토록 넘어뜨리고 싶은 상대인 경쟁 기업들과 한곳에 나란히 모여서 활동을 한다. 이들은 거래 활동, 자금, 자원의 원활한 이동, 합작 사업이나 협업의 용이성, 잠재 고객들로 하여금 여러 경쟁 기업들을 짧은 시간 안에 접촉하고 비교하게 할 수 있다는 고객 편의성 등을 찾아 이렇게 한곳에 자리를 잡는다.

세계 도처에 있는 금융가들은 오랜 역사와 영향력을 자랑하는 지역적 클러스터라고 할 수 있다. 그러나 금융가들이 그런 영향력을 지니게 되기까지는 수백 년의 세월이 걸렸다. 비교적 최근에 등장해 영향력을 발휘하기 시작한 클러스터들 가운데는 캘리포니아의 실리콘 밸리를 대표적인 경우로 꼽을 수 있다. 실리콘 밸리만큼 유명하지는 않지만 점점 더 그 영향력을 키워가는 클러스터들도 있다. 예를 들자면 정보와 커뮤니케이션 기술 쪽에 진출한 여러 나라의 기업들 가운데는 매사추세츠의 보스턴, 벨기에의 앤트워프-브뤼셀 구간, 핀란드의 헬싱키, 스웨덴의 스톡홀름, 영국의 캠브리지 펜즈 등으로 몰려드는 기업들이 많다.

그에 따라 거기에 부수적으로 따라오는 업종들의 클러스터 역시 인근 지역에 형성되고 있다. 예를 들면 미국의 제품과 서비스를 각 지역의 국가 특성에 맞추어야 할 필요성 때문에 아일랜드의 더블린 근처에는 소프트웨어 디자인 기술을 중심으로 한 클러스터가 생성되어 있다.

동종 기업들이나 비슷한 유형의 주문들이 한곳으로 몰리는 바람에 자연스럽게 생겨나는 클러스터들도 있다. 가나의 아크라는 데이터 프로세싱으로 유명한데 유럽과 미국의 기업들이 이곳으로 이전해 가면서 그런 현상이 나타났다. 러시아의 시베리아에 있는 노보시브리스크는 독일 기업들의 외주에 힘입어 소프트웨어 디자인의 중심지로 떠오르고 있다. 클러스터를 생성시키기 위해 정부가 앞장서서 주도적 노력을 기울이는 곳들도 있다. 중국 정부는 베이징에서 멀지 않은 남동쪽 지역에 티안진 하이테크 산업 개발 단지(Tianjin Hi-Tech Industry Development Zone)를 조성해 막대한 투자를 함으로써 서구의 어느 지역에 견주어도 손색이 없는 인프라와 시설을 갖추어 놓고 있다. 이와 마찬가지로 인도 또한 뱅갈로어에 소프트웨어 관련 클러스터를 생성시켰다.

생겨난 이유나 배경이야 어찌 되었든 클러스터라는 것이 지금까지 그랬던 것처럼 기업의 여러 활동 면에 커다란 영향을 미치는 것은 물론, 장기적인 관점에서 커다란 수입원 역할을 하려면 그에 걸맞는 지원과 지지가 있어야 한다. 장소라는 지리적인 제약이 줄어들면서 기업들이 세계 어느 곳으로나 손쉽게 옮겨 다니며 사업을 영위할 수 있는 지금 같은 상황에서는 기업들이 단기적인 계산에 따라 어떤 나라들에서는 고용을 창출하는 한편, 어떤 나라들에서는 졸지에 일자리들을 없애 버릴 수도 있다. 아무래도 전 세계를 무대로 기업 활동을 하는 경영진들은 예전의 경영진들에 비해 지역 사회에 대한 애정이나 책임감 같은 것이 약할 수밖에 없다. 이는 기업의 최고 의사 결정자들과 실무자들 사이의 지리적 거리가 멀다는 현실과 대부분의 주주들이 감정을 다스릴 줄 알면서 생존 논리에 투철한 사람들이라는 사실을 염두에 둘 때 충분히 이해할 수 있는 현상이다.

그렇기는 해도 클러스터에 뿌리를 내리는 것이야말로 대규모 일시 해고를 미연에 방지하거나, 일시 해고가 피치 못할 선택일 경우 그 파장을 최소한으로 줄이는 최선의 기업 경영 방식 가운데 한 가지라고 할 수 있다. 인재들의 집합지로서의 클러스터는 특정 산업 분야에서 인재들의 전문적 능력을 통합하는 효과를 낸다. 또한 일자리의 집합지로서의 클러스터는 일자리를 잃은 전문가들이 새 일자리를 얻기 가장 좋은 곳이다. 물론 클러스터 전체에 악영향을 미칠 정도로 충격파가 큰 부정적인 동향이나 경향이 클러스터를 엄습할 수도 있다. 예를 들어 2001년 닷컴 기업들의 거품이 꺼지면서 실리콘 밸리는 혹독한 시련을 겪었다.

그렇지만 첨단 기술을 개발하는 사람들이나 벤처 캐피털리스트들은 실리콘 밸리야말로 여전히 혁신적인 첨단 기술의 산실이라는 사실을 잘 알고 있으며, 여전히 실리콘 밸리로 모여든다. 실리콘 밸리

는 그렇게 무너졌다가 다시 소생할 정도의 영향력과 자생력을 지닌
곳이다. 미래를 보며 이 지역에 투자를 하는 투자자들은 현재 실리콘
밸리의 기업인들이 1990년대의 실리콘 밸리 기업인들에 비해 더 현
명한 사람들이라는 사실을 잘 알고 있다. 1990년대 실리콘 밸리 붕괴
의 가장 큰 원인은 기업의 최고경영자들이 대책 없는 낙관주의에 빠
져 고객들과 완전히 단절되면서 고객들을 잃어버렸기 때문이다. 그
실패를 직접 겪은 실리콘 밸리의 주역들은 이제 오늘날의 지식 경제
에서 성공하려면 고객들에 대해 최대한 정확하게 파악하여 긴밀한
관계를 유지하는 한편, 그들을 만족시키기 위해 세심한 주의를 기울
여야 한다는 사실을 잘 알고 있다.

1) 진정한 세계화를 통한 성장

바벨 미디어(Babel Media)는 컴퓨터 게임 개발 업체들을 상대로 지역화 서비스와 포팅(porting) 서비스를 제공하는 영국의 소프트웨어 회사이다. 여러 나라 말에 능통한 이 회사의 젊은 인재들은 게임의 대화를 번역하는 일과 새로운 게임 타이틀이 여러 가지 게임 플랫폼에서 작동할 수 있도록 만드는 일을 하는데, 성장 일로에 있는 게임 산업에 필수적인 부차적 서비스업이라고 할 수 있다. 이 회사의 300여 직원은 네 개 지역에 산재해 있지만 공동 목표를 향해 매진하고 있는데, 그 지역들을 보면 다음과 같다. 우선 영국 남해안의 브라이튼 근처에 있는 호브(Hove)라는 광역도시부터 언급할 필요가 있다. 이곳은 영국에서 런던에 버금가게 외국인 학생이 많은 곳인데, 바로 그런 이유 때문에 이곳에 회사를 세운 것이다. 다음은 인도의 뉴델리인데 영어를 할 줄 아는 대졸자들을 싼 임금에 고용할 수 있는 장점이 있는 곳이다. 셋째가 로스앤젤레스인데 이곳에는 세계 최대의 게임 개발업체들이 자리 잡고 있는데다 주요 고객들에게 집중적인 서비스를 제공할 수 있는 이점이 있다. 마지막으로 몬트리올은 생산직 근로자 임금의 30퍼센트까지 면세 혜택을 받을 수 있을 만큼 퀘벡 정부가 적극적으로 지원을 펼치는 곳이다. 퀘벡 정부의 이런 지원 덕택에 몬트리올은 컴퓨터 게임 기술을 주축으로 한 클러스터로서는 세계 어느 곳에 견주어도 뒤지지 않는 곳이다.

2) 제약 없이 기업 활동을 영위할 수 있는 아시아의 소기업 창업자들

정보 통신 기술의 혁명적인 발달에 힘입어 큰 비용 부담 없이 대부분의 시장에 진출할 수 있게 된 것은 서구의 창업자들뿐만이 아니다. 외국어도 능한데다 전문 지식도 탁월한 아시아의 젊은이들이 점점 더 많이 자신들의 회사를 차려 사업을 하고 있다. 피지(Fiji)에 있는 한 소프트웨어 디자인 회사를 예로 들어보자. 이 회사의 직원은 전부 다해서 20명밖에 안 되지만 미국, 영국, 호주의 금융 기관들을 고객으로 삼아 사업을 펼치고 있다. 이들을 보면 1934년에 경제학자 조셉 슘페터가 '창조적 파괴(creative destruction)'라고 예언해 놓은 현상에서 서구 전문직 종사자들조차 예외적인 대상이 될 수 없다는 사실을 절감하게 된다. 서구 이외의 지역에 있는 지식 근로자들은 자기들이 있는 지역의 상대적으로 낮은 비용을 무기로 삼아 서구의 전문직 종사자들과 경쟁을 하고 있다.

3) 생산은 중국에서, 판매는 온라인으로

영국 남부에는 창고에서 '19세기 영국 고가구'를 파는 한 소기업이 있다. 이 회사 제품의 80퍼센트는 중국에서 생산되며, 전체 판매량 가운데 70퍼센트가 미국의 중서부 지역 사람들에게 온라인 거래를 통해 팔려 나간다.

4) 신뢰성 보증이라는 서비스 사업

알리바바(Alibaba)는 세계 최대의 무역 관련 게시판 사이트라고 할 수 있다. 세계의 어느 기업이나 사고팔고 싶은 것이 있으면 그 내용을 공시할 수 있다. 중국 항조우에 있는 이 회사의 직원은 2,400여 명이며 1,800만 회원 업체들이 이 서비스를 이용하고 있다. 이 웹사이트의 주 수입은 트러스트패스(TrustPass)라는 유료 서비스에서 나온다. 연간 349달러의 회비를 내는 회원 기업들은 자사에 대한 구체적인 사업 정보를 게시하여 신뢰성을 보증받는 동시에 신속하게 교역 관계를 맺어 나간다.

5) 유서 깊은 클러스터의 예

싱가포르 – 원료에서 완성품까지의 부가 가치적 재료 흐름의 관리

이탈리아 – 디자인

인도 – 소프트웨어

아시아 – 제조업

미국 – 정보 서비스

아프리카 – 생필품과 농산품

남미 – 생필품과 제조업

유럽 – 첨단 기술

중동 – 원유와 지적 자산

2

당신의 회사는 운이 다한 것일까

- 중요한 것은 기업 브랜드이다.
- 지역별로 다른 업무를 위한 세계화된 자원들
- 새로운 기업 구조 내에서 어떻게 일할 것인가?
- 기업의 명사, 부관, 충신, 여행자, 고아 – 나는 어디에 해당되는가?
- 기업 혁신을 위해서는 긍정적인 관계를 구축해야 한다.
- 인재확보를 위한 전쟁 – 젊은 인재에게 지시나 명령은

  더 이상 통하지 않을 것이다.

얼마나 많은 곁가지를 잘라 내야 다른 기업과 차별화된 모습을 유지할 수 있을까? 지금 당장 리스트를 작성해 보라. 잘라 내야 할 것들은 2020년까지 아웃소싱을 해야 할(또는 적어도 다른 조직과의 협력을 통해 합리화하든지) 사업 단위일 가능성이 높다. 왜 그럴까? 당신의 경쟁자들도 당신보다 더 높은 능률을 올리기 위해 똑같은 일을 하고 있기 때문이다. 그런 다음 그들은 모아 둔 자금을 핵심역량에 쏟아 부은 뒤, 고객기반부터 시작하여 당신의 회사를 분할하려 들 것이다.

당신은 이렇게 생각할지도 모른다. '이 경쟁자들은 도대체 누구인가? 내가 지금 그들을 찾아낼 수 있다면, 그에 맞추어 방어력을 갖추거나 선제공격을 가해 그들을 제거할 수 있을지도 모른다.' 어쩌면 당신 생각대로 될 수도 있다. 일부 경쟁자들 중에는 당신이 잘 알고 있는 기업도 있을 것이다. 그들과 오랫동안 편안하게 국내 시장을 나눠 갖고 있었기 때문이다. 그러나 더욱 치명적인 타격을 입힐 수 있는 다른 기업들이 코앞에 다가와 잠복하고 있다. 그들은 바로 비용 면으로만 따지면 최적의 장소(아마 서양은 아닐 것이다)에서 활동하고 있는 젊은 사업가들로, 당신 회사가 가진 모든 재능을 똑같이 갖추고 있으면서도 짐이 될 만한 것은 전혀 갖고 있지 않다.

커뮤니케이션 혁명 덕분에 대부분의 산업에 대한 진출 장벽은 낮아졌고, 모든 기업들은 지리적인 제한에 얽매이지 않고 어느 곳이든 진출할 수 있게 되었다. 당신의 기업은 전 세계적으로 점점 더 증가하는 경쟁에 직면하게 될 것이다. 만약 이런 상황에서 반동적인 전략이 시장 점유율을 보호해 줄 것이라고 생각한다면, 당신은 자본주의라는 길 위에서 흔적도 없이 사라지고 말 것이다. 경쟁 기업들은 당신을 추적할 필요도 없을 것이다. 그들은 그저 앞으로 나아가면서 당신을 뭉개버릴 것이기 때문이다.

물론 글로벌 시장은 시장의 예상 구매자가 자신들에게 필요한 예상 판매자를 찾을 수 있을 경우에만 유용하다. 바로 이런 이유 때문에 구글과 같은 인터넷 검색엔진들이 인정받고 있는 것이다. 그리고 그 결과, 높은 마케팅 예산을 확보한 기업들은 더 많은 고객을 끌어들일 수 있게 되는 것이다. 그러나 오늘날 세계에서 가장 부유한 소비자들(하지만 내일은 아닐 수도 있는)인 서구 세계의 젊은 전문직 종사자들은 점점 더 변덕스러워지고 있다. 기업의 규모가 커지면서 과거만큼 소비자들에게 깊은 인상을 주지 못하고 있는데, 부분적으로는 다양한 브랜드가 도처에 존재하고 대기업을 향한 윤리적인 불매운동이 벌어진 결과이다. 하지만 그런 이유들보다는 여러 문화들이 빠른 속도로 동질화되고 있는 지구촌에서 사람들이 끊임없이 자신들을 다른 사람들과 차별화하기 위해 애쓰고 있다는 점이 더 큰 이유이다.

네트워크 기술 분야에서의 발전이 계속되고 있고 소비자들이 온라인에서 정보를 교환하는 새로운 방법을 찾아냄에 따라, 입에서 입으로 전해지는 마케팅의 힘은 커지고 있다. 이제 품질은 더 이상 차별화 요소가 아니다. 대부분의 산업에서, 특히 서비스에 기초한 산업인 경우, 소비자들은 어떤 업자로부터 물건을 사야 하는지, 평판 좋은 제조업자들은 누구인지 줄줄이 꾀고 있다. 일부 산업은 커뮤니케이션 혁명을 통해 안정된 효율성과 품질을 이미 확보한 상태이므로 그 산업에 속한 기업들은 안정된 상태를 넘어 고객들을 끌어들이고 유지하기 위해서는 끊임없이 혁신을 이루어야 한다.

이제는 다른 사람들보다 더 잘한다는 것만으로 시장 지배기업으로서의 위치를 보장받지 못한다. 그것은 단지 출발점을 제공할 뿐이다. 기업이 경쟁력을 갖추기 위해서는 사내 최고의 개혁자가 가진 창의력을 핵심시장의 예상되는 수요와 요구에 적용함으로써, 남과는 다른 모습을 보여주어야 한다. 1997년 마케팅 슬로건으로 '다르게 생각하라(Think Different)'는 캐치프레이즈를 채택한 애플이야말로 이러한 문제를 세계적인 차원에서 다룬 최초의 대기업이라 할 수 있다. 당시 사용하기 쉽고 다용도로 이용될 수 있다는 장점 덕분에 언제나 높은 평가를 받아온 매킨토시의 운영 체계는 마이크로소프트사의 윈도우즈 95(Windows 95)의 거센 도전을 받고 있었다.

애플은 아인슈타인, 마틴 루터 킹, 리처드 브랜슨과 같은 인물들의 흑백 사진과 그들을 기리는 멘트를 함께 실은 광고를 TV와 영화에 등장시켜 대대적인 반격을 가하기 시작했다. '다르게 생각하라(Think Different)'라는 슬로건 아래에는 눈에 띄는 화사한 컬러의 애플 로고가 추가되었다.

이 캠페인의 목표는 분명했다. 먼저 애플이 반항적이고 창조적이며 '멋있는' 사람들의 선택을 받는다는 점을 분명히 밝히면서 인습을 타파했던 사람들의 가치관을 흡수하는 것이었고, 둘째로 시장 점유 면에서 애플 제품의 진귀함과 그런 위대한 사람들을 연결시킴으로써 애플의 희소가치를 높이는 것이었다. 마지막으로 가장 중요한 목표는 시청자들과의 정서적인 유대감을 창조하는 것이었다. 시청자들이 갖고 있을지도 모르는 야심차며 살아 있음을 확인시켜 주는 야망들을 애플 역시 갖고 있다는 의식을 심어주려는 의도였다. 솔직히 말해 보자. 당신은 당신 회사가 이런 식으로 고객의 희망을 이해하고 옹호한다고 말할 수 있는가?

만약 그렇지 않다면, 당신은 더욱 열심히 노력해야 한다. 그리고 회사가 매력 있는 소비자 제품을 제조하는 업체가 아니라고 변명해서는 안 된다. 음반 소매상으로 출발했던 버진 그룹(Virgin Group)은 이제 항공서비스, 금융상품, 휴대전화에까지 손을 대고 있다. 그룹이 생산하고 판매하는 제품 대부분이 무형의 것이지만, 이 그룹의 브랜드는 재미와 높은 품질을 떠올리게 만들며, 이는 리처드 브랜슨의 기이하고도 열정적인 리더십의 결과물이라 할 수 있다. 버진은 이젠 평범해진 전략, 즉 기업이 판매하는 제품과 서비스보다는 기업의 가치에 브랜드를 결속시키는 전략을 가장 성공적으로 그리고 최초로 적용한 기업이었다.

자신의 브랜드를 신뢰성이나 확실성, 단순히 삶의 질에 대한 약속과 같은 경험과 연관 지으려는 기업들에게는 선택의 길이 열려 있다. 인터넷과 커뮤니케이션 기술(ICTs) 덕분에 이전보다 더 빠른 속도로 공급 체인을 대체할 수 있기 때문에, 그들은 계속적으로 제품 및 서비스 포트폴리오를 다시 만들어 낼 수 있다. 제품과 서비스를 작은 집단이나 심지어는 개인에 맞추어 만들어 낼 수도 있다. 실제로 이윤을 극대화하길 바란다면, 고객 선호도를 자세히 알아내고 예측함으로써 가능한 한 고객의 주문에 맞는 제품을 생산해 내야만 한다. 새로운 글로벌 시장에서는 개성이 가장 중요한 상품에 속하며, 인터넷 및 커뮤니케이션 기술의 발전으로 상이한 국가의 틈새 소비자들을 모으는 것이 새로운 시장을 창출하는 가장 좋은 방법 중 하나로 떠오르고 있다.

따라서 2020년을 준비하는 데는 다음과 같은 두 가지의 지속적이고도 일정한 노력이 필요하다. 자신이 상징하는 것을 분명히 하고, 현재 하위 브랜드 창출을 통해 전체적인 고객 기반을 확장하고 있더라도, 자신이 누구에게 물건을 팔 것인지를 분명히 해야 한다. 글로벌 시장에서 살아남기 위해서는 자신이 특정 시장의 요구를 맞출 수 있는 최적의 기업임을 확실히 하고 그 사실을 효과적으로 전달할 수 있어야 한다.

이러한 노력들이 현재의 모습을 규정하기 때문에, 그러한 작업들은 전적으로 아웃소싱에만 의존할 수 없으며, 새로운 시장을 만들어 내기 위해 대대적인 재조정이 필요한 상황이 아니라면(예를 들어, 값비싼 고정 자산을 보유하고 있지만, 빠른 속도로 쓸모없어지는 제품에 의존하고 있는 제조업체인 경우), 그렇게 해서도 안 된다. 버진 그룹의 리처드 브랜슨은 모험을 좋아하고 타협을 모르는 모습을 보여줌으로써 버진의 상징을 몸소 보여주었다. 그가 일에서 손을 뗐을 때 비슷한 정도의 열정과 개성을 가진 후계자를 찾지 못한다면, 버진이란 브랜드는 상처를 입을 수도 있다. 버진의 비전을 규정한 것은 바로 그를 비롯한 고위 관리자들의 비전인 것이다.

기업은 고객 데이터를 해석하는 단계에서 자신의 정체성을 분명하게 규정해야 한다. 그러한 데이터의 수집과 분석 작업 중 여러 단계를 아웃소싱할 수는 있지만, 궁극적으로 한 기업의 리더라면 그 데이터를 이용해 혁신을 일으킬 수 있어야 한다. 3M과 BP, 유니버설과 같은 기업들이 민첩하게 제품 포트폴리오를 바꾸어 나갈 수 있었던 것은 바로 이 과정에 집중했기 때문이다. 영국의 센트리카(Centrica)를 예로 들어보자. 이 기업은 처음에는 공기업(영국 가스, British Gas)이었는데, 이제는 가정을 상대로 한 보험사업에서부터 신용카드, 사설경비까지 고객 지식을 기반으로 다양화된 서비스를 제공하는 기업으로 변신했다.

여기서 우리는 글로벌 기업이 가진 또 하나의 역설을 얻게 된다. 그것은 바로 기업의 지역적인 범위가 더욱더 넓어질수록, 기업의 핵심을 강화해 주는 더 큰 잠재력을 갖게 된다는 점이다. 동시에, 공급체인이 잘 관리된다면, 지역별 고객 데이터를 수집하고 전 세계의 고객 집단을 규합하는 데 도움이 될 것이다. 기업이 경쟁력을 갖추기 위해서는 국제적인 시각과 지역적인 시각을 동시에 갖추어야 한다. 이제는 진부해져 버린 '글로벌' 사업모델과 '다국적' 사업모델을 버리고 '통합 글로벌 기업(A Global Integrated Enterprise: GIE)'이 되어야 한다.

글로벌은 잊어버리고, '통합 글로벌 기업'을 생각하라

사람들은 달리 대체할 말을 찾을 수 없다고 느껴야 전문용어를 쓰기 시작한다. 그러니 잠깐 시간을 내어 '통합 글로벌 기업'이라고 말해 보자. 이 말이 어디에서 생긴 것이고 왜 필요한지 이해하기 위해서는 앞서 유행했던 말들을 짚어볼 필요가 있다.

글로벌 기업

먼저, '글로벌' 기업이 있다. 이 모델은 중앙에 고도로 집중된 형태로서, 고위층이 구상한 전략과 프로세스가 경직된 관리 단계를 통해 아래로 전해지는 피라미드 모양을 하고 있다. 이 모델은 미국의 기업에서 유행했는데, 미국 기업들은 국내 시장이 포화상태가 되면 진부한 제품과 서비스를 들고 외국 시장으로 진출하였다. IBM을 생각해 보자. 컴퓨터 본체 산업에서 확보부동한 자리를 확보하고 있었던 IBM은 기술에 대한 고객의 요구가 전 세계적으로 다를 수 있다고 믿지 않았다. IBM은 기이하고 낯선 나라에서 만날 수 있는 다양한 사회 구조와 관습이 결국에는 성조기에 고개를 숙이고 말 것이라고 생각했다. 사실 당시 글로벌 비즈니스가 미국적인 것으로 모두 수렴되는 양상을 띠고 있긴 했었다. 이런 생각은 다른 분야만큼이나 판매 및 마케팅 관례에도 적용되었다. 하지만 그들의 전략은 컴퓨터 본체에 대한 전 세계의 수요가 절대로 떨어지지 않을 듯 보였던 1980년대 동안에는 큰 효과를 봤지만, 순식간에 약효는 떨어져 버렸다. 갑자기 IBM은 지역 특성에 맞는 제품을 제공하는 경쟁사들과 한판 승부를 벌이게 되었다. 경쟁 기업들은 국제 부서에 더 많은 자율권을 부여했고, 그 결과 더욱 지역별로 집중하고 유연해질 수 있었다.

다국적 기업

다음으로 '다국적' 기업을 생각해 보자. 반대로 권력이 양도된 형태를 가진 이 모델은 기업의 국가별 단위가 특정 지역에 대해 가장 좋은 것이 무엇인지 잘 알고 그에 따라 최적의 전략을 수립하고 운영

할 수 있다고 믿는다. 중심부는 구체적인 일에 그리 많이 간섭하지 않는데, 재무성이 하는 일과 비슷하다고 보면 된다. 중심부는 각 국가 단위의 비즈니스 계획을 승인하고 인수 및 매각 기회를 지시하는 일을 맡는다. 필립스나 유니레버, 휴렛팩커드가 1990년대 초반까지 이러한 체계를 잘 운영해 왔다.

다국적 기업에서 지역 사무소들은 대개 각자의 하위 브랜드를 갖는데, 예를 들면 GM은 영국에서는 복스홀(Vauxhall)을, 독일에서는 오펠(Opel)을 세웠다. 각 지역이 고객 중심의 시각과 시장 반응성을 최적의 상태로 끌어올리기 위해 자체의 연구개발팀과 제조, 마케팅, 판매 부서를 갖추고 있다는 점은 이해가 되지만, 같은 조직의 다른 부서들이 몇 가지의 문화적인 특성을 제외하고는 서로의 일을 반복함에 따라 막대한 경비가 중복되고 있는 점은 문제이다.

통합 글로벌 기업

이 두 체계의 가장 좋은 점들만을 취합하여 부드럽게 섞으면 통합 글로벌 기업을 만날 수 있다. 이는 대규모의 글로벌 경제를 달성하는 동시에 지역의 요구를 충족시킬 수 있는 기업이다. 조직 이론가인 찰스 핸디(Charles Handy)의 말을 빌자면, 그것은 '기업가적인 벼룩'의 역할을 할 수 있는 '코끼리 같은 기업'이다.

다시 한 번 이러한 융통성을 가능하게 만든 공은 커뮤니케이션 혁명에 돌아가야 한다. 과거에는 중간 관리자층이 기업의 비전을 이사회로부터 아래로 확산시키는 일을 담당했었다. 이제 인터넷 및 커뮤니케이션 혁명의 힘으로 정보는 위로, 아래로 그리고 옆으로 자유롭게 흐를 수 있게 되었다. 그 결과 기업 내의 서열관계는 단조로워지고, 노력의 중복이 줄며, 시장 반응성이 높아지고, 최우수 사례를 더 빠르게 확인하고 확산시킬 수 있게 되었다. 하지만 통합 글로벌 기업의 가장 근본적인 특징은 적응력이라 할 수 있다. 기업이 지리에 얽매이는 정도가 줄어듦에 따라, 기업은 새로이 얻게 되는 지역에 관한 지식을 바탕으로 계속해서 포트폴리오를 고친 뒤 공급업자와 배급업자, 다른 주주들과 형성해 놓은 유연한 관계를 이용하여 새로운 기회를 잡을 수 있다. 또한 변화하는 지역 시장의 요구를 충족시키기 위해 기업의 핵심적인 강점을 이용하고 그것들을 끊임없이 변경시킬 수 있다.

세계에서 가장 큰 자동차 회사들은 최근 통합 글로벌 기업의 이념을 달성하기 위해 엄청난 조치들을 취하고 있다.[1] 그들이 이런 조치를 취하고 있는 이유는 기업의 고정자산의 가치가 상당하며, 대규모의 종업원들이 노조와 진보적인 고용법에 의해 철저히 보호받고 있는 상황이기 때문이다. 그들은 컴퓨터를 이용한 디자인과 재료, 조립 과정에서 이루어진 최근의 발전을 기반으로 세부적인 지역별 선호도를 반영한 특정 지역을 위한 제품을 만들어 낼 수 있었다. 그러나 그들은 또한 새로운 글로벌 효율성을 만들어 낼 방법을 찾아내기도 하였다. GM은 2005년 11월에 GM의 신차들이 소수의 '핵심적인 글로벌 모델들'을 바탕으로 지역별로 변형된 모습을 가질 것이라고 발표했다. 이와 비슷한 예로 제약회사들은 연구개발 능력과 제조 능력을 조정하여 국가별 관리당국의 다양한 요구에 맞는 제품을 만들고 있다. 각국의 당국들은 종종 임상실험과 제품 설명서, 포장 및 사후처방 감독에 대해 상이한 기준을 요구한다.

　　이러한 형태의 노력은 정보 습득에서부터 시작되고 있다. 정보 관리는 야심 찬 다국적 기업이라면 반드시 배워야 할 필수적인 훈련이다. 다른 형태의 기업에서는 데이터 관리 시스템이나 전화 및 컴퓨터 네트워크, 지적 재산권과 같은 문제들을 다루는 최고정보관리책임자(CIO)가 이런 과정을 도와줄 수 있다. 통합 글로벌 기업에서는 최고정보관리책임자들이 주요한 전략적인 역할을 맡아야 하는데, 그들은 모든 자료로부터 확보한 데이터의 교환과 해석, 적용을 맡을 뿐 아니라 그러한 교환을 가능하게 하는 인터넷, 커뮤니케이션 기술 또한 관리하게 된다.

　　물론 일부 데이터는 각자의 문화적인 맥락 속에서만 의미가 있다. 따라서 진정으로 통합 글로벌 기업이 되기 위해서는 기업 내의 사업 단위 내에 존재하는 문화적인 다양성과 그로 인해 발생하는 관계를 관리할 줄 알아야 한다. 그렇다고 해서 기업이 애초에 세워진 곳의 특징이나 시각, 비즈니스 관례들을 거부하라는 의미는 아니다. 친부한 틀을 벗어난 창의적인 사고방식과 가장 소중한 혁신은 바로 상이한 부서의 사람들뿐 아니라 상이한 국가별 단위에 속한 사람들 사이에 발생하는 아이디어의 충돌에서 비롯된다. 여기서 해결해야 할 문제는 이러한 다양성을 조화시킨 뒤, 그것을 전체 기업의 비전과 조정하는 작업이다. 서구 사회의 기업들이 점점 더 세계화되어감에 따라 문화적인 다양성을 캐치할 수 있는 임원급 관리자의 필요성이 더욱더 커지고 있는 실정이다. 카우츠 은행(Coutts Bank)에 따르면, 기간이 정해지지 않은 임무를 맡은 해외 임원들이 해마다 영국에 9만 2천 명이나 몰려든다고 한다.

한 가지 아이디어를 제안하려고 한다. 지역의 전문가들을 그들이 대표하는 성장 시장의 규모를 감안하여 임원급 관리직책에 고용하면 어떨까? 미국의 많은 기업들이 이미 그렇게 하고 있는데, 인도와 중국이 곧 최대 시장이 될 것이라는 사실을 인식하고 두 나라의 인재들을 스카우트하고 있다. IBM의 경우, 미래의 연구개발 인재집단을 만들어 내기 위해 인도에 100억 달러를 투자하고 있는 상황이다.

관리자가 궁극적으로 해야 할 일은 국제적인 차원에서든, 아니면 부서 간 혹은 기업 간, 또는 개인적인 차원에서든 관계없이, 긍정적인 업무 관계를 형성하는 것이라는 점을 잊지 말아야 한다. 기업의 크기와는 관계없이, 기업은 가능한 효율적이고 민첩한 활동을 가능하게 할 하나의 네트워크를 형성해야 한다. 그러한 네트워크는 기업 내의 각각의 중심점들이 같은 비전을 공유하고 있을 때만이 강한 힘을 발휘할 수 있다. 그에 대한 해결책은 바로 기업의 중심부와 지역의 작은 파트너들 간에 장기적인 관계를 형성하는 것이다. 2020년이 되면, 장기적인 성실성은 전혀 고려하지 않고 단기적인 이익을 얻기 위해 역외활동을 추구하는 관례는 주주들로부터 용서받지 못할 것이며, 국제적인 시각을 가진 관리자라면 그러한 관례를 용인하지 말아야 한다. 최고의 능률과 성장 기회를 만들어 내는 것은 장기적인 거래이며, 가장 멀리 떨어진 공급업자와 배급업자들에게 동기를 부여하여 인사관리나 기술 및 다른 분야에서의 능력을 향상시키게 해 줄 것이다.

성공적인 통합 글로벌 기업은 더 많은 해외 지사를 세우는 것에만 매달려 있지 않다. 계약 협약이나 합작 회사를 통해 더욱 융통성을 발휘할 수 있다면, 무엇이 걱정이겠는가? 그러나 이런 상황에서조차도 통합 글로벌 기업은 얼굴을 맞대는 회의를 통해 신뢰를 형성하는 능력에 의존하게 될 것이다. '사람이 최대의 자산이다' 라는 말은 과거에는 진부한 말이었다. 그러나 오늘날 이 말은 세계의, 특히 인재가 부족하고 빠른 속도로 감소하고 있는 서구사회의 모든 기업 임원들이 새겨들어야 할 말이 되었다.

인재 확보를 위한 전쟁은 계속된다

1997년, 컨설팅 기업인 맥킨지는 서구 세계의 기업들 간에 인재를 확보하기 위한 전쟁이 벌어질 것이라고 예측했다. 이것은 전혀 과대평가가 아니었다. 그 전쟁은 이미 한창 벌어지고 있으며, 세계의 인구동향이 아시아에게 유리하게 작용하면서 점점 더 치열해질 것이 분명하다. 2020년이 되면 유럽의 60세 이상의 인구비율은 25퍼센트가 될 것이며, 영국 역시 25퍼센트, 미국은 22퍼센트에 이를 것으로 보인다. 같은 해 중국과 인도는 상대적으로 낮은 수치인 17퍼센트와 10퍼센트를 예상하고 있는데, 이는 두 나라가 고령인구로 인한 부담을 덜 받을 것이며, 그들이 필요로 하는 재능을 갖춘 젊은 성인들을 더 많이 확보할 것이라는 이야기다. 또한 그들은 여전히 세계 인구의 3분의 1 정도를 차지하고 있을 것이다. 더욱이 그들의 교육제도는 급속도로 개선되고 있는데, 중국의 대학교육기관은 세계적으로 우수한 기관에 버금가는 수준으로 발전하고 있으며, 인도는 다른 나라에 비해 상대적으로 높은 영어 구사 비율을 자랑하고 있다.

서구 세계의 기업임원들이 화가 날 만도 한 상황이다. 아시아가 값싼 인재로 넘쳐나고 가장 복잡한 서비스 산업에서조차 경쟁력을 갖추어 가는 상황에서 어떻게 경쟁우위를 지킬 수 있을 것인가?

특별히 앞으로 높은 성장을 예상하는 시장인 경우, 국적이탈자를 고용하는 것도 한 가지 방법이다. 그러나 일을 위해 국적을 바꾸고자 하는 사람들의 수는 한계가 있을 수밖에 없다. 또 다른 방어 전략으로는 일부 핵심역량을 역외로 옮기는 것이 있다. 실제로 기업의 대부분이 공개적으로 거래된다면, 기업의 주주들은 최고의 이익을 내기 위해 중심점을 옮기는 것도 고려할지 모른다. 그러나 그것은 사업 및 연구 조직뿐 아니라 기업의 문화와 전통, 정치적인 환경의 관점에서, 본국으로부터 기업 자체가 완전히 분리될 수 있는 대기업의 경우에 현실적으로 생각할 수 있는 선택이다. 대개 그런 선택은 합병의 결과로 발생되며, 그 경우에서도 브랜드를 만들어 낸 본국의 기업은 유지되는 편이다.

따라서 본국에서 선택할 수 있는 방법들을 검토해 보는 것이 좋겠다. 이 방법들은 크게 두 가지로 나뉜다. 고용과 보유 인력을 늘리는 방법과 지적 자본에 대한 영향력을 높이는 방법이다. 이 두 가지 방법 중에 한 가지라도 성공하기 위해서는 우선 직장 내의 임무에 따라 어떤 일이 일어나고 있는지 이해하고 넘어가야 한다. 2020년까지, 최고의 통합 글로벌 기업에는 다음과 같은 다섯 가지의 직원 유형이 존재한 것이다.

1. 기업의 명사(Celebrity) - 매력적인 외교관들

'명사(Celebrity)' 라는 말은 최근 다소 기묘한 의미를 내포하게 되었다. 할리우드와 미국 영화산업의 활약 덕분에 많은 국가의 TV시청자들은 '멋있다(greatness)' 라는 말과 이 말을 혼동하는 듯 보인다. 비즈니스 세계에서는 모든 사람들이 인식할 수 있는 긍정적인 결과를 달성한 사람만이 명사가 된다. 따라서 '퇴출' 의 결과 또한 더욱 심각해진다. 이런 상황에서 퇴출이란 주주들로부터 불신임 투표를 받거나 아니면 사임을 강요받는 경우, 혹은 사업이 망하여 리더의 명성이 무너지는 것을 의미한다. 그럼에도 불구하고, 영화계에 적용되는 법칙들 중 일부가 기업 회의실에도 적용되고 있는 실정이다. 예를 들면, '이미지'를 들 수 있다. 대중 매체가 지속적으로 확산됨에 따라, 겉모습과 보디랭귀지를 통해 프로처럼 보이고 유능하며 자신감 있어 보이는 것이 더욱더 중요해지고 있다.

본질적으로 기업의 명사가 해야 할 일은 외교관의 역할과 같다. 그 사람은 기업의 핵심 가치와 문화를 안팎에서 일관되고 구체적으로 보여주어야 한다. 밖으로는 정치인에게 로비를 하고, 주요 고객들과 투자자들을 상대하고, 언론에 출연해야 한다. 그리고 안으로는 모든 직원들이 전략적인 비전을 갖추도록 조정해야 한다. 바로 이 회사 내에서의 역할은 아무리 강조해도 지나치지 않을 정도이다. 조정은 통합 글로벌 기업의 핵심적인 특징인데, 이 기업이 여러 국가에서 운영되고 다양한 문화 출신의 직원들을 고용하며 글로벌 규모의 경제와 결합된 지역화된 제품과 서비스에 의존하기 때문이다. 대기업을 조정하기 위해 모든 직원들과 정기적으로 만나는 사장 스타일의 경영이 필요하지는 않다. 그러나 진정한 기업의 명사가 되기 위해서는 회사 내에 활기를 불어넣으며, 회사 내의 모든 사람들이 같은 목표를 공유할 수 있게 하는 새로운 방법을 끊임없이 추구해야 한다. 이는 브랜슨이 영국의 버진 그룹을 초창기에 운영하면서 사용했던 방식이며, 미국의 잭 웰치가 GE에서 적용했던 행동양식이다. 그리고 이는 모든 성공한 기업가들이 비즈니스 성공의 열쇠로 꼽는 방법이기도 하다.

이 사람들은 모두들 미다스의 손을 갖고 있는 엘리트 집단이다. 이들은 축구 선수나 영화배우들, 심지어는 정치인들로 구성된 '매직 서클'에 비교될 수 있는데, 따라서 이들 집단은 언제나 엄청난 보수와 연관되어 있다. 기업의 명사들과 다른 형태의 직원들 간의 봉급 차이는 고위 임원들의 리더십 기술이 전 세계적으로 부족해짐에 따라 앞으로 더 커질 것으로 보인다.

이미 많은 최고경영자들이 조직의 최고인사와 하급자의 봉급이 20배 이상 차이나면 안 된다고 지적한 경영학계의 거물, 피터 드러커(Peter Drucker)의 조언을 무시한 상태이다. 그러나 윤리적인 불매운동이 더욱 진전되고 영향력을 갖추게 되면서, 최고인사들이 벌어들일 수 있는 돈은 억제될지도 모른다. 동시에 그들이 리더의 자리를 지킬 수 있는 기간은 전보다 더 짧아지게 될 것이다.

과거에는 최고 임원이 되려면 오랜 기간 동안 회사에 대한 깊은 충성심을 보여주며 기업의 승진체계를 따라 올라가야 했다. 그러나 앞으로 기업들은 경쟁우위를 지키기 위해 빡빡한 기한을 설정한 뒤, 일시적으로 고용된 기업의 명사가 기업이 맞게 될 도전과제들에 맞는 경험과 전문적인 지식을 가장 잘 갖추고 있는지를 알아내려 할 것이다. 점차적으로 기업의 명사는 부실기업회생이나 합병, 인수와 같은 영역을 전문적으로 다루면서 구체적인 실적 목표를 제시하는 기한부 고용계약을 통해 활동하게 될 것이다. 사실 이러한 관례는 이미 자리를 잡아 확산되고 있다.

2. 기업의 부관들 – 렌즈와 확성기

관리자는 리더가 시작한 일을 마감한다. 기업의 명사가 가진 비전을 실현하는 것이 바로 '기업 부관' 들이 할 일이다. 즉, 기업의 방침을 다듬고, 각 부서를 위한 비즈니스 계획을 고안해 내며, 최고의 아이디어가 위로, 아래로 그리고 옆으로 흐를 수 있도록 계획하고 관리하는 일이다. MBA 졸업자들이 가장 집중되는 곳이 바로 이 부관의 자리일 가능성이 높으며, 일반적인 관리기술과 최우수 사례에 대한 노하우가 가장 필요한 자리다. 부관을 단순히 명사가 되기에 영감이 부족한 사람이라고 봐서는 안 된다. 부관들의 재직 기간이 외부의 변화나 위험에 따라 좌지우지될 수도 있지만, 그들은 기업에 없어서는 안 될 전문가이다.

기업의 부관들은 각 지역에 있는 직원들에게 동기와 영감을 불어넣어 주어야 한다. 그들은 기업 비전을 보여주는 렌즈 역할을 해야 하며, 기업이 얻게 되는 가치 있는 아이디어와 정보를 알려주는 확성기 역할을 해야 한다. 그들이 맡고 있는 영역이 회사 전반에 걸쳐 있다면, 그들의 '지역에 관한' 지식은 아마도 프로세스나 자원을 바탕으로 해야 할 것이다. 즉, 부관들은 자기 부서의 실적을 최대화하는 방법과 이것이 회사 전체의 실적에 왜 필수불가결한 것인지 제대로 인식하게 될 것이다. IT 디렉터를 예로 들어보자. 이 사람도 새로운 소프트웨어나 하드웨어, 혹은 업무 방법을 도입함으로써 현대 조직의 어느 누구보다도 더 빨리 능률을 높일 수는 있다. 그러나 앞으로 10여 년이 지나면, 구체적인 시장을 담당하는 팀의 팀장들이 평범한 기업에 가장 귀중한 인물들로 등장하게 될 것이다. 기업의 이러한 부관들은 자신의 지역 시장을 안팎으로 잘 알 것이며, 따라서 기업의 다각화에 결정적인 역할을 할 것이다. 그 이유는 바로 지역과 개인에게 호소력 있는 제품과 서비스가 가장 큰 성공을 거둘 것이기 때문이다.

압박과 위험이 큰 만큼, 돌아오는 보답도 크다. 기업의 부관들은 내외적으로 벤치마킹과 품질관리에 있어 전문가이어야 한다. 왜냐하면 현금뿐 아니라 상당한 양의 주식을 포함하는 인센티브 패키지는 주로 구체적인 목표와 목적에 있어서 부관들의 실적이 어떠하냐에 달려 있기 때문이다. 그들에게는 매출액, 이익, 주주이익 발생을 기초로 분기별로(혹은 더 빈번하게) 달성해야 할 힘든 목표액이 주어질 것이다. 또한 기업의 전체적인 비전과 기업 분산의 필요성을 조화시키는 방법을 찾아내야 하는 어려운 과제를 풀어야 할 수도 있다. 달리 말하면, 그들은 많은 시간을 전 세계에 퍼져 있는 단위들을 조정하고, 불안정한 관계들을 편안하게 만드는 일에 쏟게 될 것이다.

기업의 명사들이 맞게 될 주요한 과제들 중의 하나는 바로 이 부관들에게 어떻게 권한을 부여할지 결정하는 일이다. 물론 모든 리더는 부관을 파견한 뒤 불안감을 겪게 되는데, 다국적 모델의 경우 전 세계의 국가들에 일종의 작은 영지(領地)를 세워야 하기 때문에 이러한 불안감은 더욱 심각해질 것이다. 부관들에게 더 많은 통제력을 부여할수록, 명사가 계획했던 방식대로 기업의 비전이 실현되고 있다는 확신이 줄어들기 때문이다. 한편, 글로벌 경제의 네트워킹으로 인해 새로운 파견의 위험이 제기되고 있는 실정이다. 오늘날 기업의 부관이 자신의 고용주가 혁신을 이루기에는 너무 느리고, 혹은 너무 관료주의적이거나 모험을 기피한다고 느낄 경우, 그들은 그 어느 때보다 더 쉽게 경쟁 회사를 차려 스스로 기업가가 될 수 있다. 그러므로 최고의 기업 부관들을 조직 내에 두고 싶은 기업이라면, 사내기업제의 규칙을 명확히 이해하고 있어야 한다.

3. 기업의 충신 – 지식 경제의 인재들

하급 관리자와 고도로 전문화된 전임자들로 이루어진 최신 기업의 전위부대에 온 것을 환영한다. 이들은 기업의 핵심 활동에 없어서는 안 될 사람들이다. 그들은 IT 시스템을 유지하는 엔지니어들이며, 기업의 다각화를 도와주는 약제사, 디자이너, 주방장이며, 제품의 모형을 만들고, 조립하고, 포장하는 제품 관리자들이다. 그들의 역할은 분리해서 보면 사소해 보이지만, 합쳤을 때에는 없어서는 안 될 너무나도 중요한 인재들이다.

이들의 전문적인 기술은 실행을 바탕으로 한다. 부관들이 명사들의 비전을 회사방침으로 바꾸는 사람들이라면, 이들은 회사방침을 프로세스로 바꾸는 일을 한다. 그들은 재능에 따라 집단을 이루는 경향이 있는데, 각각의 집단은 고유한 정체성과 문화, 심지어는 하위 브랜드를 가지고 있다. 그들이 받는 보수는 대개 각자의 기술이 갖는 희소가치에 따라 다르다. 그들은 개인적으로 목표로 삼는 실적에 관

련된 동기를 갖겠지만, 부관들보다는 위험에 적게 노출될 것이며, 그
에 따라 받는 급료도 부관보다 적다. 그들이 몸담은 기업이나 산업이
위협받고 있지 않다면, 그들이 자신의 재능과 기술을 부단히 발전시
키는 한, 지속적으로 자신들에 대한 수요가 많아질 것으로 기대할 수
있다.

어떤 충신도 오늘 자신이 갖고 있는 지식이 내일의 고용을 보장
해 줄 것이라고 생각해서는 안 된다. 산업혁명이 발생하던 시기였다
면(그리고 그 이후 잠시 동안), 그들이 해고당하거나 퇴직해서 다시 훈련
을 받거나 혹은 위험한 기계에 의해 내몰리게 될 때까지 반복적인 작
업만을 되풀이할 수도 있었을 것이다. 그러나 오늘날의 지식 경제에
서 그들이 자신의 경쟁우위와 더 나아가서는 자신이 몸담은 기업의
경쟁우위를 유지하기 위해서는 직장을 잡고 일하는 내내 새로운 기
술을 익혀야만 한다. 특정한 일자리의 경우, 1년 전이나 혹은 10년 전
과 똑같은 기술과 프로세스, 직무가 반복되고 있는 것처럼 보일 수도
있다. 그러나 대부분의 업무는 충신의 관점에서는 알 수 없지만 이미
변형된 상태이다. 기술의 발전으로 얻을 수 있는 이득은 똑같을 수 있
지만, 오늘날의 고객들은 과거의 고객들보다 더 빠르고 더 효율적으
로 이득이 달성되기를 기대하고 있다. 따라서 충신들은 효과적인 배
치를 보장받는 데 필요한 커뮤니케이션 기술과 최신 장비의 트렌드
에 뒤떨어져서는 안 된다.

예를 들어, 전화 기사를 생각해 보자. 과거에 그들은 전신주 위에
서 내선 소켓을 설치하느라 거의 대부분의 시간을 보냈을 것이다. 그
러나 오늘날 그들은 디지털 교환국을 통해 먼 곳에서 수리하는 법을

익혀야 하고, 광대역 인터넷 장치와 케이블 TV와 같은 다양한 가정오락 및 비즈니스 기기들과 음성서비스를 결합시키는 방법을 이해해야만 한다. 만약 그들이 BT나 프랑스텔레콤(France Telecom), 벨사우스(BellSouth)와 같은 인프라스트럭처 및 서비스 제공업체 등의 대기업에 다니고 있다면, 그들은 우선적으로 최종 수요자의 위치를 찾을 수 있게 해주는 위성 항법 장치(네비게이션 등)뿐 아니라, 부관에게 언제 일을 마쳤는지 알려주는 휴대용 기기를 다룰 수 있어야 할 것이다.

서비스 산업에서도 최소한의 기술과 능력에 관한 기준은 많이 높아진 상태다. 50년 전의 증권 인수업자는 설명회를 하기 위해 칠판과 문구류를 준비했다. 25년 전, 그것은 화이트보드와 프로젝터로 대체되었다. 그리고 지금은 마이크로소프트사의 프레젠테이션용 소프트웨어 프로그램인 파워포인트가 사용된다. 그러나 애니메이티드 그래픽과 음향 효과로 시청자를 압도하기까지 하는 극도로 발전한 프레젠테이션 기법이 대세를 이루고 있는 지금의 상황에서도 이미 변화의 조짐은 나타나고 있다. 지금의 방법이 이미 어느 곳에서나 사용됨에 따라, 놀라움을 주는 정도가 줄어들고 상대방에게 깊은 인상을 주지 못하게 되었다. 이제 비즈니스 종사자들 중에는 연설문 작성과 보디랭귀지, 명확한 전달을 위한 목소리 내기 등의 세일즈 및 대인 기술을 훈련받기 위해 특수 컨설턴트들을 고용하는 사람들이 늘고 있다. 그들은 경쟁우위를 갖출 수 있게 해주는 새로운 차별화 요인을 찾아나선 것이다. 그들이 경쟁우위를 갖추는 방법은 다윈의 박각시 나방이 마다가스카르의 난초에서 먹이를 찾아먹기 위해 10인치 길이의 주둥이를 필요로 했던 것과 같다고 할 수 있다.[2]

대부분의 산업이 가속화된 변화를 겪고 있기 때문에, 인적자원이 빠른 속도로 재배치될 수 있느냐가 더욱 중요해졌다. 따라서 기업의 충신들에게 자신들의 기술을 연구하고 연마할 수 있도록 충분한 훈련과 충분한 시간을 보장해 주는 일은 기업에도 득이 된다. 동시에 기업들은 충신들이 고객의 성향에 가장 가깝다는 점을 이용해야 하는데, 예를 들면 그들이 미적인 선호도나 명령계통의 역기능에 대한 정보를 전해 줄 수 있도록 뒷받침해 주어야 한다. 21세기에는 직원들 간의 피드백이 혁신을 가져오는 최고의 원천이 되어 줄 것이다.

4. 기업의 여행자 – 자유로운 프리랜서

과거의 기업들은 땅 위에 벽돌로 지어졌지만, 미래의 기업들은 끊임없이 새로운 위협과 기회에 적응해 가면서 움직이는 모래 위의 강물처럼 흘러갈 것이다. 기업이 오늘날보다 더 빠르고 더 효율적으로 이런 구조를 달성할 수 있는 것은 바로 임시직 노동자들 때문일 것이다. 그들은 점점 더 예고 없이 모집되어 단기간의 필요를 충족시켜 주고 떠나게 될 것이다. 지난 30년 동안 이루어진 아웃소싱의 발전은 인적 자원이 일종의 '주식 시장'으로 변하는 장기적인 트렌드의 일부라 할 수 있으며, 이 시장에서 개인들은 자신의 서비스를 최고가의 입찰자를 찾아 경매에 올릴 것이다.

어느 정도까지는 취업할 권리에 의해 기업의 여행자가 되지만, 대개는 사신의 능력을 증명할 이력서가 있어야 한다. 중국과 같은 나라에서는 임시직 노동자들의 권리가 향상될 때까지 대량 고용과 해고가 지속될 것이다. 이러한 법칙에서 유일한 예외는 새로운 시장으

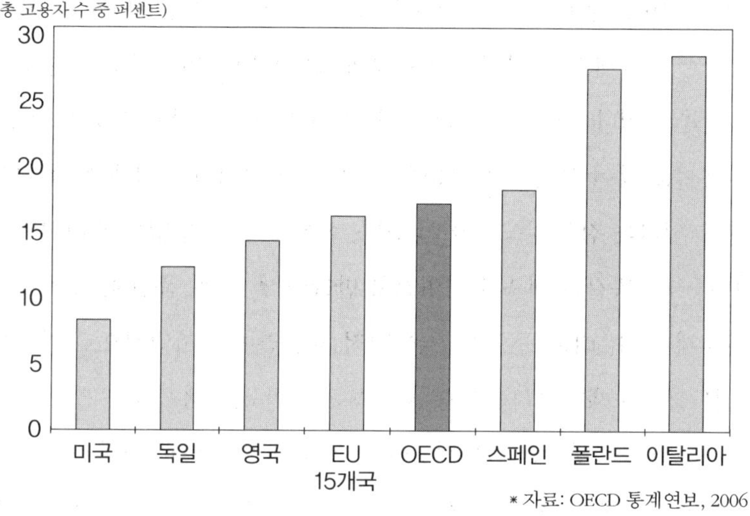

로 도약한 분야의 엘리트들이다. 그들은 외국 기업에게 자신들이 가진 가치를 마음껏 보여줄 수 있을 것이다. 프리랜서의 증가는 이미 기정사실화되고 있다. 프리랜서는 충신들이 가진 특수한 지식과 다양한 고용 기업들로부터 얻은 폭넓은 경험을 결합시킨다. 지금까지 나타난 기업의 여행자들 중에서 가장 두드러지는 유형은 전략 경영, 국제금융 및 국제법 등의 컨설턴트들이다. 또한 이 범주에는 웹 디자인이나 광고, 영화제작과 같은 창작 산업의 엘리트 층도 포함된다.

기업의 부관들이 기업에 충성스러운 반면, 여행자들은 언제나 기회를 엿본다. 그들은 다른 기업에서보다 돈을 더 많이 받지 못하거나 흥미로운 업무를 얻지 못할 경우, 한 기업에 장기적으로 머무르려고 하지 않는다. 이러한 태도는 기업에 일정 정도 신선한 바람과 같은 효과를 낼 수 있다. 즉, 프리랜서가 적극적인 관심을 갖고 한 기업의 업무에 뛰어들 경우, 그들이 열성적으로 자신의 계약을 끝마치고 그 와중에서 만나게 되는 상근 직원들에게 에너지를 불어넣어 줄 가능성이 높다는 것이다. 다른 한편으로 그들의 충성심을 보장할 수 없으며, 프리랜서를 많이 쓰는 고용주들은 이로 인해 기업이 특정 분야에 취약할 수 있다는 점을 알고 있어야 한다. 예를 들면, 끊임없이 프리랜서들이 들어와 똑같은 제품과 서비스를 만들어 낼 경우, 품질 유지가 어려워지게 된다. 더욱 중요한 점은 지적 재산권이나 사업적으로 민감한 다른 정보가 새나가지 않도록 보호하는 보안 시스템을 갖는 것이다.

기업의 여행자들 덕분에 기업들은 경쟁기업들과 '비대칭적인 전쟁'을 벌일 수 있다. 그들을 제대로 관리할 경우, 그들은 장소, 형태, 규모를 불문하고 빠른 속도로 배치되어 기업의 브랜드와 자원, 노하우를 최고의 상태로 끌어올릴 수 있다. 이러한 원리가 활발하게 적용되고 있는 분야가 바로 영화산업으로, 소규모의 제작사들이 언제나 특정한 프로젝트를 이끌어 가기 위해 뭉쳤다가 흩어지기를 반복하고 있다. 안타깝게도, 알카에다와 같은 테러 조직들에서도 이 원리는 제대로 효과를 내고 있다. 후자의 사례는 무엇보다도 소중한 비전을 이용하여 서로 다른 부서들이 같은 목표를 향해 나아갈 수 있게 하는 방법을 제대로 보여준다는 점에서 도움이 된다. 평화롭고 서로에게 도움이 되는 목표를 위해 그러한 전술을 채택하는 것은 기업인들이 개발도상국에서 기회를 만들어 낼 수 있는 최고의 방법들 중 하나이다.

5. 기업의 고아 – 안을 들여다보는 아웃사이더

당신이 수입의 원천으로부터 멀어질수록 기업의 고아가 될 가능성은 더욱 커진다. 중국 공장의 봉제사나 스페인의 과일 따는 사람, 콜롬비아의 커피 재배자, 혹은 미국 생산 라인의 조립 기술자까지도 상부의 공급 체인에 있는 한두 명의 고객들 손에 운명이 좌우된다. 윗선의 판매자들이 고객들을 사로잡는 데 고전을 면치 못한다면, 하부 생산조직들은 기하급수적으로 더 많은 고생을 하게 되며, 그것은 너무나 단순한 사실이다.

기업의 고아들은 여행자들과 마찬가지로 증가된 아웃소싱과 역외 활동의 산물이다. 그러나 그들에게는 선택권이 훨씬 더 적다. 글로벌화 덕분에 그들은 최저생활 수준에서 벗어나 미래에 대한 희망을 가지게 되었다. 그럼에도 불구하고 그들은 재정적으로 구속된 상태이며, 주요한 부의 변동에 영향을 받는다. 글로벌화가 최대한 진행된 곳의 노동자들은 사실상 노예 상태에 있으며, 고용주가 만들어 낸 빈곤의 사이클로부터 벗어날 수 없다. 통합 글로벌 기업은 즉각적으로 기업의 공급 체인을 개편할 수 있고, 또한 개편해야 하는 기업이다. 이러한 유연성으로 나타나는 부정적인 영향은 가난한 지역사회가 중대한 계약을 상실했을 때 인적 희생이 발생한다는 점이다. 그리고 기업의 고아가 기업의 명사에게 얼굴을 보일 수 있는 기회를 전혀 갖지 못한다면, 그들의 동정을 끌어내기란 어려운 일이다. 따라서 정부는 이런 노동자들이 기본적인 교육과 가능한 한 많은 이전 가능한 기술 교육을 받도록 보장하고 사회 내의 가장 약한 사람들을 위한 안전망을 공급하는 동시에, 노동시장의 유연성을 유지하여 기업들이 국가 전체의 번영을 증진시키도록 이끌어 주어야 한다. 이미 기업의 사회적인 책임이 고객과 주주 그리고 브랜드의 지속성을 위해 더욱더 중요해지고 있기 때문에, 그러한 권리가 역외 기업의 종업원들에게 부여되도록 보장하는 것은 곧 기업들의 의무가 될 것이다.

단단히 뭉쳐 조화를 이루라

이처럼 서로 다른 유형의 노동자들이 널리 퍼져 있고 끊임없이 개편되는 상황에서, 최고의 인재를 끌어들여 그들이 가진 최고의 것을 얻어내고, 그들이 공동의 목표에 맞춰 정렬할 수 있도록 만드는 보수 체계를 어떻게 찾아낼 수 있을까? 그 해결책은 주로 각각의 국가들이 매슬로(Maslow)의 '욕구 단계론'에서 어느 단계까지 올라가 있는지에 따라 다르다. 개발도상국의 비숙련 노동자들에게 가장 시급한 것은 자신을 비롯한 가족의 삶의 질을 향상시키는 데 필요한 돈이다. 하지만 선진국의 경우, 돈의 동기부여 능력은 점점 줄고 있다. 오늘날 선진국 출신의 세계 최고 인재들을 고용하여 보유하길 원한다면, 물질적인 편안함뿐 아니라 심리적인 편안함을 제공할 수 있는 창의력을 발휘해야 한다.

　개인의 자유는 대부분의 전문 인력들이 직장에서 바라는 첫 번째 사항이다. 근무 시간의 경우, 그들은 자유로운 시간 선택과 늘어난 출산 휴가, 개인 발전을 위한 휴식년제 등을 원하며, 개인 공간에 있어서는 개인 사무실과 자신만의 라이프스타일을 유지할 수 있는 절차를 선호한다. 사내창업에 관련해서는 지적재산권을 공동으로 소유한다든지, 그에 따른 자회사에 대한 옵션을 공유하는 방법으로 하나의 프로젝트를 그 자체로 하나의 기업처럼 이끌어 나갈 수 있기를 바란다.

특히 구직자들 쪽에서 더 많이 고려하는 사항은 브랜드이다. 재능 있는 젊은 신입사원들은 기업의 평판에 지대한 관심을 갖고 있으며, 세계의 젊은이들은 그 어느 때보다 브랜드의 윤리에 대한 자신들의 인식을 바탕으로 제품을 보이콧하려 한다. 그리고 아이러니하게도 소비자 선택과 네트워크화된 기술, 많은 이들이 혐오한다고 주장하는 편리한 시스템 덕분에 그들의 보이콧 능력 또한 커지고 있다. 분명 제정신을 가진 기업이라면 노동절에 맥도날드를 향해 돌을 던지는 사람은 뽑지 않을 것이다. 그럼에도 불구하고, 기업의 윤리적인 태도와 최고의 직원을 확보하는 능력 간에는 점점 더 연관성이 커지고 있다.

이러한 추세는 노동력 착취와 공해 같은 물질적으로 드러나는 비윤리 행위에만 국한되지 않는다. 여기에는 모든 형태의 지속가능성과 가족 친화적인 회사방침, 지역 사회와의 연계 여부가 포함된다. 더구나 회사를 이미 다니고 있는 사람들에게 브랜드는 한 개인이 전체와의 동질성을 갖는 데 결정적인 역할을 하며, 다국적 기업의 이념이 전 세계 사업 단위들의 분해를 촉진하는 결과를 가져옴에 따라 더욱 더 중요해지고 있다. 따라서 기업의 브랜드가 가진 명성을 유지하고 계속적으로 향상시키는 일이 기업 명사들의 가장 주요한 임무로 등장하였다. 일반적으로 리더와 기업 브랜드에 대한 신망은 서로를 강화해 주거나, 아니면 서로에게 해를 입히기도 한다.

물론 브랜드가 가치를 전달하는 일만 하는 것은 아니다. 브랜드는 종업원들에게 자신이 일할 직장이 어떤 곳인지 알려주기도 한다. 기업의 창의성과 자유로움에 힘입어 브랜드 자체에 열정과 매력이 내포되어 있는가? 그렇지 않다면 매년 기업들이 대학을 돌며 구인행사를 열 때, 미래에 최고의 실적을 낼 학생들에게서 관심을 받기는 어려울 것이다. 영국에서는 이 행사를 '밀크 라운드(Milk Round)'라고 부르는데, 과거의 경우 이 방법을 통해 최고의 대학들로부터 최고의 인재를 선발하기가 쉬웠기 때문이다. 오늘날 이 말은 인재 부족으로 인해 기업들 간에 경쟁이 발생하면서 어울리지 않는 명칭이 되었다. 기업들은 대체로 무료 뷔페와 술 등의 직접적이고 다양한 인센티브를 제공하면서 대학생들의 관심을 끌기 위해 경쟁하고 있다. 그리고 앞으로 이 과정은 완벽하게 역전될 것이다. 최대의 힘을 행사하게 될 사람은 일자리를 쥐고 있는 사람들이라기보다는 지적인 자산을 쥐고 있는 사람들이 되는 것이다.

기업이 이미 너무 커진 상태이기 때문에, 기업 내에서 열정과 창의적인 업무 그리고 자유를 보장하는 것은 불가능하다고 생각하는 사람들이 있을 수 있다. 만약 그렇게 생각하는 사람이 있다면, 그 사람은 기업 내부의 구조를 분해하는 방법을 고안해 내야 한다. 이미 기업 내부에 기업가팀(entrepreneurial cell)을 만들 경우 얻을 수 있는 이점을 알게 된 기업들이 많아지고 있다. 이 기업가 팀은 활력과 조직별 브랜드로 최고의 인재를 고용하는 일을 더욱 용이하게 만들 뿐 아니라, 기업 전체를 더욱 혁신적이고 위협과 기회에 더 잘 반응하는 조직으로 만들어 준다. GE의 최고경영자였던 잭 웰치는 여러 해에 걸쳐 다른 기업의 리더들에게 사업 단위가 50명 이상이 되면 곧바로 분리시킬 것을 주장해 왔다. 어찌됐든 기업 구조는 대부분의 산업에서 발생하고 있는 급격한 변화의 결과로 자연적으로 분해되고 있다. 대부분의 서구 기업들의 경우, 경쟁우위는 프로젝트를 바탕으로 하는 독창력으로부터 생겨난다. 결과적으로 종업원들은 자신의 프로젝트팀과 우선적으로 일체감을 느끼고 난 뒤, 기업 전체와의 공감을 형성하게 된다. 이러한 구분이 점차적으로 더 커지면서 기업은 더욱더 분해되는데, 기업들이 이 상황을 관리하는 법을 익히지 못할 경우 기업 내에 혼란이 초래될 수도 있다. 따라서 다시 한 번 이 부분에서 기업의 명사가 궁극적으로 책임져야 할 조정의 문제가 대두된다.

프로젝트팀이 서로 협조하게 만들기 위해 인터넷이나 다른 유사한 네트워크 기술에 의지할 수 있다고 생각한다면 오산이다. 가상현실 속에서 누군가와 악수를 나눌 수 있게 되기 전까지, 이는 IT 컨설턴트들의 공상에 지나지 않을 것이다. 팀 일원들 간에 신뢰를 쌓고 서로의 아이디어를 효과적으로 교환하기 위해서는 정기적으로 만나 접촉을 갖는 것이 언제나 중요했으며, 멀지 않은 미래에도 계속 그러할 것이다. 실제로 인간관계를 늘려가고 종업원과 심리적인 접촉을 늘려가는 것이 더욱더 중요해졌다는 점은 인터넷으로 연결된 세계와 IT 기업이 가진 모순이라 할 수 있다. 따라서 직장이 편하게 사람들을 사귈 수 있는 장소가 되지 못한다면, 그 기업의 경쟁우위는 빠른 속도로 그리고 눈에 보이지 않게 죽어가고 있는 것이다.

사무실 내의 잡담이 앞으로 미래의 다각화에 결정적인 역할을 하게 될 새로운 아이디어들의 원천이 된다는 사실이 과소평가되고 있다. 높은 실적을 내는 기술 회사들에 대한 연구 결과가 이 사실을 입증하고 있다. 더군다나 기업의 업무 행위가 열렬한 개인적인 관계 위에서 이루어질수록 경쟁 기업들이 그런 관례를 모방하기가 더욱 힘들 것이다. 현대의 사무실 건축과 시설 관리가 얼굴을 맞대는 커뮤니케이션을 지향하여, 사람들이 서로 쉽게 만날 수 있도록 업무 영역 중간에 커피 기계들을 설치하고, 임원 사무실들을 직원들이 비공식적으로 그리고 자주 들를 수 있는 곳에 두는 데는 그럴 만한 이유가 있었던 것이다. 바로 그 때문에 기업들이 새로 지은 건물에는 커피를 마시는 공간과 훌륭한 식당들이 많이 있는 것이다. 이러한 공간 및 시설들은 집단적으로 사람을 사귈 수 있도록 해 주며, 그 결과 창의적인 아이디어와 제품 혁신 역시 촉진된다. 말 그대로 일하면서 점심을 먹는 기업문화가 돌아왔으며, 아이디어를 공유하면서 점심 휴식은 끝이난다. 사교와 창의력, 혁신을 겨냥한 건축물의 뛰어난 예로는 노르웨이의 오슬로에 있는 텔레너(Telenor)의 사옥이 있다.

　유명한 제약회사 글락소스미스클라인(GlaxoSmithKline)의 직원 식당은 신약 발견과 개발에 있어 결정적인 역할을 해 온 것으로 평가되고 있다. 글락소스미스클라인의 직원식당은 서로 편하게 사귈 수 있는 분위기와 함께, 높은 품질의 음식을 제공한다. 그래야 과학자들이 각자 책상이나 연구실에서 샌드위치로 점심을 때우려 하기보다는 식당에 모여 서로의 업무에 대해 생각해 보고 의논할 수 있는 시간을 가지기 때문이다. 직원식당에서 생겨난 아이디어들은 기업의 재무제표를 개선시켜 주었다. 직원들이 효과적으로 더 많은 일을 하고 회의를 갖기 위해 식당이나 휴식공간에서 보내는 시간을 이용하고 있다면, 그들은 더 적은 근무시간 내에 더 빠르게 업무를 마치고 있는 것이다. 어떤 기업이든 이 사례에서 얻을 수 있는 교훈은 바로 이것이다. 비용이나 경박함을 이유로 사교적인 행사를 거부하고 직원들의 사적인 대화를 방해하는 것은 전적으로 잘못된 것이다.

비슷한 예로, 근래에 들어 많이 생략되어 온 기업의 모임들은 직원들을 결속시켜 주고 미래에 대한 창조적인 안건을 세우는 데 있어 놀랄 만한 힘을 발휘하는 동시에, 모든 직원들로 하여금 자신들과 기업의 브랜드에 대해 좋은 느낌을 갖게 만들고 있다. 이는 서로 공유된 믿음과 일체감을 재차 확인하기 위해 교회에 나가는 것과 서로 비슷하다고 할 수 있다. 경제 침체에도 불구하고, 기업들은 연례 기념행사들을 예산에서 없애지 않고 있다. 그들은 반대로 더 크고, 더 웅장하고, 더 흥미로운 행사를 열기 위해 전보다 더 많은 돈을 쓰고 있다.

예를 들면, 프랑스 텔레콤은 2003년에 파리 디즈니랜드 리조트를 통째로 빌려 4만 명의 직원들과 그 가족들에게 즐거움을 선사했다. 영국의 호화 고속 모터보트 제조회사인 선시커(Sunseeker)는 규모 대신 독특함을 선택했는데, 2002년에 북극권 내에 위치한 핀란드 호텔에 국제 딜러들을 초대하는 행사를 마련했다. 500명의 참가자들은 호텔 주변의 아름다운 자연 속에서 스키를 즐겼고, 환상적인 오로라를 볼 기회를 가질 수 있었다. 그러한 경험은 기업의 결속에 있어 언제나 인기 있었던 원칙을 논리적으로 확대시킨 것이라 할 수 있다. 즉, 종업원들을 정서적으로 혹은 신체적으로 강렬한 활동에 참가시키면, 그들은 동기를 부여받고 영감을 받게 되면서 공통의 정체성을 세운다는 것이다. 이 때문에 수십 년에 걸쳐 항해나 카누, 급류타기와 같은 작지만 흥미로운 활동들이 실적이 떨어진 팀들에게 인기 있는 행선지가 되었던 이유이다. 미국의 기업들은 대형 행사를 매우 중시하는데, 그들이 수십억 달러에 이르는 기업 오락 행사 시장을 떠받치고 있는 셈이다. 이러한 행사들은 비즈니스 거물들뿐 아니라 전직 대통령과 총리들의 주요 수입원이기도 하다.

사무실의 위치도 고용에 있어 결정적인 요인이 되기도 한다. 회사 건물 문만 나서면 공원이나 고급 상점, 술집이 즐비한 번화한 지역에 쉽게 닿을 수 있다면, 두 가지 이득을 기대할 수 있다. 글락소스미스클라인의 식당에서처럼 우연히 떠오르는 아이디어와 자기 인생에서 최고의 시기를 낭비하고 있다고 느끼지 않도록 최고의 오락시설이 가까이 있기를 바라는 젊은 신입사원들에게서 기업의 일부가 되고 싶다는 적극적인 소망을 얻어 낼 수 있다. 기업들이 모여 있는 대부분의 장소들은 정부의 세금 유인책으로 형성된 것이 아니라, 능력 있는 사람들이 매력적인 장소에 모여든 뒤 비슷한 기업들을 세우게 되고, 결국엔 경쟁사들도 다른 곳에다는 회사를 차릴 생각도 하지 못하게 되면서 형성된 것이었다. 바로 그런 이유 때문에 세계의 연예기획사들은 여전히 로스앤젤레스에 모여 있고, 패션산업은 아직도 파리를 벗어나려 하지 않으며, 자존심 있는 광고기획사들은 뉴욕이나 런던에서 회사를 차리려고 하는 것이다. 좋은 실적을 올리기 위해 그렇게 기업들이 몰려 있는 곳에 위치해야 한다는 법은 없지만, 직원들이 높은 수준의 라이프스타일에 쉽게 접근할 수 있다는 것은 분명 기업에 득이 될 것이다.[3]

기업의 창의력: 공기돌과 프라푸치노, 그 이상의 것이 필요한 이유

과거의 '직장'은 일하는 곳 외에는 다른 의미가 없었다. 오늘날 직장은 아이디어가 교환되고 문제가 해결되는 곳이다. 최고의 기업인 경우, 그곳은 직원들이 편안한 마음으로 사람들을 사귀고, 그 결과 업무를 더 잘 수행할 수 있는 곳이기도 하다.

아이디어가 '발생되는' 곳이 아니라 '교환되는' 곳이라는 점에 주목하라. 소중한 아이디어들이 사무실과 직장, 연구실에서 많이 생겨나지만, 술집이나 서재, 욕조에서도 많은 아이디어들이 생겨나는 것도 사실이다. 바로 이러한 이유 때문에 기업의 임원들은 그저 캐주얼 복장을 입으라는 지시를 내려놓고 직원들이 창의력을 발휘해 줄 거라고 잘못 생각해서는 안 되는 것이다. 물론 아이디어 창조는 전 세계의 기업들에게 점점 더 중요해지고 있다. 그러나 그것은 그 자체로 봤을 때 기업의 기능이 아니다. 일반적으로 아이디어는 어떤 특정한 형태의 기업 문화에서 뜻하지 않게 발생한 결과라 할 수 있으며, 아이디어 자체를 위해 규칙이나 제도를 만들 수는 없는 일이다. 기업이 할 수 있고 해야 하는 일은 바로 직원들의 상상력이 자극받고, 인정받고, 적절히 보상받을 수 있도록 보장하는 일이다.

분명히 일부 산업에서는 이러한 종류의 환경 조성이 다른 산업에 비해 더 쉽기도 하다. 예를 들면, 생명공학 분야의 기업들은 직원들이 낸 아이디어가 성공적으로 상업화되는 경우에는 그 직원에게 이해관계자로서의 권리를 제공한다. 이는 직원들이 새로운 제품과 서비스를 개발하도록 격려할 뿐 아니라 직원들이 회사를 버리고 자신의 우수한 아이디어를 이용해 다른 회사를 차리지 못하도록 하는 데도 도움이 된다. 한편 연예 산업의 경우, 기업이나 어떤 프로젝트의 일원으로서의 인정은 혁신을 일으키는 중요한 자극이 되며, 여러 종류에서 이용이 가능해지고 있다. 장편 영화의 촬영 스태프를 예로 들어 보자. 과거에 그들은 영화가 끝나고 타이틀이 올라갈 때 잠깐 이름을 볼 수 있긴 했지만, 대중들에게는 인식되지 않는 보이지 않는 존재였다. 오늘날 그들은 '영화 제작' 다큐멘터리나 무대 뒤의 장면들을 담은 메이킹 필름에서 최고의 주연 역할을 한다(엑스트라로 등장하는 경우도 많아지고 있다). 그에 따라 그들의 프로필은 더욱 주가가 높아지며, 만약 그들이 전에 기업의 충신이었다면, 그들은 곧 기업의 여행자가 되거나 기존의 고용주로부터 새로운 권한과 포상을 부여받을 공산이 커진다.

최첨단 과학 분야나 연예계에 있는 기업들만이 이러한 트렌드에서 이익을 얻거나 불이익을 당하는 것은 아니다. 이미 많은 기업들이 지위를 막론하고 순이익에 영향을 주는 아이디어를 제안한 직원들에게 포상하는 정책을 펴고 있다. 실제로 앞으로는 좋은 아이디어들이 제1선의 직원들에게서 더 흔하게 제안될 가능성이 높다. 그들은 고객들을 직접 대하고, 높은 곳에서 내려온 절차들을 직접 처리하고, 조직 내의 어느 누구보다도 지역 시장에 대해 더 많이 배우고 알게 될 것이기 때문이다. 다양한 기업들이 웹로그를 통해 인정을 받으려는 직원들로부터 아이디어를 챙기고 있는 중이다. 예전에는 조직이나 산업 전체에 자신의 모습을 보여주지 못했던 개인들이 블로그를 통해 자신의 프로필을 알릴 수 있게 되었다. 직원들이 기업의 시스템을 이용해 블로그를 만들 수 있도록 서비스를 제공하는 고용주들은 최우수 사례에 대한 정보를 자동으로 직원들에게 보급하고 연구 및 개발의 중복을 막는 보호수단을 얻는다는 이점을 누린다. 물론 인재 스카우트에 점점 더 취약해지고 검열로 인한 곤혹을 겪는다는 단점이 있긴 하다.

기업의 경영자들이, 특히 서구 세계에 기반을 둔 경영자들이 기억해야 할 점은 혁신이 모든 직원의 과제가 되도록 해야 한다는 점이다. 앞으로 혁신은 1990년대에 품질 보증이 가졌던 똑같은 지위를 갖게 될 것이다. 즉, 분산된 절차와 공동의 책임감을 부여받게 되는 것이다. 하지만 창의적인 기업이라고 해서 모든 방향에서 혁신을 일으킬 수는 없으며, 진정한 가치를 만들어 낼 만한 아이디어에 집중해야 한다. 서구 기업들은 앞으로 소비자의 요구에 맞게 변화하는 포트폴리오를 갖추고 더욱 빈번하게 스스로를 재창조해야 하지만, 자신이 최고로 잘하는 것을 공고히 해야 한다는 점 또한 인정해야 할 것이다.

대부분의 기업들은 수명이 겨우 몇 년에 불과하다. 많은 기업들이 외부의 트렌드에 보조를 맞추기에 부족한 내부의 프로세스를 가지고 있기 때문이다. 그들 대부분에게 긍정적인 변화는 합병이나 인수의 형태를 띨 가능성이 높은데, 이는 양측 당사자들 중 한쪽 기업이 비전이나 전략적인 안목이 부족하거나, 잘못된 실적 지표와 기준을 적용하거나, 혹은 너무 늦게 자기만족의 문화를 해결하려 나섰음을 나타낸다. 더 오랜 수명을 가진 기업들은 핵심 시장을 아주 분명히 알고 있는 동시에, 새로운 시장을 상상할 수 있는 능력을 갖고 있다. 비틀스가 오랫동안 명성을 누렸던 이유는 매번 앨범을 발표할 때마다 다른 밴드가 되었기 때문이 아니라, 존 레논, 폴 매카트니, 링고 스타, 조지 해리슨의 본 모습은 유지하면서도 가능한 한 최대한으로 창의력을 발휘했기 때문이었다. 마돈나에게도 같은 원리가 적용된다. 다른 대부분의 유명한 뮤지션들이 밤바다를 항해하는 선박들처럼 지나가 버린 반면, 그녀는 끊임없는 재창조를 통해 성공을 이루어 냈다.

2020년 이후에도 번창하기를 바라는 기업들이라면 아주 특이한 종류의 창의력을 갖추도록 애써야 한다. 변화하는 시장 수요에 맞게 새로운 제품과 서비스를 끊임없이 개발하는 데 밑받침이 되어 줄 기본 방침을 창조해 내는 그런 창의력 말이다. 기업은 고객 취향에 관한 높은 수준의 정보를 수집하고 그 정보를 영리하게 해독하게 해 주는 시나리오를 세울 수 있어야 한다.

핀란드의 이동전화 제조업체인 노키아는 1865년 목재 펄프 공장으로 출발했다. 1990년대 노키아는 이동성의 특징을 가진 세계를 구상해 내었고, 그 세계 안에서 사람들은 직장생활뿐 아니라 사회생활에서도 무한한 커뮤니케이션을 필요로 하게 될 것이라고 생각하게 되었다. 그 이후로 노키아는 세계의 대형 전자회사들을 인수한 뒤, 휴대전화 시장의 35퍼센트를 차지하게 되었고, 동시에 휴대전화의 부속품 생산을 위해 박차를 가했다. 애플 컴퓨터가 2001년에 아이팟을 출시했을 때, 휴대용 뮤직 플레이어를 생산한 경험이 전혀 없었던 기업이었기에 사람들은 이해할 수 없는 일이라고 생각했다. 하지만 아이팟은 음악과 다른 오락 콘텐츠를 온라인으로 판매하는 전적으로 새로운 산업의 탄생을 촉진시킨 엄청난 성공작이었다.[4]

수많은 사례연구에도 불구하고, 대부분의 대기업들은 최고로 돈

벌이가 되는 혁신은 자신들이 가진 핵심역량으로부터 나올 것이라고 여전히 믿고 있다. 사실 무엇인가 새로운 것을 창조하기 위해서 자신이 가장 잘 하는 것을 이용하려고 하는 것은 이해가 간다. 하지만 비즈니스 세계는 그러한 일반적인 상식이 통하지 않는 경향이 있다. 대부분의 소비자들이 소비해야 하고 혹은 기꺼이 소비하려고 하는 것은 지나쳐 버리고, 핵심적인 생산품에서 분화된 수많은 관련 제품들만을 소량 팔다가 그칠 수 있다는 것이 문제이다. 전적으로 달리 행동할 수 있는 방법을 생각해 내지 못하면, 더 빠르게 행동할 수 있고 더 적은 마진도 기꺼이 참고 받아들이는 소규모 경쟁사들의 공격을 피할 수 없게 되는 경우도 있다. 딜런 존스 에반스(Dylan Jones Evans) 교수가 이끄는 연구팀이 한국 기업들을 대상으로 행한 조사결과에 따르면, 정부가 '가장 혁신적'이라고 분류한 120개의 기업들 중에서 가장 성공을 거둔 기업은 시장에 대해 잘 알고 있는 외부의 정보기관과 경쟁사로부터 끊임없이 배우려고 노력했던 기업이었다고 한다.

대기업들에게는 좋지 않은 습관이 하나 더 있다. 고객들의 마음을 읽으려고 너무 애쓰는 바람에, 혁신을 일으키려는 방법이 혁신적이라기보다는 반동적으로 되어 버릴 수 있다는 점이다. 워크맨의 성공이 절정을 이룬 뒤, 플레이스테이션 게임 콘솔을 출시할 때까지의 소니를 한 번 생각해 보자. 소니는 자사의 제품을 구매한 사람들에 대해 많은 것을 알고 있었지만, 상점에 들어와 아무것도 사지 않는 사람들에 대해서나 핵심 시장이 앞으로 라이프스타일에 따라 어떻게 전개되어 나갈지는 전혀 알지 못했다. 영국의 소매업체인 막스앤스펜서(Marks & Spencer)도 똑같은 사례라 할 수 있다. 소니가 완벽한 정보관리 시스템을 갖추고 있었던 것은 사실이지만, 그들에게는 한 치의 오차도 없는 기술보다 직원의 상상력을 우선시하는 문화가 없었다. 우리 모두가 콜 센터에 전화를 했다가 경험하는 경직된 절차들은 바로 오늘날 많은 기업들에게 여전히 퍼져 있는 '소프트웨어 문화'가 만들어 내었다는 점을 잊지 말아야 한다.

경쟁에서 살아남고 번창하려는 많은 기업들은 초기 단계의 트렌드들을 감지하기 위해 고객들에게 가까이 다가가길 원하지만, 연구개발과 마케팅, 판매 활동을 정리하는 데는 일정한 거리를 두고 싶어 한다. 기업은 비즈니스 파트너와 협력하여 데이터를 수집하고 공유해야 하며, 새로운 수요가 확인되었을 때 그 수요를 즉각 처리할 수 있는 공급 체인을 갖추고 있어야 한다. 고객에 대한 단순한 정보가 아니라 고객에 대한 고급 정보원(customer intelligence)을 보유하는 것이 이제 기업의 중요한 능력이 되었다.

기이하고 외향적인 불복종주의자: 이상적인 직원을 만나는 법

두뇌집단의 가치가 고정 자산의 가치를 능가하는 상황이 지속되면서 전 세계, 특히 서구 세계의 기업들은 직원들 간에 긍정적이고 자극을 주는 사적인 관계가 형성되도록 더 많은 시간을 들여야 한다. 기업의 직원들은 기업의 명사가 만들어 낸 비전과 브랜드를 사랑하기 때문에 직장으로 향할 수도 있지만, 최고의 혁신이 필요로 하는 비공식적이고 유연하며 즐거운 환경에서 동료와 지낼 수 없다면 그 기업에 오래 머물지 않을 것이다(아니면 직원들을 매수할 수도 있는데, 이 방법은 혁신을 이루기에는 돈이 너무 많이 들고 덜 효과적이다). 대부분의 기업들이 벌이는 결속 및 문화 확립 행사는 피상적인 관계와 1차원적인 사고방식을 만들어 냄으로써 직원들에게 순종과 조화만을 강요하는 문제를 갖고 있다. 가장 개방적이고 자유로운 기업이라고 해도 직원들이 기업의 행동방식을 따르라는 이야기만 계속 듣게 된다면, 그 기업의 창조적인 성향은 시들해지다가 결국에는 사라지고 말 것이다. 바로 이런 일이 1990년대 초반에 IBM에서 일어났다.

아이디어를 기반으로 하는 기업에는 개인주의적인 성향을 갖고 도전적이며 끊임없이 이의를 제기하는 동시에, 긍정적인 비판을 기꺼이 받아들이고 전하는 직원들이 필요하다. 여기서 중요한 것은 기업이 그러한 혼란스러운 상황을 참아내고 불가피하게 발생하는 충돌을 다스리기 위해 추가의 노력을 기울일 준비를 해야 한다는 것이다. 종종 그러한 문화를 만들어 내기 위해서는 고용 관례를 바꾸어야 할 필요도 생긴다. 대부분의 기업들은 그 지원자가 잘 '조화될' 것인지(다시 말해 현 상태에 순응하고 잘 따라줄 사람)를 기준으로 직원들을 채용하고 있다. 따라서 여러 차례 직업을 바꾼 이력서의 주인공은 개인적으로 '불안정' 할 것으로 염려되어 기업들로부터 퇴짜를 맞게 된다. 그러나 오늘날의 젊은 전문직 종사자들은, 특히 서양의 경우, 무엇보다도 개인의 자유를 중시하고 물질적인 것뿐 아니라 다양한 경험을 열망한다. 그런 관점에서 보면 자주 직장을 옮겨다녔다는 점은 되레 소중한 자질을 갖추고 있다는 이야기일 수도 있다. 예를 들어 그들의 독립심은 높은 수준의 교육을 받고 열심히 공부한 결과일 수도 있으며, 그들은 틀림없이 다양한 범위의 작업환경을 경험함으로써 이득을 얻었을 것이다. 많은 기업들은 창의적이고 혁신적인 기업 문화를 갖고 싶어 하면서도, 정확히 이러한 문화를 발생시키는 데 필요한 개인적인 자질들을 갖춘 사람들을 고용하길 꺼려 한다는 문제를 안고 있다.

이에 따라, 기업의 직무 내용 설명서는 빠른 속도로 변해야만 한다. 과거의 설명서는 급료와 책무를 명확히 규정했는데, 이는 정확히 '포상을 조건으로 삼는 순종'의 규칙을 말한다. 이 규칙하에서 제조업체들은 동기부여의 1차적인 방법으로 급료를 사용한다. 그러한 장치는 융통성이 안정성보다 훨씬 더 중요한, 오늘날의 지식 기반 기업들에게는 적절하지 않다. 그러나 여기에도 문제는 발생한다. 가장 창의적인 직원들이 동시에 가장 독립적이라면, 어떻게 해야 그들을 다른 사람들과 협력하게 만들고, 회사를 단순히 개인의 이익을 위한 자원의 공급처로 생각하기보다는 회사의 목표에 따라갈 수 있도록 만들 수 있는가?

이 문제에 대한 명확한 답변은 없다. 언론과 같은 특정한 산업의 경우, 그러한 상황을 개선하거나 거기에 적응하는 법을 배워나가는 것이 현실이다. 창의적인 사람들이 어떤 팀에 친근감을 붙여갈 때, 이는 그들이 자신의 목표 달성에 동료들의 기술을 이용할 수 있다고 믿거나 혹은 비슷한 성격을 가진 사람들과 일하는 것이 좋아서 그러는 경우가 대부분이다. 종종 이 때문에 조직 내에 냉소나 분노를 기르는 반체제 문화가 만들어지는 경우가 발생하기도 하는데, 이것은 직원들이 고용주가 아니라 자신이 속한 직접적인 팀이나 상사에 충성하기 때문이다. 극단적인 경우 이러한 상황은 기업의 붕괴로 이어지기도 한다. 많은 언론 기업들이 오로지 몇 개의 긍정적인 브랜드 가치와 매달 받는 급료에 의해 서로 결속되는 경향을 보인다. 이러한 특징은 대학이나 병원 등 지적 자본이 운영상의 핵심인 지식 기반의 기업에서도 발견된다. 따라서 관리 체계가 느슨해질 경우 다음과 같은 어려운 의문들이 제기되기도 한다. 한 개인이나 팀의 책임은 어디에서 시작해서 어디에서 끝나는가? 중간관리자는 고위층에게 알리지 않고 얼마나 많은 권한을 행사할 수 있는가? 그리고 가장 근본적인 문제로 기업이 상상력과 예측을 기반으로 운영될 경우, 전략은 반드시 위에서 아래로 전해져야만 하는가?

이러한 문제들을 해결하기 위해, 기업은 영감을 주고 직원들을 결속시켜 주는 비전을 가진 기업의 명사와 강한 브랜드 이미지를 필요로 한다. 기업은 직원들이 더 많은 운영상의 자치권과 권한, 책임감을 가지도록 신뢰의 문화와 자유재량의 관리 체계를 갖추어야 한다. 그리고 그에 상응하는 실적 평가 계획과 보수체계를 마련해야 한다. 또한 기업은 팀과 개인들이 더 높은 목표설정과 벤치마킹에 참여할 수 있도록 배려하고, 그 일에 책임감을 느낄 수 있도록 해야 한다.

지식 기반 기업은 역설적으로 더 많은 자유를 얻을수록 더 빡빡한 통제를 받게 됨을 보여준다. 이는 새로운 문제들을 발생시키는데, 최근 교사나 학자, 의사, 사회사업가들이 자신들의 실적을 일일이 평가받게 되자 분노를 표출하고, 실적을 평가하고 보수를 할당하는 데 쓰이고 있는 기준의 신뢰성과 정당성에 대해 끊임없이 이의를 제기하고 있는 사태가 바로 그것이다. 그러나 자원을 낭비하지 않으려면 그러한 통제는 절대적으로 중요하다.

2020년이 되면, 최우수 사례 경영 모델은 대학에서 아이디어와 상품을 개발하는 것과 같은 전문적인 관례를 닮게 되겠지만, 대학처럼 방향성과 집중력이 부족한 상황은 허용하지 않게 될 것이다.[5] 제약이나 언론, 소프트웨어와 같은 산업의 선진 기업들은 대학과 같은 체계를 세워가고 있다. 그 체계 내에서 절차들은 시간과 예산을 위주로 구축되고, 팀 리더와 고위 간부들 사이에서 협상되는데, 위로부터의 간섭은 오직 진척 상황을 평가하기 위해서만 이루어진다. 그러나 관리자는 넘쳐나고 리더는 부족하다는 점에서 그러한 체계를 지원해 줄 수 있는 기업의 수는 한정되어 있다. 상사들이 부하들에게 흔쾌히 프로젝트를 맡기는 신뢰의 문화를 원한다면 단순히 실무에 참가하는 것으로 그치는 것이 아니라, 동료들과 팀 리더들이 정한 기준 내에서 자신 있는 결정을 내릴 수 있는 정서적, 사회적, 기술적, 전문적인 기술을 갖춘 직원들이 있어야 한다. 왕과 같은 최고경영자에게 기꺼이 충성을 맹세하면서, 자신의 고유 영역에서 최고의 것을 만들어 낼 수 있는 사내기업가형의 부하가 필요하다는 이야기다. 그러한 체계로의 전환은 개인 기업보다는 공기업의 경우가 더욱 어려울 것이다.

1) 영국의 소매업체 테스코는 국경을 넘나드는 대표적인 기업이다

영국 내의 전체 소매 매출액의 8분의 1을 차지할 정도로 엄청난 파괴력을 가진 기업이지만, 국내 시장의 각 지역과 전 세계의 13개 국가들의 지역별 선호도에도 무척이나 민감하다. 테스코의 국제 진출은 중유럽과 극동 지역 등 소매업 분야가 취약한 개발도상국의 시장을 주 무대로 이루어져 왔다. 이 지역에서 테스코는 합작회사 형태를 이용했는데, 예를 들면 한국의 삼성 그룹과의 합작회사의 경우, 테스코가 지닌 엄청난 물류지식을 지역에 맞게 발휘하기도 했다. 또한 이 기업은 제품 종류를 지역에 맞게 갖추기 위해 고객 충성 카드와 같은 장치를 이용하여 대대적으로 데이터를 수집해 오고 있다. 2005년 2월 회계연도에 테스코의 거래 총액은 350억 파운드였는데, 그 중 20퍼센트 정도가 해외에서 성사된 것이며, 이 수치를 50퍼센트까지 올리려는 중기 계획을 갖고 있다.

2) 제자리에 서 있기 · 뛰기

잠시 진화론에 충실해 보자면, 고용주들은 직원들을 위해 세운 훈련 시스템에 소위 '붉은 여왕 효과(Red Queen Effect)'가 필요하다는 점을 인식하는 것이 중요하다. 이 효과는 어떠한 경쟁적인 시스템 내에서든 '제자리에 서 있기 위해서는 뛰어야' 한다는 말을 의미하는데, 루이스 캐롤(Lewis Caroll)이 쓴 『이상한 나라의 앨리스』의 후속편, 『거울 나라의 앨리스(Through the Looking Glass)』에 나오는 인물을 생각하면 된다. 직원의 노하우를 최우수 사례의 수준으로 올리고 나면, 어딘가에 있을 경쟁 기업은 이미 당신의 노력을 능가한 상태가 될 것이다. 결국 그 기업은 직원들의 능력을 계속적으로 그리고 기업의 미래에 대한 예측을 바탕으로 가능한 한 적극적으로 계발할 수밖에 없게 된다.

3) 라이프스타일 리더들

SAS 인스티튜트(SAS Institute)는 세계에서 가장 거대한 소프트웨어 기업 중 하나이다. 이 기업은 다른 대기업을 위해 통계 분석과 데이터 수집, 벤치마킹 소프트웨어를 개발해 주는데, 세계에서 가장 멋있는 일자리는 아닌데도 불구하고 업계 평균보다 훨씬 낮은 직원 이동률을 보여주고 있다. SAS는 직원들이 각자의 업무에 대해 만족을 느끼도록 엄청난 노력을 하는데, 이는 단순히 경쟁력 있는 급료를 통해서가 아니다. 직원들은 끊임없이 그리고 높은 수준에서 훈련을 받는다. 그들은 최고의 장비를 이용할 수 있으며, 이는 엔지니어에게는 매력적인 부분이다. 그리고 그들은 오후 6시 이후로는 일하지 못하게 되어 있다. 더욱이 SAS의 시설은 거의 대부분이 그림처럼 아름다운 곳에 세워져 있다. 예를 들면, 영국의 SAS는 버킹엄셔(Buckingham-shire)의 템스 강변에 있는 대저택에 위치해 있는데, 주변에는 엄청나게 큰 운동장이 있어서 점심시간을 이용해 직원들은 달리기를 하기도 하고 산악자전거를 타기도 한다. 노스캐롤라이나 주의 캐리(Cary)에 위치한 미국 본부는 자체 내에 스포츠, 의료, 교육 시설을 갖춘 캠퍼스이다. SAS는 미국에서 일하기 가장 좋은 곳으로 자주 선정되며, 사업적으로도 좋은 실적을 내고 있다.

4) 자원이 아니라 기회를 생각하라

아이팟의 개발은 하버드 대학의 교수, 클레이튼 크리스텐슨(Clayton Chris-tensen)이 혁신에 대한 접근방식으로서 '해야 할 일'이라고 지칭한 것을 제대로 보여주는 사례이다. 애플은 기존의 제품들을 기초로 다른 변형 제품을 만들어 내는 대신, 자신들이 가진 역량을 이용하여 더욱 편리하게 음악을 저장하고 운반하고 조직하는 방법을 찾아냈다. 달리 말하면, 그들은 기존의 자원들 내에서 아이디어를 찾는 대신 해야 할 일, 즉 소비자를 위해서 문제를 해결할 수 있는 반대의 상황을 찾아나섰다. 크리스텐슨의 하버드 동료이자 그의 혁신 컨설턴트 회사, 이노사이트(Innosight)의 동료이기도 한 클락 길버트 교수(Professor Clark Gilbert)는 대기업들이 각자가 가진 핵심역량을 벤다이어그램에 그려진 가장 큰 원으로 상상할 것을 제안한다. 그의 말에 따르면, 가장 성공적인 사내기업은 이 원의 밖에서 시작하지만 점점 커져서 그 원과 겹쳐지게 되는데, 이는 아이팟이 매킨토시 컴퓨터를 중심으로 애플이 구상한 홈 엔터테인먼트의 전체 계획에 있어 필수적인 부분이 되었던 경우와 같다.

5) 사이언스 파크의 등장

대학들은 상업적으로 실용 가능한 기술들을 개발하는 능력을 점점 더 발휘하고 있다. 영국의 사이언스 파크 협회를 대신해서 이루어진 연구에 따르면, 총 특허 수입은 2003년의 3,130만 파운드에서 2004년에는 4천만 파운드로 증가했으며, 이 기간 동안 체결된 특허 계약건수는 두 배가 넘게 증가하였다. 유럽의 대학들은 미국의 대학으로부터 배워야 할 것들이 여전히 많은데, 미국의 대학들은 더욱 기업가적인 성향을 보여주고 있으며, 아이디어가 바로 시장으로 이어지는 신속한 제품 사이클을 만들어 내고 있다.

3

미래의 인재를 찾아서

- '뒤집어진' 보수 체계
- 현재의 교육제도는 기업들이 원하는 것을 전해 주고 있는가?
- 기업 코끼리의 시대는 가고 기업가형 벼룩의 전성기가 도래한다.
- 여성과 소수 인종 출신의 인재들은 왜 낭비되는가?
- 지적 지능 − 대학 시험에는 좋지만, 업무에는 충분하지 않다.
- 단순히 돈 때문에 일하는 것을 넘어서라.

세상에는 언제나 두 가지 부류의 노동자들이 있어 왔다. 산업 사회 이전에는 땅을 가진 사람들과 땅에서 일하는 사람들로 구분 지어졌고, 19세기와 20세기에는 블루칼라의 육체노동자와 화이트칼라의 사상가로 구분 지어졌다. 오늘날과 미래에는 지식 노동자들과 그들을 보살피는 사람들로 구분이 된다. 달리 말하면, 이제 어디에서든 일을 할 수 있는 사람들이 있는가 하면, 특정한 장소를 떠나서는 일을 할 수 없는 사람들이 있다. 미국이나 유럽의 소프트웨어 엔지니어는 인도에 있는 누군가에게 자신의 일을 잃지 않을까 두려워할지도 모르지만, 배관공들은 분명히 자신들이 언제나 필요할 거라는 믿음으로 걱정 없이 지낼 수 있다.

명백히 이러한 단순한 시각에는 주의할 점이 있다. 예를 들면, 법적인 조언이나 재정적인 조언과 같이 전문적인 서비스를 제공하는 사람은 지식 노동자인 동시에 지원 서비스 제공자로 분류될 수도 있는데, 이것은 아직은 대부분의 사람들이 중요한 문제를 상담하기 위해 자신들이 고용한 사람들과 직접 만나 얼굴을 보길 선호하기 때문이다. 그럼에도 불구하고 앞으로 지식 노동은 더 큰 위험을 일으킬 것이지만, 반드시 그에 상응하게 보수가 늘어나지는 않을 것이 확실하다. 동시에 서구 세계는 장인의 부활을 보게 될 것인데, 숙련된 육체노동이 쉽게 역외로 옮겨질 수 없다는 점을 깨닫는 사람들이 늘고 있기 때문이다.

이는 자본주의의 역사에서 나타난 가장 커다란 아이러니들 중의 하나이다. 19세기에 가장 돈을 못 받던 일자리가 21세기에는 가장 높은 보수를 받는 자리가 될 운명인 것이다. 우리는 지금 기술을 기반으로 한 귀족들의 부활을 보고 있는데, 숙련공들이 최고의 지위를 갖고 있던 산업혁명 이전의 시대가 되풀이되고 있다. 물론, 기술을 갖추지 못한 사람들은 계속해서 상대적으로 적은 돈을 받게 될 것이다. 서구 사회에서 이러한 노동자들은 결국 패스트푸드점의 서비스 직종이나 계산대 업무, 혹은 청소와 같은 소위 '맥잡(McJobs)' 이라 불리는 일자리를 맡게 될 것이다. 그러나 적어도 그런 노동자들은 지식 기반의 기업들이 성공적으로 모여 있는 곳에는 일이 많다는 점을 알게 될 것이다. 그리고 정부가 현명하다면, 그들은 높은 수준의 훈련과 교육을 받게 될 것이다. 대조적으로 인도와 중국에서는 비숙련 노동자들의 급료가 지역 경제의 부침에 따라 출렁거릴 것이다. 최근 중국 산업의 본거지라 할 수 있는 광동 지역에서는 상당한 임금 상승이 이루어진 바 있다. 이 지역으로 밀려들던 값싼 이주 노동자들의 수는 줄어들었지만, 아시아 기업에 딸린 대부분의 식구들에게 사회 서비스와 교육의 향상은 여전히 요원한 상태이다.

서구 세계의 공공부문은 빠른 속도로 성장하고 있다. 대부분의 나라에서 공공부문은 모든 고용의 30~40퍼센트를 차지하고 있는데, 이를 간섭주의적인 유럽연합이 추진한 일종의 사회 정책의 결과만으로는 볼 수 없다. 5장에서도 논의하겠지만, 이는 인구 통계적인 압박의 결과이기도 하다. 즉, 인구의 고령화와 독신 세대의 증가, 국가 서비스를 방해하는 무임의 지원을 상당수 제공하던 가족과 공동체 네트워크의 붕괴 때문이다.

그러나 많은 서양 국가들의 교육제도는 과거의 모습과 별반 다를 것이 없는 답보상태에 있다. 최근 많은 고용주들이 불평을 제기했던

대로 학교와 대학들은 젊은 학생들에게 소위 '고용 조건에 맞는 기술'을 갖춰주는 데 실패하고 있다. 이 말의 의미는 기업마다 다르겠지만, 본질적으로는 다음 고용주의 이야기기와 같다. "철학과를 졸업한 학생이 비판적인 추론에 대한 날카로운 감각을 가졌을지는 몰라도, 그들이 시간을 엄수하고 부지런하며 믿을 수 없다면 나에게 아무런 소용이 없다(동시에 고용주들은 이렇게 덧붙일지도 모른다. '나는 그들이 조금 더 창의력을 발휘해 주었으면 좋겠다')." 과거에 학위는 실질적인 '부가 가치'를 거의 제공할 필요가 없었다. 그것은 어느 정도의 지력을 말해 주었고, 연구와 프로젝트 업무를 수행할 수 있는 어느 정도의 학력을 의미했다. 그리고 학위의 등급에 따라 그것은 압박감을 받는 상태에서도 논리를 만들어 내고, 알고 있는 사실을 뱉어낼 수 있는 능력을 의미했다. 대부분의 기업들은 이러한 능력을 기업의 순이익에 영향을 미칠 수 있는 업무 기능으로 바꾸는 작업에 돈과 시간을 기꺼이 투자하려 했다.

하지만 더 이상 그렇지 않다. 비즈니스 세계가 더욱 빠르게 움직임에 따라, 자신들이 고용하는 젊은이들이 새로운 사업을 시작해 줄 것으로 기대하는 기업들은 점점 더 늘어나게 될 것이다. 서구의 고용주들은 기업의 마진이 점차 특화된 제품과 서비스에 좌우됨에 따라, 대부분의 학교와 대학에서 가르치는 일반적인 강의들은 거의 관련 없는 기술들만을 제공하고 있다는 문제에 봉착하게 되었다. 더욱이 서구의 국가교육은 대부분의 젊은이들이 대학만 졸업하면 화이트칼라 일자리를 보장받는다는 잘못된 생각하에 학위 그 자체만을 지향하는 방향으로 왜곡되어 있다.

서구의 교육제도와 대기업 고용주들의 요구조건 사이의 간격은 기업과 교육기관 간의 친밀한 파트너십에 의해 어느 정도까지는 좁혀질 수 있다. 이러한 작업은 이미 미국에서 많이 이루어지고 있다. 그러나 서구의 젊은이들이 인도와 중국의 성장에서 이득을 얻고자 한다면, 그들의 교육은 전적으로 다른 태도를 바탕으로 이루어져야만 한다. 물론 직업은 경시되기보다는 축복받아야 할 일이지만, 더욱 근본적으로 젊은이들이 명심해야 할 부분은 앞으로는 실행 가능한 고객 기반을 형성할 정도로 폭넓으면서도 경쟁력을 갖추었으며, 충분히 특화된 기술을 가진 사람들이 최고의 보수를 받게 될 것이라는 점이다. 그들이 다국적 기업을 다니든 스스로 회사를 차리든 관계없이 다수의 국적과 문화, 시간대를 다루어야 한다. 또한 그들은 사회 지능과 감성 지능을 길러 주는 프로젝트를 기반으로 한 환경에서 번성해야 하며, 동시에 고객 기반에 대한 공감을 귀중한 혁신으로 발전시킬 수 있어야 한다. 물론 거창한 노동윤리가 도움이 되기도 하겠지만, 서구의 교육제도를 거쳐 학교를 떠났거나 졸업한 사람들이 아시아의 부지런하고 꿈 많은 상대들과 경쟁할 수 있으려면, 그 윤리조차도 재정비되어야만 한다.

무엇보다도 서구의 교육제도는 노동인구를 무조건 제품을 만드는 사람들과 지식을 기반으로 특별한 임무를 수행하는 사람들로 구분하는 습성을 버려야 한다. 사회는 원재료를 공급하는 1차 산업을 제외하고, 모든 사람들이 지식 기반의 산업에서 효율적으로 일하는 시점으로 다가가고 있다. 그 이유는 집안에서 제조업을 유지할 이유가 사라지고 있으며, 중심부에서 생산을 하게 되면서 기업이 단순히 아이디어와 관리에 집중하게 되기 때문이다. 제조업자들조차도 자신들의 비즈니스 모델이 다국적 기업을 위한 계약 업무에 의존하게 될 것이기 때문에, 자신이 생산하는 상품에 찍힐 브랜드의 정체성으로 정체성을 대체하고 있는 중이다. 어떤 복잡한 전자제품을 한 번 분해해 보자. 누가 각 부품의 '주문자 상표에 의한 생산자(original equipment manufacturers)'인지 알아내기란 무척 어려울 것이다.[1]

학위 취득으로 끝나던 일반적인 교육은 안정된 중간 관리직을 보장해 주었다. 그러나 오늘날의 서구 사회는 대기업들이 기업 내의 서열을 평준화함에 따라, 중간관리자의 수가 줄어들 수밖에 없다. 앞으로 젊은이들은 사내기업가적인 팀의 비중이 커지는 다국적 기업 내에서 자기 자신과 자신의 아이디어를 팔거나 아니면 전보다 훨씬 더 높은 비율을 차지하게 될 소규모 기업들에 들어가 새로운 창업의 길을 선택하기 위해서는 기업가처럼 생각하는 훈련을 받아야만 한다.

기업가의 시대에 온 것을 환영합니다

중소기업들은 이미 서구 사회의 모든 새로운 일자리들 중 3분의 1가량을 만들어 내었다. 이 비중은 더욱 전문화되고 지역화되고 개인화되는 서비스에 대한 수요에 따라 높아질 것으로 보인다. 집중된 고객 요구를 충족시키는 능력에 있어서 중소기업은 언제나 대기업에 비해 경쟁우위를 확보할 수 있었다. 그리고 모든 형태의 커뮤니케이션이 지속적으로 향상되어감에 따라, 소기업들은 고객에게 가까이 가려는 노력에 더 많은 자원을 투입할 수 있게 될 것이다. 많은 소기업들이 이미 제품과 서비스의 '통합 정리자(consolidator)'로서 입지를 굳혔음을 깨닫고 있으며, 그들은 다양한 활동을 통합시켜 돈 많은 고객들의 고상한 요구를 충족시키고 있다.

이젠 더 이상 회사를 차린다고 해서 공장이나 토지에 막대한 자본을 투자할 필요는 없다. 책상과 전화, 회사 이름이 씌어 있는 송장용 종이 그리고 인터넷이 되는 컴퓨터만 있으면 된다. 지식 경제에서는 아이디어를 행동으로 옮기는 일은 더욱 쉬워지고, 실패를 지워버리는 일은 더욱 간단해진다. 창업 붐을 일으키는 데 기여할 다른 주요한 요인으로 다음과 같은 점들을 꼽을 수 있다. 우선, 서양의 젊은 전문직 종사자들 사이에서 자신의 개성을 표현할 수 있게 해주는 제품과 서비스에 대한 요구가 점점 더 증가된다는 점이다. 그리고 커뮤니케이션 기술의 발전과 시장 자유화에 힘입어, 동양의 젊은 야심 찬 기업가들이 점점 더 쉽게 세계의 공급 체인에 참여할 수 있게 되었다는 점과 다국적기업들이 임시직을 더 많이 이용하고 있다는 점 등이다. 많은 기업의 명사들과 여행자들은 스스로 기업의 일원이 되거나 반복적이고 낮은 수준의 임무를 맡길 수 있는 직원들은 고용하는 것이 유리하다는 것을 알게 될 텐데, 사회적으로 이동이 많은 나라들인 경우에는 기업의 고아들마저 적절한 아이디어를 제공하기만 한다면 스스로를 위해 일할 기회를 가질 수도 있다.

기업에 대한 불만 또한 계속적으로 기업가들을 양산하는 데 일조할 것이다. 지식의 가치가 물질적인 자산의 가치를 앞질러나감에 따라, 이러한 양상은 수십 년 간 지속되어 왔다. 특히 하이테크 산업과 언론계의 경우는 상당히 높은 직원 이동률을 보여 왔는데, 이는 아이디어를 만들어 내는 사람들이 대기업의 구속을 벗어나 일할 경우, 훨씬 더 많은 돈을 벌 수 있다는 점을 깨달았기 때문이다. 예를 들어, 컴퓨터 디스크 드라이브 업계를 살펴보자. 1977년에서 1997년 사이에 새로 생긴 모든 기업들 중 25퍼센트 정도가 대기업을 떠난 개인들에 의해 시작되었다.[2] 이러한 트렌드는 조직의 구조가 점점 더 유동적으로 되어감에 따라 앞으로 더욱 두드러지게 나타날 것이다. 재능 있는 젊은 전문직 종사자가 자기 회사를 창업할 경우에 자신의 운명을 지배할 수 있고 돈까지 더 많이 벌 수 있다면, 대기업에서 일할 이유가 어디 있겠는가?

복종에 대한 반발은 거세지고 있다. 특히 20세기에 들어 가장 성공을 거두었다고 하는 기업들이 만들어 낸 복종의 문화는 많은 반발을 불러일으키고 있다. 오늘날의 젊은 전문직 종사자들은 개인으로서 두드러지기를 바라고 있다. 자신의 물질적인 재산이나 경험, 직업 선택에 의해 뛰어나게 되길 바라는 것이다. 이러한 사고방식은 대기업의 업무와는 공존할 수 없다. 그러므로 미래의 대기업들이 직면하게 될 주요한 과제들 중의 하나는 대기업의 사고방식을 적극적으로 밀어내는 사람들을 어떻게 끌어들이느냐이다.

최고의 잠재력을 가진 신입사원들이 자신의 회사가 불복종과 기존의 틀을 깬 사고방식을 용인하지 못한다고 생각한다면, 분명 그 기업은 지속적인 성장을 이룩해 내지 못할 것이다. 그런 상황임에도 불구하고, 너무나도 많은 기업들은 여전히 직원들을 자본 투자가 아닌 경상 경비로 취급하고 있다. 이 문제는 침투력 높은 기업가 정신을 두려워하지 않는 높은 수준의 리더십을 통해서만이 해결될 수 있는 문제이다.

　조그만 회사에서 일하는 것이 왜 그리도 매력적인지 잊어버렸는가? 작은 회사에서 일하기 위해서는 추가로 더 힘을 내야 하기 때문에, 그것이 '젊은이들만의 게임'이라고 생각할 수도 있다. 만약 그렇게 생각한다면, 앞으로 적어도 대여섯 개의 직장에서 일하게 될 미래를 담담히 받아들이며 이제 막 직장생활을 시작하는 젊은 전문직 종사자의 눈으로 자기 회사를 바라보기 시작해야 한다. 작은 회사는 훨씬 더 빠른 속도로 더 많은 자율성과 더 큰 책임감을 그들에게 제공해줄 가능성이 크다. 이런 회사는 또한 '매력 있고, 신선하며, 재미있는' 문화를 가지고 있는 듯 보인다.

　왜 매력이 있을까? 조그만 회사에서는 언제나 벤치마킹하고, 훈련과 새로운 기술에 투자해야 하며, 앞서나가야 하며, 또한 자신의 경쟁자들은 정확하게 알고 있어야 하기 때문이다. 왜 신선할까? 조그만 회사에서는 끊임없이 변해야 하고, 혁신해야 하며, 고객의 의견에 기초하여 자신이 생산하고 있는 것을 변형시켜야 하며, 계속해서 새로운 아이디어를 낼 수 있는 환경을 조성해야 하기 때문이다. 왜 즐거울까? 실제로 자신이 하고 있는 일과 함께 일하고 있는 사람을 좋아하지 않는다면, 그러한 아이디어를 제안하고 그 아이디어를 실현시키는 데 전념할 가능성이 적기 때문이다. 조그만 회사에서는 조화로운 관계를 찾기가 더 쉽다.

　스스로에게 물어보라. 왜 대부분의 소기업들은 중간 규모의 기업(즉, 종업원이 50명 이상이 되는)으로 성장하지 못하는가? 그것은 관리 중심적이고 관료주의적인 구조를 가진 중간 규모, 혹은 대기업을 운영하는 것이 훨씬 더 번거롭기 때문이다. 그러나 항상 그런 것은 아니다. 잭 웰치는 GE에서 그런 상황을 피해 갔고, 대표적인 글로벌 통합 기업인 3M도 그러했다. 또한 대기업들은 건강과 안전 조항 혹은 재정 보고, 해고, 채용에 관해 필요 이상의 규제를 가하는 경향이 있다. 많은 기업가들은 기업체의 종업원 수가 50명을 넘게 되면, 모든 즐거움이 사라지게 된다고 불평한다. 그러나 지식 기반 경제에 종사하는 사람들은 그 정도까지 성장할 필요가 없음을 깨닫고 있다.

샌프란시스코에 기반을 둔 온라인 안내광고 포털업체인 크레이그스 리스트(Craig's List)를 살펴보자. 이 기업은 겨우 19명의 직원을 두고 있는데, 들리는 바에 의하면 연간 1천만 달러의 매출액을 올리고 있다고 한다. 이 회사는 한 업체의 가치를 더 이상 종업원 수로 평가할 수 없다는 사실을 제대로 보여주고 있다. 또한 하버드 대학의 교수 클레이튼 크리스텐슨이 '파괴적 기술(disruptive technology)' 이라고 부른 현상의 좋은 예가 된다. 즉, 이 사이트는 세계에서 가장 발전된 사이트가 아니지만, 눈에 띄는 기술에 의해 성취될 수 있는 마진 없이도 기꺼이 잘해 낼 수 있다는 점을 보여주고 있다. 이 기업은 이미 자리 잡은 기업들처럼 돈 많은 고객들을 대상으로 더 작은 규모의 시장을 겨냥하는 대신, 거대한 세계 시장을 대상으로 최적의 속도와 단순성을 제공하고 있다.

물론 대부분의 중소기업은 앞으로 이런 종류의 독립을 누릴 수는 없을 것이다. 아마도 그들은 매우 집중된 서비스 계약을 기반으로 소수의 다국적 고객을 갖춘 공급 체인의 일부를 형성하게 될 것이다. 실제로 그들은 더 큰 브랜드들 사이에서 제품 및 서비스 포트폴리오를 소생시키는 데 있어 임시 노동자들만큼이나 결정적인 역할을 할 것이다. 그럼에도 불구하고 중소기업의 기업가가 최종적인 고객 기업의 비전을 전파하고 있는 중이더라도, 기업들의 방향감각은 대체로 방향키를 잡고 있는 리더로부터 나올 것이다. 높은 실적을 내는 소기업에게는 비즈니스 계획이 필요하지 않다. 기업가는 그 기업이 지향하는 것에 대한 기준만을 명확히 밝혀놓고, 그 밖의 문제에서는 불간섭 스타일로 경영한다. 기업 내의 서열은 그리 중요하지 않기 때문에 기업의 비전은 금요일 저녁, 일이 끝난 뒤 벌어지는 술자리에서 기꺼이 공유된다. 밤 12시까지 이어지는 이런 자리는 개인적인 흥분과 헌신, 공유된 목표에 대한 개인적인 의무감을 바탕으로 한 것이다. 기업의 관리자들은 이런 일을 할 수 없으며, 기업가적인 리더만이 할 수 있다.

물론 그런 파벌적인 모델은, 특히 대기업에 그런 모델을 적용하려는 시도가 서투를 경우, 능력을 고려하지 않는 방향으로 변질되기 쉽다. 결국 충성과 사회화에 강조점을 둔다면, 친구나 혹은 적어도 나이와 문화적 배경이 같은 사람들을 고용하게 된다. 처음으로 자기 회사를 차리는 사람은 누구나 잘 아는 사람들 중에서 접근할 수 있는 능력자를 먼저 생각하기 마련이며, 그것은 인간의 본성이라 할 수 있다. 따라서 아이디어가 끊임없이 나와야 하고 감정적으로 동료들에게 그 아이디어들을 납득시켜야 하는 지식 기반의 일자리를 구하고 있는 사람에게는 사회 지능과 감성 지능이 중요해질 것이다. 또한 미래의 구인자 역시 혁신적인 팀워크에 대한 요구와 능력제에 따른 공평함(특히 법적인 정의의 공평함에 관한)을 서로 비교평가하려고 한다면, 그러한 자질을 중요시하게 될 것이다.[3] 그렇다면, 과연 서구의 대학들은 졸업생들에게 이러한 자질을 갖추어 주고 있는가?

불행히도 유럽 대학들 중에는 소수의 대학들만이 학생들의 '소프트 기술(soft skills)' 계발을 도와주고 있다. 대조적으로 미국 대학에 있는 친목 클럽의 전통은 그런 기술들을 길러주는 데 일조하고 있다. 유럽의 일부 경영대학원에서 약간의 진전이 이루어지고 있는데, 기업가정신에 집중하는 강의나 완벽한 MBA 코스를 제공하는 대학원들이 이제서야 늘어나고 있는 실정이다. 대학원들이 창업을 위한 비즈니스 계획을 세우는 과정을 강조하든, 사내창업제도의 벤처창업 기준을 강조하든 기본적인 목적은 같다. 그것은 바로 학생들에게 널리 퍼져 있는 소기업 단위의 세계에 대비할 수 있도록 해 주는 것이다. 또한 '국제', 혹은 '글로벌' MBA는 제대로 자리를 잡은 상태로서, 학생들을 다양하고 상이한 문화에 노출시켜 줌으로써 다국적 기업으로의 전환을 도와주고 있다.

그럼에도 불구하고, 앞으로 대기업의 구인자들은 학생들이 졸업하기도 전에 그들에게 어필할 수 있는 새로운 방법을 찾아야 할 것이다. 이는 대대적인 인재 집단에 접근하기 위해서일 뿐 아니라, 그들이 개발한 소중한 지적 재산권을 잡아두기 위한 것이기도 하다. 세계에서 가장 부자인 사람들 대부분이 대학을 중퇴했는데, 이유는 너무나 사업을 하고 싶은 나머지 대학졸업까지 기다릴 수가 없었기 때문이었다. 오늘날 서구에서 회사를 차리기는 무척이나 쉽기 때문에, 대부분의 재능 있는 학생들에게 창업은 현명하지는 않을지라도 전적으로 합리적인 선택에 의해 이루어진다. 그러나 대부분의 대학들은 학생들이 대학의 자원을 이용하여 개발한 발명품에 대해 권리를 주장하지 못하고 있는 실정이다. 대표적인 예가 바로 스탠포드 대학인데, 최근 기술인증사무국(Office of Technology Licensing)은 검색 엔진 구글이 성공적으로 설립된 이후 수억 달러에 이르는 횡재를 얻게 되었다(이 대학은 구글의 핵심 기술인 '페이지랭크(PageRank)' 에 대해 특허를 소유하고 있는데, 이 기술은 이 학교의 학생이었던 래리 페이지(Larry Page)와 세르게이 브린(Sergey Brin)에 의해 스탠포드 대학의 컴퓨터학과 연구실에서 개발되었다). 그러나 이 대학조차도 기술특허로부터 얻는 연간 수익은 겨우 4천만 달러를 넘는 수준이다.

그 사이에 가장 영리한 기업들은 대학의 특정한 학과와 협력하여 빠른 수익을 올릴 수 있는 프로젝트에 학생들을 참여하게 하여 그들에게 산업 경험을 얻게 해 주고 있다. 프랑스의 국방 그룹 탈레스는 영국의 레딩에 '인터넷 기술 센터(Internet Technology Center; ITC)' 를 설립했는데, 이 센터는 수많은 박사과정 학생들을 지원해 주고 있으며, 서리 대학(University of Surrey)의 객원 교수가 운영하고 있다. ITC는 다양한 대학들과 다양한 프로젝트에 참여함으로써 위에서 언급한 이점들을 누릴 뿐 아니라, 동업자들의 계속된 평가를 통해 성공가능성이 없는 아이디어에 상당한 개발 자금을 쏟아 붓는 실수를 미연에 방지할 수 있게 되었다. 이러한 조치들은 케임브리지 주변의 하이테크 '실리콘 펜(Silicon Fen)' 과 같은 유럽의 하이테크기업 밀집지역에서 점점 더 중요해질 것이며, 빈곤한 지역인 경우에는 경제 회복을 위해 없어서는 안 될 중심이 될 것이다. 정책 입안자들은 북스칸디나비아반도에서 중앙 및 남부 유럽에 이르는 지역에 적용할 수 있는 최우수 사례를 찾기 위해 저 멀리 대서양 건너로 눈을 돌리고 있다.

서양의 떠오르는 인재들을 어디서 찾을 것인가

서양의 기술력은 떨어지고 있고, 교육 제도는 뒤처지고 있으며, 인구는 노령화의 길을 걷고 있다. 그렇다면 서양의 지식 기반 기업들은 인도와 중국의 라이벌들과 경쟁하기 위해 능력 있는 노동자들을 어떻게 찾아낼 수 있을까?

　부분적인 해결책으로 예전에 충분히 활용되지 않았던 인재 집단을 더 잘 이용하는 것이있다. 이 시도에서 가장 초점을 맞추어야 하는 집단은 실업자 혹은 '경제적으로 활동하지 않는 사람들'이다. 영국에서만 800만 명의 사람들이 강제 조기퇴직과 쓸모없어진 기술 혹은 장애 때문에 일할 수 없다고 생각하고 있다. 유럽의 다른 국가들의 경우 그 수가 영국보다는 낮지만, 그래도 상당히 높은 비율을 나타내고 있다. 이는 유럽의 조기퇴직 방침에 의한 결과이다.

　서구의 사회 집단 중에는 보유한 기술력을 비참할 정도로 충분히 활용하지 못하는 집단이 여럿 있다. 그들은 창업 부문에서 가장 강력한 성장을 보여주는 집단과 동일한 집단이기 때문에 그들을 찾아내기란 무척 쉽다. 무엇보다도 먼저 젊은이들을 꼽을 수 있다. 이미 앞에서 언급했듯이, 오늘날의 학생들은 학교를 졸업하기 전에 자기 회사를 차리는 일을 점점 더 두려워하지 않는다. 그리고 예전보다도 더 어

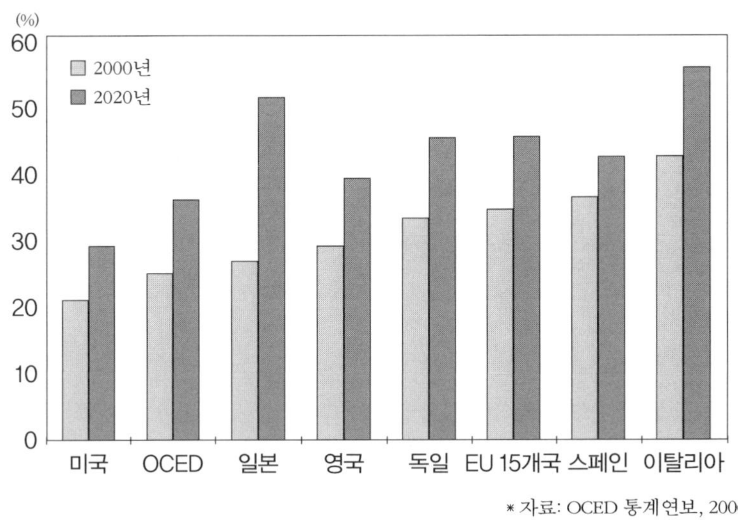

* 자료: OCED 통계연보, 2006

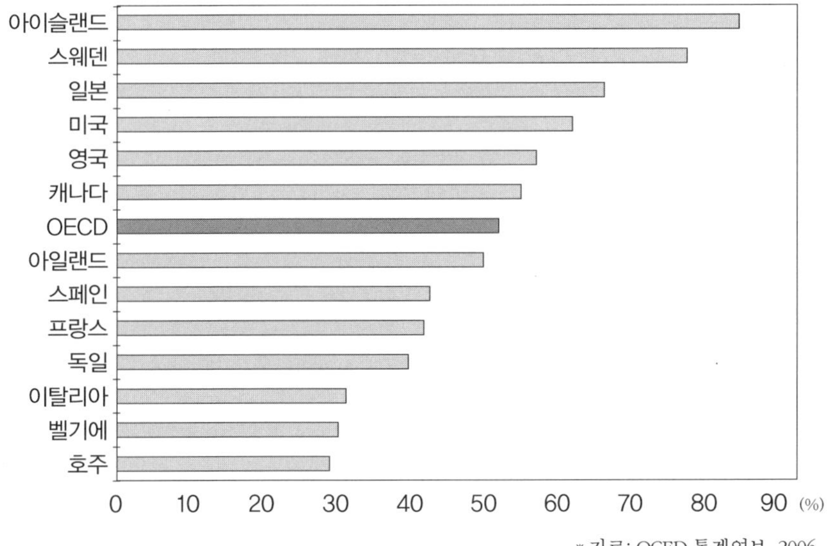

* 자료: OCED 통계연보, 2006

린 나이에 창업을 하는 학생들의 수가 늘어나고 있다. 21세의 기업가 알렉스 튜(Alex Tew)를 보자. 그는 광고 위주의 인터넷 사이트인 밀리언달러홈페이지닷컴(MillionDollarHomePage.com)으로 대박을 터뜨리기 전, 이미 두 개의 다른 온라인 사업을 시작했다가 접어야 했다. GEM(Global Entrepreneurship Monitor)를 대신해서 런던경영대학원(London Business School)이 수행한 최근의 연구조사에 따르면, 18세에서 24세에 이르는 영국 젊은이들 중 69.7퍼센트가 '창업'이 좋은 직업적인 선택이라고 생각한다고 답했다.

닷컴 호황(뒤따른 실패에도 불구하고)이 남긴 주요한 유산들 중의 하나는 바로 젊은이들이 어린 나이에 성취할 수 있는 일에 대해 더욱 자신감을 갖게 되었다는 점이다. 특히 닷컴 붐 덕분에 그들은 실리콘 위에서 최초로 성장한 자신들의 세대가 최신 기술에 의해 가장 많은 능력을 부여받게 될 것이란 점을 알게 되었다. 또한 창업과 기업 경영이 나이 든 사람들의 독점적인 분야라는 생각은 영원히 사라지게 되었다. 따라서 유럽의 학교 시스템이 미국으로부터 배우는 것은 당연지사였다. 미국은 어린 학생들에게 기업가 정신을 불어넣는 데 있어 매우 뛰어난 능력을 발휘하고 있는 것처럼 보이기 때문이다. 최근에 미국의 생산성이 상당히 올라간 데는 이러한 요인들이 작용하고 있는 것이 분명하다. 기술 내용과 경영 가치관에 대한 미국의 교육 방법을 모방하는 일은 아시아의 성장을 따라잡기 위한 우선 과제가 되어야 할 것이다.

세대별 스펙트럼의 반대쪽에는 나이가 들고 '퇴직한' 사람들로 이루어진 거대한 인재 집단이 있는데, 이들은 대개 피상적인 이유 때문에 더 이상 개발되지 않고 있는 집단이다. 대기업의 노인 차별은 여전하며, 고용기회균등법이 아직도 적절히 시행되고 있지 않은 유럽에서는 특히 심한 편이다. 직장 내에서 벌어지는 차별이 고의적인 것은 아니지만, 모든 곳에서 차별은 현실이다. 사람들은 구체적으로 명령을 받아야 자기 나이의 두 배가 되는 사람들을 고용하게 된다. 그리고 기업 구조가 동료 간의 사교성을 더욱 지향하게 됨에 따라, 능력을 고려하지 않는 채용이 벌어질 위험 또한 더욱 증가하고 있다. 젊은 팀은 젊은 사원을 원한다. 실제로 젊음은 특정한 직위에 있어서는 여전히 필수조건으로 여겨지는데, 특히 몹시 바쁜 업무 형태를 갖는 직위에서는 더더욱 그러하다. 반면에 직업을 바꾸거나 혹은 해고를 당해 젊은이 취향의 일을 택하게 된 나이 든 사람은 비정상으로 여겨지기도 한다.

합병이나 비용 삭감 조치가 있는 경우, 나이가 든 직원들이 우선적으로 해고 대상에 오르는 일이 흔하며, 이는 부분적으로 관료주의적인 생각들(과거에는 나이가 들면 급료도 같이 올라가는 것을 의미했지만, 이제는 점점 더 그렇게 되지 않고 있다)과 '새로운 피'가 필요할 것이라는 추측 때문이다.

조직들은 모든 직원들이 60세 혹은 65세까지 일할 것이라는 원칙을 더 이상 갖고 있지 않지만, 누군가가 특정한 나이를 넘긴 뒤 기업의 규범에 순응하길 거부한다면, 그 사람의 가치가 완전히 없어진다는 생각에서 벗어나지는 못한다. 이는 자영업과 파트타임 취업이 거의 한평생을 대기업에서 보낸 남성과 여성들에게 더욱 매력적으로 보이는 이유이기도 하다. 따라서 제대로 된 판단을 내리지 못하는 기업의 경쟁우위는 가까운 미래에 심하게 손상될 것이다. 그 이유는 바로 서양 국가들의 증가하는 노인층이 엄청난 소비력을 가질 것이며, 자기들 나이의 사람들로부터 가장 좋은 서비스를 받을 수 있기 때문이다.[4] 퇴직자들은 젊은 경쟁자들에 비해 경험이 많다는 이점을 갖고 있으며, 이 때문에 그들은 임시 노동직에 소중한 증원부대가 되어 줄 것이다. 세대 차이를 잘 처리할 수 있는 사회적 기술을 충분히 갖춘 관리자들이 함께 한다면, 50세 이상의 인구층은 조직의 유연성을 구성하는 중요한 요소가 되어 줄 것이다. 가까운 미래에는 유럽도 미국처럼 법률로 퇴직 연령을 정하는 일이 금지될 것으로 예상된다. 이러한 법률이 시행되면 기업들은 높아지는 평균수명을 제대로 이용하길 바라는 사람들과 그들의 재능을 자유로이 보유할 수 있게 된다. 분명 기업은 각 직원의 가치에 대한 평가 기준을 그들이 나이가 들어 수행 능력이 부족하다는 편견보다는 풍부한 경험으로 성취할 수 있는 결과로 옮겨야만 한다.

서양의 경쟁력을 억제하는 또 다른 형태의 차별은 소수 인종 차별인데, 실제로도 고위 관리직에 오른 소수 인종 출신은 여전히 적은 상황이다. 미국과 유럽에 소수 인종 출신의 기업가들이 운영하는 경제부문이 호황을 누리고 있음에도 불구하고 그러한 상황은 개선되지 않고 있다. 한 마디로 요약하자면 앞으로 다양한 문화권 출신의 사람들을 고용하는 일은 바람직할 뿐 아니라, 경쟁 우위를 지키는 데 있어서도 가장 중요하게 될 것이다.

제품과 서비스 포트폴리오를 만들어내는 방법은 국내 시장의 문화적인 측면도를 진정으로 반영해 줄 것이며, 해외 고객들에게 더욱 자신감 있게 다가가는 데 필요한 '내부자 지식' 을 제공해 줄 것이다. 자신이 운영하는 대기업이 앞으로 고작 몇 년이 아니라 수십 년 동안 살아남기를 바란다면, 중국어와 인도어를 구사할 수 있는 임원들이 필요할 것이다.

물론 서양의 기업들은 대중이 실용적인 태도로 지원해 준다면 이민자들로부터 이득을 얻게 될 것이다. 다시 말해, 서양의 대중문화가 이민자들을 더욱 환영하고 용인해 주어야 한다는 이야기다. 이와 함께 언론은 더욱 책임감을 갖고 비교문화적인 관계를 조성하는 데 힘써야 하며, 각국의 정부들은 경제 이민을 단속하는 동시에 합법적인 이민자들에게 평등한 기회를 계속적으로 제공해 주어야 한다. UN의 통계에 따르면, 전 세계의 경제 이민자들은 2억만 명에 이른다고 한다. 기업들은 이제 언어 교육에 더 많은 투자를 해야 하고, 더 크게는 관대한 시민정신의 가치관을 기르는 데 앞장서야 한다. 그들은 또한 문화적인 조화를 이루는 최적의 상황에서, 대부분의 서양 국가들에게는 기술의 차이를 메우는 데 막대한 이민 인구가 필요하게 될 것이라는 점을 깨달아야 한다. 예를 들면, 영국이 더이상 다른 인재 공급원을 개발할 수 없다면, 지금의 경제적인 생산량을 유지하기 위해서 2010년까지 추가로 20만 명의 이민자를 필요로 하게 될 것이다. 대략 1,200만 명에 달하는 '불법적인 이민자' 들이 없다면 미국 경제는 어떤 모습을 하게 될까? 다행히도 아직 충분히 이용되지 못한 더 큰 인재집단이 하나 더 있는데, 그들은 바로 여성이다.

이제 기업이 여성의 세상이 되는 이유

여성은 이미 서양 경제에 없어서는 안 될 존재이다. 그리고 인도와 중국의 어마어마한 인구로 모든 나라들이 객관적이고 실적을 기초로 한 고용을 위해 성차별의 마지막 흔적을 내버릴 수밖에 없는 상황이 되면서 여성들의 존재감은 더욱 커지게 될 것이다. 40년 전, 여성들은 대개 파트타임 일자리에 국한되었다. 그러나 1960년대와 1970년대에 여권운동이 벌어진 이후로, 자격증과 직업에 대한 여성들의 열의는 식을 줄을 몰랐다. 실제로 여성의 등장은 현재 서구사회가 맞고 있는 노령화 문제에 부분적으로 기여했다고 볼 수 있다. 여성들의 독립이 증가함에 따라 출산율이 감소했기 때문이다. 출산율 감소 현상은 미국에서는 그다지 두드러지지 않는 편으로, 출산율이 여전히 높다. 2001년부터 2006년까지 일부 유럽 국가들의 출산율이 약간의 증가세를 보이고 있는 것은 이 지역에 유입되는 이민자들의 높은 출산율 때문이라고 할 수 있다.

기업 구조는 아직까지도 남성 위주로 되어 있는데, 이 역사적인 유산의 기원은 19세기에 온갖 종류의 노동력 절약 기술이 생겨났음에도 불구하고 산업혁명까지 거슬러 올라간다. 20세기까지 공장은 전적으로 남자들의 영역이었다. 여성은 국가가 전쟁을 벌이고 있던 시기를 제외하고는 일터로부터 배제되었으며, 낮은 임금의 사무직에 국한되거나 경공업, 유통, 건강, 복지 및 교육과 같은 특정 부문에 집중되었다. 오랜 세월, 여성의 주된 역할은 의문의 여지없이 가정주부였다. 숙련된 기술자의 부족으로 많은 서양 여성들이 일터에 나가게

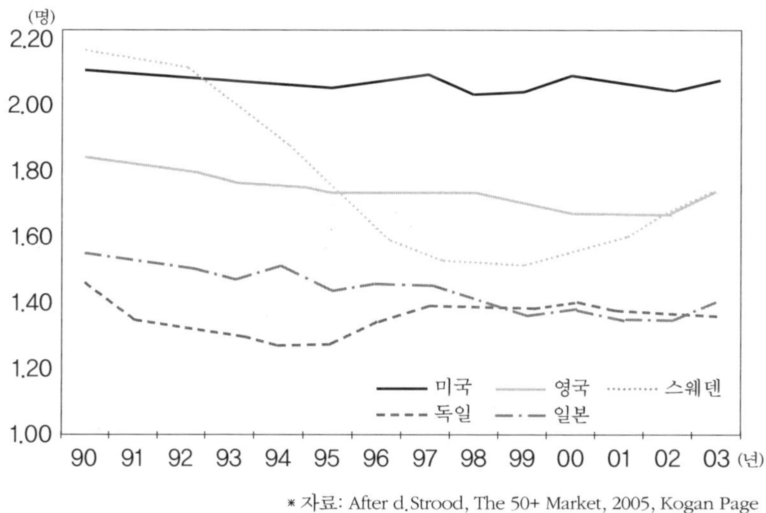

＊자료: After d.Strood, The 50+ Market, 2005, Kogan Page

된 이후에도 최신의 현대적 경영기법의 결과에 의한 암묵적인 차별은 여전히 남아 있었다. 충성과 헌신을 대가로 승진과 성공가도를 보상받고 정서적, 사회적으로 그리고 행정적으로 아내의 전적인 지원을 받을 것으로 기대할 수 있는 기업의 조직원인 '조직인간(Organization Man)'이 탄생했던 것이다. 그런 남자들에 밀려 여성의 직업은 전혀 존재하지 않거나 뒷전으로 물러날 수밖에 없었다.

그리고 그런 상황은 여전히 지속되고 있다. 오늘날 여성들은 말도 안 되는 이유 때문에 승진에서 탈락하고 있다. 여성들은 기술적으로 유능함에도 불구하고, 프로젝트나 부서를 이끄는 데 필요한 자신감이 부족하다는 평가를 종종 받기 때문이다. 너무나도 많은 남자들이 남자라는 이유만으로 승진을 하고 있으며, 여기에는 여성들이 배

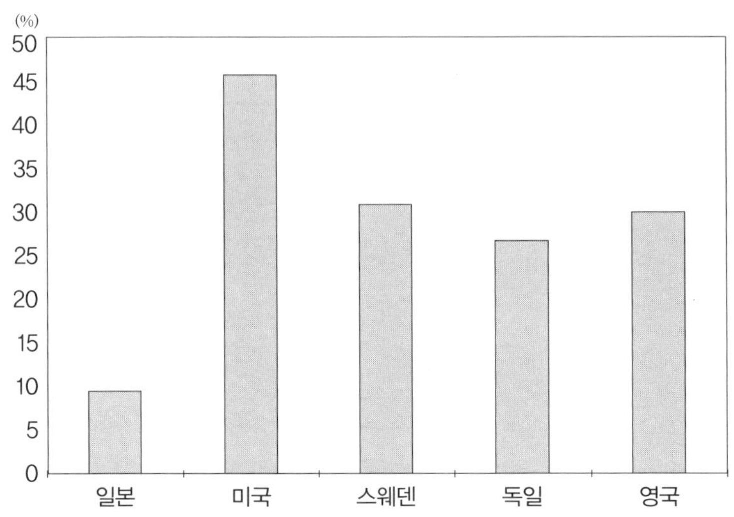

＊자료: After H. Deresky, *International Management: Managing Across Borders and Cultures*, 1st ed. 2006, Prentice Hall

우자의 탁월함을 인정하고 신호만 떨어지면 그 즉시 자신의 자리를 포기할 것이라는 잘못된 생각이 작용하기 때문이다. 오늘날 영국의 경우, 최고 경영자 중에 여성이 차지하는 비율은 5퍼센트이며, 중간 관리자의 경우에도 30퍼센트에 불과하다. 나머지 여성들은 저임금의 일자리와 파트타임, 지원 위주의 자리(비서직이나 고객 서비스, 관리직에서도 남자 상급자들에게 암묵적으로 복종하게 된다)에 집중되어 있다. 그리고 핵심적인 경영 관리 과정에서는 철저하게 배제되어 있으며(예를 들면, 여성들을 인사부서에 배치하는 이유는 사실 대부분의 기업들이 인사부서를 중대한 전략적 중요성을 가진 부서로 인식하지 못하고 있기 때문이다), 남성 주도의 네트워크에서 배제되어 여성 친화적인 부문, 예를 들면 건강이나 복지, 소매, 접대 및 미디어와 같은 부문에 모여 있는 형편이다.

이 모든 배척의 결과로 미국과 유럽에서는 여성들의 창업이 급증했는데, 그들의 사업 실패율이 남자들보다 낮다는 것은 매우 의미심장하다. 이러한 패턴은 런던경영대학원의 글로벌 기업 모니터가 수집한 데이터에 의해 확인되고 있으며, 밥슨 칼리지(Babson College)가 실시한 연구에서도 확인된 바 있다. 이 연구조사에 따르면, 매사추세츠에서 여성들이 이끄는 기업은 경제적인 성장의 강력한 엔진역할을 하고 있다고 한다. 이러한 기업들 중 42퍼센트가 5퍼센트가 넘는 성장률을 기록했는데(2002~2003년), 이 수치는 미국의 경제성장률보다 훨씬 높은 것이었다.

또한 여성에 대한 배척으로 기업의 경영 문화는 다양성이 부족해지는 피해를 입게 되었다. 그 결과 너무나도 많은 기업들이 중년 백인 남자의 눈으로만 자신들의 시장을 보게 되었다.

다수의 여성을 고용하고 그들의 구체적인 요구에 맞는 조항을 만드는 일은 전향적인 자세를 가진 기업에게는 전혀 복잡한 일이 아니다. 다양성이 혁신을 불러일으킨다는 사실을 알게 되면서, 지식 경제의 기업들은 더욱 다른 이를 이해해 주고, 서로를 도와주며, 팀을 우선시하고, 기꺼이 나누고자 하는 관리자들을 필요로 하고 있다. 특히 이러한 자질들은 여성들이 많이 갖고 있는데, 그들은 어렸을 때부터 또래집단과의 교제를 통해 그런 자질들을 몸소 익혀 왔다. 아이디어를 기반으로 하는 조직에서는 개인 간의 경쟁이나 정보의 매석, 남보다 한 발 앞서는 술책과 같은 소위 '마초' 적인 경영 문화의 특징은 발을 붙일 수가 없다.

더욱이 여성들은 소비자의 모든 구매 결정 중에서 90퍼센트가 넘는 결정권을 갖고 있다. 이는 소비자 지향적인 제품이나 서비스를 팔고 있는 기업이라면 절대로 무시할 수 없는 수치다. 고객에게 더 가까이 다가가기 위해 인도나 중국 출신의 관리자를 고용할 계획이라면, 여성은 왜 안 되는가? 결국 최고의 충성심은 이미 판매액의 대부분을 책임지고 있는 전 세계의 고객에게 바쳐져야 하는 것이다.

물론 여성들이 기업 내에서 차지하는 지위가 높아지더라도, 여성들에게만 국한되는 문제는 여전히 남게 될 것이다. 여성들이 집안일과 상급자로의 역할을 병행하기란 언제나 어려웠고, 미래의 지식 기반 기업에서 여성과 남성의 출산 휴가는 그 어느 때보다 더 심각한 문제를 초래할 수 있다. 그와 동시에 남성의 역할은 다시 규정되어야 할 것이다.

단기간의 프로젝트와 실적에 관련된 포상이 강조될 경우, 중요한 시기에 핵심적인 직원이 자리를 비운다면 소기업과 별반 다를 바 없이 심각한 영향을 받을 수 있다. 더욱이 과거처럼 하는 일이 명확히 규정되지 않을 것이기 때문에 정확한 역할에 대한 일종의 '조직 기억(organizational memory)'을 준비하지 않는다면, 상당한 기간 상급자나 전문적인 자리를 대체하기는 더욱더 어려워질 것이다. 전통적인 관료사회에서는 하는 일이 분명하게 규정되기 때문에 직원들은 쉽게 대체될 수 있다. 그러나 미래에는 임무에 절대적으로 필요한 독특한 지식을 가진 개인이 더 안전한 자리를 확보할 수 있는 것은 사실이지만, 더 커진 조직이 고생하지 않게 하려면 더 헌신적인 모습을 보여주어야 한다.

동시에 기업들은 여성들이 사무실에서 남자로 변신하지 않고도 자신의 개인적인 야망을 성취할 수 있게 해 주는 기업 구조와 업무에 관한 규정, 부수입을 일일이 따진 뒤 일자리를 구하게 될 것이라는 점을 염두에 두어야 한다. 특히 기업은 융통성 있는 근무시간과 원격재택근무, 혹은 현장 탁아소와 같은 선택권을 제공함으로써 아이를 가진 여성들의 관심을 사로잡아야 한다. 여성과 남성의 출산 휴가와 같은 문제에서는 정부의 지원 또한 결정적인 역할을 할 것이다. 실제로 최근 몇 년 동안 기업들이 요란스럽게 불평했던 그 법안이 실제로는 서구 기업의 경쟁력에 중대한 영향을 미칠 것이다. 이러한 트렌드를 보여주는 첫 번째 증거들은 이미 스웨덴의 스톡홀름과 핀란드의 헬싱키에서 나타나고 있는데, 이 도시들은 현재 기업 성장 면에서 세계 최고의 도시들에 속한다. 이들 국가가 근무 시간에 관한 명령뿐 아니라 가족 친화적인 법률 및 여성, 남성의 출산 휴가를 엄격하게 적용하고 있음에도 불구하고 그들의 성장세는 두드러지고 있다. 또한 스칸디나비아 국가들에서는 정치 및 공공부문의 고위직을 차지하고 있는 여성의 비율이 가장 높다.

인재 농장으로의 변신

경제적인 혼란이 있을 때마다 최고 경영자들은 왜 기술 부족에 대해 불평을 늘어놓는 것인가? 그에 대해 냉소적으로 대답해 보자면, 그들이 자신들의 실패로부터 관심을 끌어내린 뒤 지역의 공공 교육을 깎아 내림으로써 직원들을 고용하고 훈련시키려 하기 때문이다. 좀 더 관대한 추론을 해 보자면, 대개의 기업들이 여전히 자신들이 맡은 교육자로서의 역할이 얼마나 중요한지 전혀 깨닫지 못하고 있기 때문이라고 할 수 있다. 대부분의 기업들은 직원훈련에 충분한 재원을 할당하지 못하며, 종종 절약을 한답시고 직원들이 근무 시간을 이용해 교육을 받지 못하게 하는 잘못된 행동들을 하고 있다.

한편 대부분의 지식 노동자들은 동료들과의 비공식적인 대화를 통해 자신에게 필요한 지식을 습득하고, '일하면서 배울(learn on the job)' 수 있을 것으로 기대하고 있다. 이런 상황은 누군가가 기업 내부에서 승진한 뒤 새로운 역할에 필요한 기술을 익힐 충분한 시간과 지도 없이 그 역할을 맡을 것으로 기대될 경우에 흔하게 나타난다. 앞으로 몇십 년 후면 노동자들이 일자리나 회사, 심지어는 직업까지도 더욱 빈번하게 바꿀 것이기 때문에, 인사부서는 조직 구조만큼이나 기업 훈련 체계의 유연성을 보장해야 할 것이다. 최근 몇 년 동안 MBA 프로그램과 임원교육 프로그램이 크게 늘어났지만, 비관리직의 경우 직장 내 교육훈련의 소중함은 여전히 무시되고 있는 실정이며, 너무나도 많은 기업들의 직무 설명서 또한 여전히 변함이 없는 듯 보인다.

이러한 경직성과 앞을 내다보지 못하는 모습은 20세기를 지배했던 과학적인 경영 스타일의 유산이라 할 수 있는데, 직무는 변하지 않는 엄격한 기준 위에 규정되었고, 일을 하는 데 있어서는 한 가지 '옳은' 방법만 있다고 여겨졌다. 당시의 작업 연구 엔지니어들이나 경영 컨설턴트, 원가 계산 담당자들은 정량화할 수 있는 용어로 경영 업무를 평가하고 규정하려고만 애썼다. 그들은 다양한 전략 및 조직 분야의 '최우수 사례'에 대한 초안을 마련했고, 지금도 설득력 있는 다수의 소중한 원칙들을 개발하긴 했지만, 최대의 성공이 언제나 불복종적인 사고에서 생겨난다는 결론은 무시하고 말았다. 궁극적으로 그들의 태도 때문에 미국과 유럽에서는 대학교육이 확대되었고, 형식적인 자격취득이 강조되었다(학문적인 부분과 직업적인 부분 모두). 따라서 졸업 직후 기업의 서열 속으로 곧바로 투입될 수 있는 학생들을 배출해 내는 것이 대학교육기관의 의무가 되어 버렸다. 또한 이는 대기업의 카스트 제도와 같은 성격을 더욱 강화시켜 주었다.

그러는 사이에 형식적인 자격증으로는 평가될 수 없는 개인의 재능이 적절히 이용되지 못하는 상황에 이르렀다. 아직도 많은 기업에서는 팀 작업과 고객 관계를 개선시켜 주고, 고객과의 공감을 통해 가장 혁신적인 제품과 서비스를 만들어 줄 '소프트 기술'들이 기술을 갖추지 못했다고 여겨지는 저임금의 직위에 국한되어 있으며, 기업 내의 어떠한 시스템도 숨어 있는 인재들을 찾아내어 양성하지 못하고 있다. 이력서에 첨부된 평범한 학업성적을 보고 '영영 승진을 꿈꿀 수 없는' 자리를 맡기는 기업들도 여전히 존재한다. 능력주의를 장려하려던 자격증들이 되레 해를 끼치고 있는 것이다.

이러한 문제들은 단순히 기업이 직원들의 기술과 지식의 끊임없는 향상에 전념하는 것만으로 극복되지 않는다. 이러한 태도는 과거의 양상을 오히려 강화해 준 사례로 특히 공공부문의 많은 조직에서 나타나고 있다. 대신 기업은 잠재력을 찾아 그것을 현실화하는 방안을 모색해야 한다. 모방하기에 유용한 모델로서는 좋은 성과를 낸 축구팀들을 예로 들 수 있는데, 이 팀의 매니저들은 단순히 최고의 선수에게 엄청난 액수의 돈을 지불하기만 하면 성공이 보장되는 것이 아님을 알고 있다. 스타급의 축구 선수는 눈에 띄는 성적을 기초로 영입할 수는 있지만, 보이지 않는 잠재력은 팀 내의 다른 선수들과 강도 높은 훈련을 함께 한 뒤에야 실현이 가능하다. 결정적으로 그 선수는 팀의 다른 멤버들이 가진 전술을 이해하고 공감을 형성하기 위해 멤버들과 협력하는 법을 배워야 한다.

높은 실적을 내는 기업들 역시 경험의 가치를 판단함에 있어, 경험의 깊이만큼 그 폭에 시선을 돌려야 한다. 프로젝트 중심의 분산된 성격을 갖는 현대의 기업에게는 여러 가지 일을 해 내고, 기업의 유동적이고 민감한 구조를 잘 활용하기 위해 기업을 횡적으로 활보할 수 있는 통합적인 능력의 소유자들이 필요하기 때문이다.

물론 지식 경제에서 가장 중요한 기술은 기업이 가르칠 수 없는 것이다. 창의력은 불복종과 의견 차이를 용인해 줌으로써 길러질 수 있지만, 구직자 후보들에게서 그 창의력을 감지해 내기란 무척이나 어려운 일이다. 물론 면접을 보러 온 사람에게 즉석에서 아이디어들을 내게 해서 많은 것을 알 수도 있지만, 최고의 혁신은 일반적으로 특정한 상황에 맞아야 하는 것이다. 즉, 조화되지 않는 상황들이 모이는 지점에서 혁신이 탄생하는 것이다. 그리고 창의적인 사람들이 드물기는 하지만, 자신이 가진 아이디어의 가치를 빠르게 알아차리는 사람들은 더욱 드물다.

여기서 확실히 이야기할 수 있는 것은 세 가지 형태의 지능을 모두 소유한 사람에게서 가장 높은 창의력이 엿보인다는 점이다. 먼저, 지적지능은 전통적으로 학업 성적에 의해 등급이 매겨지지만, 콘셉트

사고 연습(conceptualization exercise)을 통해 더 유용하게 평가된다. 혁신의 정도를 높이고 싶어 하는 기업에는 연구 과학자나 수학자, 혹은 작가와 같이 추상적인 용어로 생각할 수 있는 사람들이 필요하다. 둘째로 감성지능은 자신감이나 직감, 공감과 같은 자질로 나타난다. 그리고 셋째로 사회지능(카리스마로도 알려져 있는)은 서로 의사를 전달하고, 협력하고, 동기를 주는 능력과 함께 아이디어와 주장을 조리 있고 강력하게 제시할 수 있는 능력을 말한다. 혁신적인 제품과 서비스의 형태로 지적 지능을 알아보고자 하는 기업에게는 곧 감성지능과 사회지능이 필수불가결한 것임을 알게 될 것이다. 불행히도 교육자들에서부터 기업의 인사부서까지 모두들 이 지능에 대해서는 별 관심을 보이지 않는다.

신의 없는 세상에서 헌신적인 직원을 확보하는 법

오늘날 서구의 노동자들 중 80퍼센트 정도가 고용주에게 헌신해야겠다는 생각을 거의 혹은 전혀 하지 않는다고 한다. 하지만 많은 기업들은 여전히 직원의 헌신을 돈으로 살 수 있다고 믿고 있다.

이러한 태도는 20세기의 관료주의적인 기업들에게서부터 생겨난 것인데, 이 기업들에 의해 개인의 실적은 연령과 관련된 신망과 급료, 부가급부에 따라 분명하게 등급이 매겨졌다. 여기서 직위와 지위의 상징들은 명백한 벤치마킹 시스템으로 작용했는데, 특정한 사무실이나 주차 공간, 혹은 임원 전용 화장실용 열쇠 등에는 암묵적인 의미가 강력하게 부여되었다. 궁극적으로 서열상의 사다리를 계속해서 올라가는 사람들에게는 더 밝은 미래가 보장되었기 때문에, 그 과정에서 만나는 피할 수 없는 희생을 견뎌내기는 더욱 쉬웠다. 나이가 듦에 따라 급료가 오르고 법으로 정해진 퇴직연령까지는 취업이 보장되어 있기 때문에 근로자들은 한 기업에 평생을 바치게 되었다.

오늘날 '평생직장'은 더 이상 존재하지 않으며, 소위 지식경제의 전임 직위는 불안정하다. 시장 '쇄신(shake-outs)'으로 지역의 기술 공급 과잉 상태가 발생할 경우, 인수와 합병은 30대의 노동자도 실업자로 만들 수 있다. 더 이상 승진을 보장하는 확실한 사다리는 존재하지 않으며, 최고의 자리에 오를 수 있는 재능을 가진 사람들도 제자리에 머물게 된다. 그리고 닷컴 시대 이후에 생겨난 젊은층의 자신감은 연령과 구체적인 지위 간의 상관관계를 무너뜨리고 있다. 더욱 중요한 점은 앞으로 대기업들 사이에서 널리 보급될 프로젝트 중심의 사내 기업가 구조가 본질적으로는 수명이 짧다는 점이다. 높은 실적을 내는 기업은 필연적으로 끊임없이 움직이기 때문에, 항시 회사를 나갈 기회를 엿보며 겉으로만 헌신하는 척하는 불안한 직원을 양산하지 않도록 주의해야 한다.

현재 서구 사회에서 직원의 헌신을 얻어내는 가장 좋은 방법은 포상을 조건으로 하는 것이다. 즉, 실적에 관련된 보수 체계를 이용한다는 이야기이다. 이 방법은 구체적인 직무마다 기술과 훈련, 책임감을 반영하도록 고안된 기준에 따라 직무와 생산량을 분명하게 규정한 과거의 기업에서는 적절했을지 모른다. 그러나 이제 대부분의 직원들은 생산량과 실적이라는 명확한 기준에 따라 쉽게 평가받을 수 없는 업무를 수행하고 있다. 서비스를 기반으로 하는 오늘날의 기업에서는 급료 수준이 사업 단위 관리자들의 재량에 맡겨지는 경우가 증가하고 있으며, 이에 따라 포상을 조건으로 하는 보상 체계는 더욱더 그 의미를 상실하고 있다.

또한 포상을 조건으로 하는 체계는 현 상태에 의문을 제기하고 도전하려는 마음이 없는 사람들을 양산한다. 코앞에 일시해고의 바람이 몰아칠 수도 있는 상황에서 조직의 관례나 제품 및 서비스의 포트폴리오에 의문을 제기하고 싶어 할 사람이 어디 있겠는가? 이러한 상황에서 자신의 헌신을 보여줄 최고의 방법은 개인적으로 눈에 띄는 것으로, 이는 미국과 영국에서 장시간의 근무 문화를 양성한 중요한 요인이 되었다. 조직의 변신과 혁신이 이루어지지 않게 된 것은 바로 그러한 권태감이 가져온 불가피한 결과이다. 급료와 부수입만이 직원들의 출근을 보장하는 유일한 방법이라면, 창의력을 조성하고자 했던 구조들은 그와는 반대의 효과를 낼 수도 있는 것이다.

많은 기업들이 잘못 생각하고 있는 것 중의 하나는 바로 높은 물질적인 포상을 제공하고 포상을 받으려는 태도를 독려하면 실적이 향상될 거라고 생각하는 것이다. 하지만 실적이 향상된다고 해도 그것은 단기간에 그치고 말 것이며, 그 때문에 '악덕사업가(buccaneer)' 문화가 조성된다. 이제 관리자들을 포함한 모든 사람들은 자기 자신만의 목적을 위해 일하고 그 시스템의 단물만 빼내게 된다. 일반적으로 이러한 문화는 지나치게 경쟁 위주로 변하게 하며, 자사주나 보너스 급료를 두고 시기어린 반목이 생겨난다. 아마도 이러한 행동으로 가장 잘 알려진 사례는 몰락한 미국 기업 엔론(Enron)이다. 이 기업은 소위 '등급을 매겨 내쫓는(rank and yank)' 시스템을 이용했는데, 직원들 중에서 가장 낮은 실적을 내는 15퍼센트에게 주기적으로 해고의 위협을 가했다.[5] 이런 식으로 지엽적인 세력들이 생겨나고 급료의 불평등이 증가하게 되면 기업의 중요한 가치들은 잊혀지게 마련이다.

기업 내의 이러한 모든 경쟁은 현대의 평범한 노동자가 미래보다는 오늘 거둘 수 있는 물질적인 포상의 관점에서 자신의 성공을 판단하고 단지 오늘을 위해서만 살아감을 의미한다. 부분적으로 이는 젊은층의 더 높아진 기대의 결과이기도 하지만, 한편으로는 일자리에 대한 불안감의 산물이기도 하다. 즉, 일자리를 잡을 수 있을 때 잡아야 한다는 의미이다. 그리고 이것은 이것저것을 둘러보며 물건을 구매하는 현대의 소비자 문화와 연결되어 있다. 인생의 대부분을 자신이 싫어하는 기업을 위해 일할 이유가 어디 있겠는가? 무슨 일을 하든지 상당히 높은 생활수준을 보장받는 서구의 젊은 전문직 종사자들에게 직업이란 또 하나의 라이프스타일의 선택인 것이다.

이러한 트렌드는 높은 수준의 직장이동률에서도 반영되는데, 최고 경영자의 평균 재임기간은 3, 4년 정도에 머물고 있다. 지식 경제에서는 다니던 직장을 그만두고 다른 곳에 회사를 차리기가 더욱 쉽다. 왜냐하면 그들은 예전의 공장에서처럼 고정된 기계에 매여 있는 것이 아니기 때문이다. 한편, 낮은 직위의 직원들 사이에서는 '성난 복종(resentful compliance, 다른 나은 대안이 없어 어쩔 수 없이 어떤 일을 하는 것을 말함)'이 여전히 만연된 상태이다. 따라서 관리자들은 자신들이 가장 잘 안다고 생각하고, 하위직들은 벌 받지 않을 정도로만 일하는 낮은 신뢰의 문화가 형성되는 것이다. 이는 1960년대 유럽의 자동차 산업과 20세기의 전통적인 제조업체의 공장 근로자 부문에서 가장 잘 드러난다.

노동조합주의는 경영진이 강력한 노조 때문에 시장 상황이나 기술적인 발전상태, 탄력적인 경영 관습을 무시하고 어쩔 수 없이 특정한 직무에 대한 기준을 협상하고 확정하게 되었다는 점에서 성난 복종의 원인이자 결과라고 할 수 있다. 그 결과, 일부 특정한 부문의 경우 전혀 적응력을 갖추지 못한 기업의 내부 구조가 생겨났으며, 빈번한 산업 분쟁이 수반되었다. 또한 높은 수준의 결근과 직원 이동이 함께 발생하였다.

프랑스, 독일 및 남유럽 국가들의 공공, 민간 부문에는 관료주의적인 구조를 가진 기업들이 여전히 많은 상태이다. 하지만 미국과 영국에서는 커다란 변화가 진행중이며, 이는 대체로 제조공정이 관리자보다는 기계에 의해 조종될 수 있는 정보기술 분야에서의 진전에서 비롯된 것이다. 앞으로 전통적인 형태의 동기부여방식은 직원들의 헌신을 얻어내지 못할 것이며, 결국에는 대부분 기업들의 경쟁우위를 방해하게 될 것이다.

지갑뿐 아니라 마음과 가슴에 호소하기

매력적인 물질적 포상은 최고의 인재를 고용하고(적어도 피상적으로는) 잡아두는 데 필요하다. 그러나 그들의 실적을 최대로 끌어올리기 위

해서라면 기업들은 직원들의 헌신이 심리적으로 마음속에 심어지게
만들어야 한다. 즉, 그들은 직원들이 자발적으로 일찍 출근하고 늦게
퇴근하길 원하고 기업의 성공이 곧 자신의 성공이라고 생각하기 때
문에 자신의 직무에 큰 노력을 쏟아 붓는 상황을 만들어 내야 한다.
여기서 필요한 것은 바로 고용 관계로서(단순한 임금계약이 아니라), 직
원들은 자기 스스로가 기업의 장기적인 성공의 이해관계자라고 생각
할 수 있어야 한다.

그렇다면 이러한 상황은 어떻게 만들 수 있는가? 회사를 떠나 며
칠 동안 벌이는 워크숍이나 야유회와 같은 기업 문화 행사로도 약간
의 효과는 거둘 수 있다. 하지만 그에 덧붙여, 직원들이 직업적으로뿐
만 아니라 개인적으로도 발전할 수 있도록 훈련 프로그램과 시설에
투자할 필요가 있다. 기업은 직원들이 가진 '살기 위해 일한다'는 틀
에 박힌 생각을 바꿔야 한다. 그런 사고방식을 가진 사람들은 자신들
이 정말로 좋아하는 것을 하는 데 드는 시간과 돈을 벌기 위해 일할
뿐이다. 예정된 근무 시간에 자신들이 좋아하는 일을 즐길 수 있도록
적절한 시간과 공간을 제공한다면, 직원들은 사표를 내고 싶은 생각
을 완전히 접을지도 모른다. 현재 대부분의 사람들은 고용주들이 만
든 최악의 세상에서 사느라 고생을 하고 있다. 보스들은 사람들에게
실적 목표를 던져 놓은 뒤, 그들이 힘겹게 그 목표를 달성하는 과정을
감시한다. 극도로 발전한 광대역 기술들이 제공하는 재택근무의 기
회에도 불구하고, 사람들은 어쩔 수 없이 매일 똑같은 시간에 사람들
로 가득 찬 똑같은 지하철을 타고 출근을 할 수밖에 없다.

높은 실적을 내는 기업이 되기 위해서는, 무엇보다도 소중한 기

업의 비전과 가치관의 범위를 벗어나지 않는 한, 직원들에게 가능한 많은 자유와 재량권을 주어야 한다. 달리 말하면, 직원들이 생활과 일을 적절히 섞어가며 자신들이 정한 시간과 자신들이 바라는 조건에서 기업이 정한 임무들을 달성하도록 해 주어야 한다는 것이다. 대부분의 지식 노동자들이 하는 일들 중 아주 많은 일들이 집에서도 완성이 가능하며, 앞으로 10여 년 후면 기업의 경쟁력은 사무실 밖에서 이루어지는 업무의 양을 변화시키게 될 것이다. 일을 하는 여성들의 수가 증가함에도 불구하고 기업들은 근무시간 자유 선택제와 원격 근무, 육아 규정에 관해 더 많은 준비를 해야 할 것이다. 실제로 가장 진보적인 기업들은 재정상의 조언에서부터 직장에서의 개인 체력 훈련까지 모든 것을 제공함으로써, 직원들이 개인 생활과 직장 생활의 성가신 일들을 모두 해결하는 데 도움을 주게 될 것이다. 또한 기업은 건설적인 의견을 용인할 뿐 아니라 적극적으로 권장한다는 점을 분명히 밝혀 조직에 대한 실망감으로 기업에 대한 헌신을 버리는 사태를 막아야 한다.

불행히도 마치 자기 혼자 힘으로 회사를 회복시킬 수 있다는 듯 엄청난 광고와 정보조작으로 최고 경영자 자리를 꿰찬 많은 기업 명사의 잘못된 생각은 이 노력에 도움을 주지 못한다. 홍보담당자들은 대체로 새로 취임한 최고 경영자가 받게 될 어마어마한 급료가 그 자리에 대한 본질적인 요구사항뿐 아니라 글로벌 시장의 힘과 실적에 관계된 시스템을 반영한다고 주장하지만, 그 액수가 어떤 기준으로 책정된 것인지에 대한 명쾌한 설명을 들은 적은 거의 없다. 분명 최고 경영자의 역할은 20세기의 제조업체에서 공장 노동자의 역할만큼이나 정확히 설명된 적이 결코 없었다. 그것은 불분명한 직무 설명서에 포상을 조건으로 삼는 모델을 적용하는 시도로 재앙을 초래하고 있다. 최근 코카콜라, 디즈니, 휴렛 팩커드와 같은 많은 기업에서 최고 경영자를 맡았던 이들의 운명이 어떠했는지 살펴보자. 가까운 미래에 투자자들은 부풀려진 기업 명사들의 가치를 거부하고 장기적인 리더십을 찾아나설 것이다. 그것이야말로 포상을 조건으로 삼는 보수 체계에 대한 최종 답변이기 때문이다.

오늘날의 서양의 근로자들은 냉소적인 세대이다. 그들은 부모들로부터 직업윤리를 물려받지 못했는데, 아버지나 어머니가 직장에서 겪은 경험 때문에 상처를 받았기 때문이다. 27년 동안 노동력을 제공한 뒤 얻은 결과가 기업의 인수, 합병 혹은 나이 든 사람에 대한 차별적인 시스템 때문에 해고나 조기퇴직을 당했다면, 어느 누가 기업에 헌신하고 싶은 생각이 들겠는가? 많은 부모들이 직업윤리를 주입시키는 일은 교사들과 교육 제도가 해야 할 일이라고 생각한다. 그러나 궁극적으로 그것은 기업이 해야 할 일이며, 특히 서양의 기업들인 경우 지금 당장 그들은 관리자를 줄이고 리더를 늘리는 일에 착수해야 한다.

1) 인스턴트 생산 라인

2000년, 마이크로소프트는 급성장하는 디지털 홈 엔터테인먼트 시장에 참여하기로 결정했다. 마이크로소프트의 문제는 소프트웨어 생산업체이기 때문에 소니 플레이스테이션에 필적할 게임 콘솔을 만드는 방법에 대해 아는 것이 없다는 점이었다. 그리고 설비도 갖추지 못한 상태였는데, 이때 30개국이 넘는 나라에 사무실과 조립 라인을 갖고 있는 계약 제조업체인 플렉스트로닉스(Flextronics)가 등장했다. 인텔과 협력한 바 있는 컴퓨터 칩 제조업체인 이 기업은 자사의 부품을 이용하여 비용 효과가 큰 하드웨어를 만들어 냈고, 그 제품은 기능과 성능 면에서 마이크로소프트사의 기준을 만족시켰다. 오늘날 플렉스트로닉스는 수요에 따라, 한 달에 수십 만 개의 엑스박스(Xbox)를 생산할 수 있다. 2005년의 매출액은 159억 달러였다.

2) 'Knowledge Transfer through Inheritance: Spin-Out Generation, Development and Performance', Academy of Management Journal, 2004'

어바나 샴페인에 위치한 일리노이 대학 전략경영학과 부교수, 라지스리 아가르왈(Rajshree Agarwal)박사, 라지 에참바디(Raj Echambadi), 에이프릴 프랑코(April Franco), MB 사르카르(MB Sarkar)

3) 까다로운 샌드위치 메이커

샌드위치, 커피숍 체인인 프레타망제(Pret A Manger)에서는 하급 직원들이 서로를 채용한다. 누군가가 보조원으로 프레타망제 체인에 지원을 했을 경우, 이력서와 면접을 포함한 심사 절차를 거쳐야 한다. 그런 다음, 후보자 명단에 오르면 하루 동안 직접 영업점에 투입된다. 오후 4시가 되면, 팀원들이 냅킨 위에 그 사람을 고정 사원으로 채용할 것인지에 대해 투표를 하게 된다. 그 과정은 개인 간의 충돌을 피하는 데 도움이 되며, 사회적인 네트워크를 향상시켜 준다.

4) 나이 들긴 했지만, 시대에 뒤떨어지지는 않는다

국제적인 가정용 건축자재 체인인 B&Q의 320개 영국 점포에는 50세 이상의 직원이 6,300명에 이르는데, 이는 전체 종업원의 19퍼센트 정도를 차지한다. 1991년, B&Q는 직원 모두가 50세 이상인 점포를 메이클즈필드(Macclesfield)에 열었다. 2년 뒤 실시된 독립 조사에 따르면, 그 점포는 판매나 수익, 직원 이동, 고객 만족 면에서 보통의 B&Q 점포만큼, 혹은 그보다 더 우수한 실적을 보여주었다고 한다.

5) 등급을 매겨 쫓아내고, 후회하다

종업원들 중에 최고의 사원 20퍼센트와 최악의 사원 20퍼센트를 추려낼 수 있을까? 많은 기업들이 정기적으로 실적이 낮은 사원들을 자극하기 위해 해고를 들먹이며 또 그렇게 하고 있다. 이 제도는 GE의 최고 경영자였던 잭 웰치에 의해 옹호되고 이용되었는데, 그는 사람들에게 자신들의 현재 상황을 알게 해 주어 막상 해고당했을 때 너무 큰 충격을 받지 않게 하는 것이 인간적이라고 주장한다. 그러나 엔론의 경우, 이 제도는 기업이 망하는 데 주요한 요인으로 작용했던 것으로 널리 알려졌다. 등급을 매겨 쫓아내는 이 제도의 본질적인 문제는 일을 잘 못하는 직원들이 모두 쫓겨난 뒤에 이루어지는 해고는 더 이상 실적을 향상시키지 못한다는 점이다. 대신, 무자비한 정략이 난무하고 사기가 낮아짐에 따라, 결국엔 생산성이 낮아지며 서로에 대한 기만이 판을 친다. 엔론의 관리자들은 실적 유지에 목을 매다가 결국엔 엄청난 부채와 손실을 감추기 위해 장부에 기재되지 않은 수백 개의 유령법인들을 만들어 내는 지경에 이르렀다. 종국에 엔론은 내부경비를 강화하기 위해 전직 CIA와 FBI요원들을 다수 고용할 정도로 편집적인 성향을 드러냈다.

4

관리자를 잘라내고 리더를 영입하라

관리자들에겐 안녕을 고하고, 리더들을 환영하라.

- 관리자들은 관료주의적인 조직이다.
- 아직도 관료주의를 필요로 하는 이유
- 리더십 – 존경, 영감, 신뢰
- 창의력과 혁신을 불러일으켜라.
- 사람들에게 더 이상 무엇을 하라고 말해 줄 수는 없다.
- 기업의 명사가 아닌 부관으로서의 MBA

서구 사회의 젊은이들에게 '관리자' 란 어떤 사람인가라는 질문을 해 보자. 그러면 그들은 정장을 차려 입고, 더 좋게 일하는 방법이 있다는 사실을 인정하기 거부하고, 자기 밑이라고 생각하는 사람은 누구와도 사귀려들지 않는 사람들을 상상할 것이다. 달리 말하면, 관리자들은 인도와 중국, 심지어는 브라질에 이어 폴란드, 체코 공화국과 같은 EU 회원국에서 빠르게 성장하고 있는 기업들과 경쟁하기 위해 가장 필요한 자질인 창의력의 정반대인 듯 보인다.

관리자들은 지휘감독은 하지만 권한을 주는 사람들은 아니다. 19세기에 그들은 회사의 사장을 대신해서 명령을 전달하고 직원들을 감독했다. 이후 20세기에 접어들면서 그들에게는 능률을 추구하는 일이 추가되었다. 미국의 엔지니어 프레더릭 윈슬로우 테일러(Frederick Winslow Talylor)의 '과학적인 관리' 이론에 따라, 관리자들은 가장 생산적인 직원을 확인하고, 그들이 일하는 방법을 검토한 뒤, 다른 사람들에게 그들을 따라하라고 지시해야 했다. 테일러의 이론에 따르면, 생산성은 사람들에게 신체적인 특징에 맞는 이상적인 업무를 배정함으로써 향상되었다. 1898년, 테일러가 펜실베이니아 주의 베들레헴 강철회사(Bethelehem Steel)의 관리자가 되었을 때, 그는 모든 직원들에게 개개인의 체력은 고려하지 않고 똑같은 삽이 제공되는 점에 주목하였다. 그는 몸집이 더 큰 사람에게 더 큰 삽을 지급했을 뿐인데도 회사의 비용과 노동력을 반으로 줄일 수 있었다. 이후 몇십 년에 걸쳐 그의 아이디어가 전 세계의 기업들에 의해 채택되면서, 조직의 프로세스를 고안하는 관리자와 그 프로세스를 실행하는 노동자 간의 간격이 벌어지게 되었다. 관리는 그 자체로 원칙이 되었고, 관리자들은 자신들을 훈련 장교와 동일시하기 시작했다. 그들은 자신들이 지휘를 받는 낮은 기술의 직급들에 비해 지력이나 교육, 훈련에 있어 뛰어나다고 생각했다.

놀랍게도 이러한 구분은 오늘날에도 여전히 존재한다. 바로 그 때문에 위에서 설명한 관념적인 관리자들이 여전히 눈에 띄는 것이다. 다수의 서구 기업들은 정보를 위에서 아래로 오직 한 방향으로 보내는 데 익숙한 관리 구조를 갖고 있다. 제1선의 직원들과 작업 노동자들이 제품, 서비스, 고객과 가장 많이 접촉하는데도 불구하고, 소수의 기업들만이 명령계통을 거슬러 정보를 끌어올리는 것이 소중하다는 사실을 깨달은 상태이다. 모든 직급의 관리자와 노동자들이 서로 중복되지 않은 업무를 하며, 동료가 이미 해결한 문제를 붙들고 불필요하게 씨름하지 않기 위해 소중한 정보를 공유하는 기업들은 더더욱 적은 실정이다. 대부분의 기업에서 이미 기정사실로 된 방식에 도전하는 것은 사장의 권위에 도전하는 것이나 마찬가지로 간주되며, 그런 도전자는 골칫거리로 인식되고 만다.

테일러의 아이디어들 중 많은 것들이 여전히 효력을 가진다. 그는 기업의 경직성을 몰고 온 사람으로 비난받아왔지만, 정작 그는 직원들의 끊임없는 기술 발전과 인센티브를 기초로 한 급료 구조를 최초로 주장한 사람들 중 하나이다. 그러나 앞으로 그의 방법은 패스트 푸드점이나 콜 센터, 또는 아직 자동화되지 않은 일부 제조업에서처럼 대다수의 직원들이 반복적인 일을 하는 산업에 점차 국한될 것이다. 또한 그 방법들은 정보와 커뮤니케이션 기술의 발전으로 정보의 처리 과정이 더욱 쉽게 상품화되고, 원격 근무를 하는 지식 노동자들의 실적을 감독하기가 용이해짐에 따라 수익이 높은 서비스에 적용될 수도 있다.

요약하자면 테일러주의 덕분에 인도와 중국의 기업들은 서양의 경쟁사들보다 계속해서 싼 값에 제품을 공급할 수 있게 되는 반면, 테일러주의가 여전히 지배적인 관리 문화로 남아 있는 미국과 유럽은 경쟁우위가 떨어지게 될 것이다. 지식 기반의 전문적인 서비스 기업인 경우 관리자가 많으면 많을수록 그 기업은 더욱더 경직될 것이다. 직원들이 자신의 아이디어를 행동으로 옮기기 위한 허락을 받기 위해 두세 단계의 관리자들을 거쳐야만 한다면, 직원들의 사기나 신뢰, 헌신은 떨어질 것이다. 반면에 모든 직원들의 아이디어가 확실히 인정받고 실행되고 보상받도록 보장한다면, 새로운 사업 기회와 효율성을 만들어 내도록 장려할 수 있을 것이다. 기업의 개개인을 거대한 기계의 작은 부품처럼 대하지 않을 때 창의적인 잠재력은 더욱더 발휘된다.

기업 내의 서열이 서양 제조업의 쇠퇴와 함께 점차 평등해지고 있지만, 미국과 유럽의 기업들이 아시아의 성장에 맞서고자 한다면 자신들이 가진 인적 자원을 더 잘 이용하기 위해 지금 행동을 개시해야만 한다. 이제 관리자들이 직원을 감독하는 것이 아니라 그들을 해방하는 데 초점을 맞추어야 하는 시대가 온 것이다.

내일의 리더들:
과거의 슈퍼맨을 능가하는 사람들

관리자들의 권위는 명함에 나타난 지위나 그들의 사무실, 혹은 그들 책상 위에 놓인 토브레로네 초콜릿 모양의 명판에서 나온다. 리더들의 권위는 자신감과 직원들과의 공감, 정의가 모호하긴 하지만, 카리스마와 같은 개인적인 자질로부터 나온다. 심지어 군대에서도 간부급 장교의 용기와 역량, 희생의식이 논란거리에 오른다면 부하들로부터 권위를 인정받기는 힘들 것이다.

좋은 실적을 내지 못하는 직원에게 그 사실을 윗사람에게 보고하겠다고 위협하는 관리자는 리더가 될 수는 없다. 이러한 태도가 가져오는 결과는 피상적인 헌신과 포상을 조건으로 하는 맹종일 뿐이다. 미국과 영국에서 인기를 끌었던 시트콤 '오피스(The Office)'에 나오는 무능한 관리자를 최악의 중간관리자라고 여길지도 모르지만, 여러 면에서 그는 제대로 된 아이디어를 갖고 있었다. 예를 들면, 직원들과 친하게 지내고 사원들 간에 격의 없고 솔직한 대화를 나누려고 한 점 등이다. 그는 그저 이런 일들을 서투르게 그리고 회사 전체의 실적과 목표는 무시하고 일했던 것이다. 그에게 부족한 점, 즉 서구의 관리자들에게 필요한 것은 바로 사회 경험에서 나온 역량과 전문가로서의 자질들이다.

서점에 가서 경영 서적 분야를 살펴보면, 리더십의 기술(혹은 학문)에 관한 제목들이 많이 눈에 뜨일 텐데, 각각의 책들은 사람들의 마음을 사로잡을 수 있는 관리상의 비법을 제공한다고 주장하고 있다.

그런 비법들을 이루는 중요한 성분들을 요약해 보면 다음과 같다.

첫째는 존경이다. 직원들이 당신을 존경하지 않는다면, 그들은 당신에게 깊은 인상을 남길 필요성을 느끼지 않을 것이다. 당신을 존경하는 근거는 당신이 가진 기술에 관한 전문지식이나 회사를 위해 이룩한 성과, 분쟁을 해결하거나 팀을 형성하는 능력과 같이 눈에 보이고 부정할 수 없으며, 동료들 사이에서 충분히 독특해 보이는 것이라면 어떤 것이든 좋다. 잭 웰치는 '존경'이란 직관적으로 솟아나고 배울 수 없는 선천적인 자질이라고 주장한다. 그리고 경영 이론가인 톰 피터스(Tom Peters)는 존경이 성공적인 '자기 브랜드(self branding)'의 부산물이라고 말한다. 결과적으로 존경은 좋은 평판에 달렸는데, 이러한 특징은 기업의 명사가 기업을 옮겨 다닐지라도 항상 직원들에게 존경을 받을 수 있게 만들어 준다.

둘째는 영감이다. 누군가에게 진정으로 영감을 받았을 때 어떤 느낌이 들까? 아마도 사람들은 그들의 말을 우선적으로 귀담아 들을 정도로 존경하든지, 아니면 이야기를 듣고 바로 그들을 존경하게 될 것이다. 사람들은 그들의 아이디어에 흥미를 느끼고 설득당하며 열광한다. 사람들에게 영감을 줄 수 있느냐 없느냐는 좋은 커뮤니케이션 기술을 익히는 데 달려 있다. 그와 동시에 먼저 적당한 아이디어를 선택하고 자신의 이야기를 들어주는 사람들을 충분히 이해시킴으로써 타당한 방법으로 그들을 납득시키는지와도 관련이 있다. 영감을 준다는 것은 기업이 미래에 맞게 될 위협과 기회에 대해 완벽히 이해하는 동시에, 자신의 전략을 설득시켜야 하는 사람들과 공감을 형성한다는 이야기다. 마지막으로, 불복종하는 방법을 어떻게 찾느냐에 따라 좌우된다. 결국 리더십이 합의에 따라 결정된다면 그것은 절대로 리더십이 아니다.

셋째는 신뢰이다. 내일의 리더들은 그들의 지휘하에 있는 사람들이 전적으로 믿을 수 있는 사람이어야 하며, 그들에게 더 많은 책임을 맡길 정도로 직원들을 믿어야 한다. 보고 체계와 개인 및 팀의 할 일이 계속적으로 변하는 지식 기반의 기업에서는 신뢰가 타일을 붙이는 접착제의 역할을 한다. 그것은 관료주의적인 견제와 균형의 필요성을 줄이고, 그에 따라 창의력과 건설적인 반대의견, 개인의 독창성에 대한 구속까지 함께 없애는 사회적, 심리적인 계약을 말한다. 신뢰는 점점 더 비공식적이고 사교적이며 업무관례를 체계화하는 방식에 있어 개인별 차이를 용인해 주는 모습을 보여주는 동시에, 실적을 올리길 원하는 작업장이라면 없어서는 안 될 특징이 되고 있다.

리더는 관리를 촉진시켜 주는 접근방식을 취하고 직원들의 기술과 능력, 열정을 기름으로써 신뢰를 형성한다. 그리고 그들은 비서를 두거나 사무실 문을 굳게 닫아 직원들과 일부러 거리를 두었던 전통적인 관리자들에게는 전혀 필요하지 않았던 대인관계의 기술들을 최대한으로 이용해야 할 것이다. 반복해서 말하자면, 여성들은 이 부분에서 타고 난 이점을 갖고 있다. 감정적인 유대관계를 형성하는 능력 덕분에 여성들은 서구 기업들의 리더십에서 중요한 자리를 차지하게 될 것이다.

당신 자신이 변화가 되어야 한다

마하트마 간디는 사람들을 이끄는 최고의 방법은 자신의 믿음을 구체적으로 보여주는 것이라고 말했다. 그가 세상을 뜬 지 반세기가 지난 시점에서도 사람들의 머릿속에는 그의 이미지가 너무나도 선명하게 남아 있다. 이는 부분적으로 그의 업적이 많은 교과서에 실렸고, 벤 킹슬리 경(Sir Ben Kingsley)이 1982년의 영화에서 설득력 있게 그를 그려냈던 이유도 있겠지만, 서양인의 눈에 간디는 너무나도 기이한 행동을 한 인물이었다. 간디는 인도의 가장 가난한 사람들에게 호소할 수 있기를 바랐기 때문에 인도의 전통의상인 도티와 숄을 직접 짜서 입었다. 비즈니스 용어로 다시 설명하자면, 그는 자신의 '미션'을 몸소 보여주었던 것이다. 그는 겸손과 자급자족, 평화주의라는 미션과 함께 영국의 지배를 받지 않는 인도에 대한 강렬한 '비전'을 가진 사람이었다.

기업의 성명서에 적용되는 '미션'과 '비전'이란 말들은 혼동되는 경향이 있으며, 최근에는 서로 바꾸어 쓰는 경우도 있다. 서양의 많은 노동자들은 이 말들을 냉소적으로 대해 왔는데, 경영 컨설턴트들의 말 한마디에 자주 변하고, 여느 전문용어와 마찬가지로 현실과는 동떨어진 최악의 경영을 떠올리게 만들기 때문이다. 그럼에도 불구하고 이 말들은 적절하게 정의된다면 아주 유용할 수 있으며, 두 용어 모두 직함과는 관계없이 리더십에는 필수불가결한 것이다.

미션 성명서는 본래 가장 많이 쓰이는 의미로서는 하나의 기업에 정체성을 부여하는 목표를 정의한 것이라 할 수 있다. 예를 들면, 월

마트의 미션 성명서는 이러하다. '평범한 사람들에게 부자들과 똑같은 것을 살 수 있는 기회를 주는 것(공급업자의 도매가로부터 가능한 1센트까지 깎아내어 얻는 사회적 이득을 생각나게 하는 말이다).' 디즈니는 다음과 같은 슬로건을 내세우고 있다. '우리는 나이와 장소를 불문하고 모든 사람들에게 최고의 즐거움을 제공함으로써 행복을 만들어 낸다.' 이러한 대중을 대상으로 하는 미션 성명서는 고객이나 이해관계자, 직원들 모두가 받아들일 수 있는 말들이다. 그에 반해서 비전 성명서는 본래 미래에 대한 청사진을 보여준다는 의도에서 발표된 것으로, 재정상의 결과나 시장 점유율과 같은 내부의 기준이 되는 표적이다(만약 의심스럽다면, 비전 성명서가 SMART라는 줄임말에 충실하다는 점을 기억하라. 구체적인(Specific), 측정 가능한(Measurable), 성취할 수 있는(Achievable), 현실적인(Realistic), 시간범위(Time-bound)).

불행히도 서양의 많은 기업들은 최근 몇 년 동안 너무 야심차거나 모호하거나 혹은 복잡하거나 남의 것을 베낀 것 같은 성명서들을 채택해 왔다. 미션 성명서들은 종종 100자 정도의 글자들로 발표되는데, 그 기업을 경쟁사들과 구별짓는 점을 정확히 반영해 주기보다는 하나의 소원목록과 같은 역할에 그치기도 한다. 비전 성명서는 종종 품질에 대한 모호한 목표들을 채택하거나 비현실적이고 근로 의욕을 해치는 목표들을 설정하기도 한다. 어떤 경우에는 공염불이 되어버릴 성의 없는 리스트들만 양산하여 누구의 주목도 받지 못한다. 가장 중요한 점은 다수의 서구 기업들이 성명서에 독특한 판매상의 강조점을 전혀 싣지 못한다는 것이다. 다시 말해, 성명서는 기업의 독특함을 확인해 주지도 못한 채 기업의 정체성을 부여하고 있는 것이다. 인도와 중국의 성장이 눈앞에 펼쳐지고 있는 이상 이제 그러한 실수는 용납할 수 없다. 서구의 전문적인 서비스 기업들은 원칙과 목적, 차별성(differentiation)을 분명히 밝혀야만 아시아의 경쟁사들에게 떳떳하게 부가가치의 프리미엄을 부과할 수 있을 것이다.

미션과 비전 모두 한 기업을 다른 기업과 구분시켜 줄 정도로 구체적이어야 하며, 미래의 신뢰 기반의 기업 구조에서 필요한 개인적인 해석과 독창력을 허용할 정도로 포괄적이어야 한다. 더욱이 기업의 경쟁우위를 발생시키기 위해서는 미션과 비전은 위로부터 내려온 강제적인 명령이기보다는 기업의 이상으로 기꺼이 받아들여져야 한다. 바로 이런 점에서 물질적인 제품을 생산하지 않는 기업의 경우에는 특히, 관리보다 리더십이 중요해지는 것이다. 지식은 감각이 있는 것이 아니기 때문에, 지식 노동자들은 자신들이 만들어 내고 있는 차이를 측정하고 그에 따라 자극을 느끼기 어려운 것이다.

훌륭한 리더는 좋은 이야기꾼이 됨으로써 그러한 문제들을 극복한다. 즉, 그 사람은 자신의 역할이 회사 전체의 목표들에 어떻게 기여하는지 직원 개개인에게 잘 설명할 수 있다는 이야기다. 톰 피터스는 이렇게 말했다. "회사를 만들지 말고, 대의를 만들어라." 아마도 이 원칙을 가장 잘 설명한 말은 플로리다 케이프 커내버럴(Cape Canaveral)에 있는 케네디 우주센터의 수위가 한 말일 것이다. 무슨 일을 하냐는 질문에 그는 이렇게 말했다. "나는 사람을 달에 올려놓는 일을 도와주고 있습니다." 이러한 시각들은 미션이 애국적일 때 더 눈에 띄게 된다. 실제로 공공부문의 조직이라면 직원들에게 시민으로서의 의무를 계속적으로 호소해야 한다. 그럼에도 불구하고, 삶의 질에 관한 미션 성명서 또한 효과적일 수 있다. "사람들이 타고 싶어 하고, 사람들이 일하고 싶어 하고, 높은 수익을 내는 항공사로 성장하자." 이 성명서는 한결 같은 수익성만이 '사랑'을 현실로 만든다는 사실을 직원들에게 일깨워 주는 동시에, 그들이 고객들만큼 존중받고 있음을 느낄 수 있도록 작성되었다. 이 성명서가 여타의 항공사들과 다른 점을 제공하지는 않지만, 회사의 사장인 리처드 브랜슨이 직원들에게 제공하고 그들로부터 돌려받기 원하는 흥분과 독창적인 사고 방식을 대중 앞에서 몸소 보여준다면 그것은 그리 문제될 것이 없었다. 이 점에서 그가 열기구에서 보여준 죽음을 불사한 모험은 간디가 대중 앞에서 보여준 금욕주의에 비견될 수 있다.

물론, 기업에서의 리더십은 절대로 상징적일 수만은 없다. 그것은 언제나 전통적인 관리 업무를 포함하게 마련이다. 서구 기업의 리더들이 노동자들로부터 더 많은 가치를 뽑아내려고 할 때 부딪치게 되는 중요한 과제는 품질 관리나 규정상의 복종, 건전한 재정 보고와 같은 문제들과 개인의 자유 및 격식을 차리지 않는 행동들 사이의 균형을 잡는 일이 될 것이다. 달리 말하면, 그들은 회사가 혼란에 빠지지 않게 하면서도 업무를 덜 지겹게 하는 방법을 찾아야 하는 것이다. 다행히 이러한 과정은 좋은 현상이 되풀이되는 형태가 될 수 있다. 많은 미국의 소매업자들이 보안 직원들에게 매장에서 방문객들을 도와주는 훈련을 시키고 있는 것처럼, 일부 업무들은 고객 경험과 함께 풍부해질 수 있다. 서비스 기업인 경우, 하위직의 지식 노동자들에게 관심을 집중시켜 볼 만한 가치가 있는데, 그들은 소중한 아이디어를 제안할 수 있는 최고의 자리에 있으면서도 반복적인 업무로 가장 좌절

하는 사람들이기 때문이다. 이들을 단순하게 인정만 해 주어도 혁신과 헌신의 수준은 크게 높아질 수 있다.

침투력 있는 리더십의 필요성

리더십이 조직의 최고위층에만 국한되는 것으로 생각하기 쉽지만, 서구 기업들이 앞으로 최적의 경쟁력을 갖추려고 한다면, 침투력 있는 리더십을 발휘해야만 한다. 즉, 기업은 모든 지위의 관리자들이 확실히 리더십 기술을 배우고 적용하도록 만들어야 한다. 바로 강한 리더십이 있어야 프로젝트 중심으로 운영될 미래 기업의 서로 다른 부서들이 같은 방향으로 움직일 수 있게 될 것이기 때문이다.

피라미드 관리구조는 이제 물러가고 있다. 실제로 그런 구조의 유용성은 수십 년에 걸쳐 떨어지고 있는 실정이다. 1980년대에 들면서 서구 기업들의 서열구조는 평등해지기 시작했다. 1990년대에 기업들은 비즈니스 프로세스에 대한 리엔지니어링 개념을 도입하여, 자회사나 내부 손익 센터와 같이 고객에 집중된 거래 단위로 분리되기 시작했다. 이러한 원칙들은 민간 부문의 기업뿐 아니라 병원, 학교, 대학, 사회 서비스 부서 및 국가 정부의 상당한 영역에까지 적극적으로 적용되었다.

현재 서구 기업의 지배적인 경영 문화는 다수의 반(半)독립적인 작은 단위들로 구성되는 조직 구조에 적합한데, 각각의 단위들은 개별적인 운영 목표와 핵심 성공요인, 실적에 관련된 포상체계를 갖추고 있다. 현재의 이러한 문화는 글로벌화로 서구 기업들이 국제적으로 분리될 수밖에 없다는 점에서 도움을 주고 있다. 그런데 이 문화는 본질적으로 단기간의 문화로서, 각 단위의 리더들은 현재 담당하고 있는 프로젝트를 끝내는 일에 집중하고 있다. 자기들 마음대로 각자의 작업방식을 찾을 수 있다는 아이디어는 매우 자유롭게 들릴 수도 있다. 예를 들면, 어떤 팀이나 직원에게 목표가 주어지고, 자신의 작업 시간과 행동 프로세스를 결정할 수 있는 권한이 주어질 경우 그렇게 느껴지는 것은 당연하다. 그러나 하나의 임무를 완성하는 데 얼마나 많은 시간이 걸릴지 과소평가하기가 쉬우며, 일정에 여가시간을 짜넣기가 어려워진다. 따라서 미국과 영국의 많은 지식 노동자들에서 볼 수 있듯이, 오랜 근무시간에서 벗어나기가 어려워질 수 있다.

성공여부와 최종기한만이 중요한 프로젝트에서는 노동자의 복지는 말할 것도 없고 업무의 수준이 떨어질 가능성도 있다. 결국 앞으로 얻을 수 있는 수입의 많은 부분이 최종기한에 달려 있다면, 오후 5시에 칼같이 퇴근하거나 주어진 연차 휴가를 다 쓰는 일은 엄두도 못 낼 것이며, 밤늦게까지 일할 수밖에 없게 된다. 이런 상황은 리더나 자기 휘하의 팀에게 무급으로 초과근무를 시키거나 자신은 파견된 사람이라고 주장하며 특정한 책임을 떠넘기려는 파렴치한 고위 관리자에게 악용될 소지가 있다. 또는 반독립적인 운영 단위들의 리더들이 자신의 직원들로부터 최고의 것을 끌어내기보다 자신의 팀을 개인의 자산으로 여기면서 자신만의 영지를 구축해 가는 독재자처럼 행동할 수도 있다. 이러한 시스템은 직원들로 하여금 회사 전체보다는 자신들이 직접적으로 속한 팀에 충성심을 느끼게 만들 수 있다.

기업의 일관된 목표를 유지하면서 더욱 유연해지길 바라는 기업이라면, 기업의 명사를 비롯한 모든 관리자들이 다른 관리자들과 자신의 지휘하에 있는 팀의 노력을 결합하고 전달할 수 있는 리더십의 기술을 갖추도록 해야 한다.

이러한 침투력을 갖춘 리더십이 국제적으로도 적용될 수 있는지의 여부는 또 다른 문제이다. 유럽 대륙을 지배하고 있는 경영 문화는 최근 몇십 년 동안 점차적으로 미국의 최우수 사례를 따라가는 양상을 보이고 있긴 하지만, 여전히 미국과 영국의 문화와는 다르다. 비즈니스 프로세스에 대한 리엔지니어링 원칙들이 프랑스와 독일 등 주요 경제국들에서 완벽하게 받아들여진 적은 없었다. 20세기, 그 국가들의 많은 기업들은 서열 중심의 경영과 분명하게 규정된 직무 설명서, 명확한 보고 체계를 기초로 하는 관료주의적인 모델을 계속해서 사용하면서 각국의 경제성장을 뒷받침해 주었다. 그들의 의사결정은 통합적인 상담과정에도 불구하고 여전히 위에서 아래로 내려온다.

미국의 경영 원칙들이 반드시 모든 곳에 적용가능하지 않다는 점 또한 주지할 만한 사실이다. 1960년대와 1970년에 일본 기업들이 이룩한 성장은 다른 곳에도 효율적인 대안이 있음을 보여주었다. 그리고 1990년대에 부분적으로는 미국 경영 컨설턴트들의 부주의한 조언을 받아 자유시장 자본주의로 성급히 전환한 러시아는 재앙과도 같은 상황을 겪었다. 기업에 관한 법률이 정비되고 있는 상황에서, 부패한 중간관리자들은(다수가 마피아와 연관이 있었던) 하루아침에 운영상의 자율권을 부여받게 된 독립형의 사업 단위를 통해 현금을 짜낼 수 있었다.

　그 사이, 더 이상 국가 계획에 매달릴 필요가 없어진 중국의 민간 기업들은 젊은 직원들을 서구의 경영대학원에 보내 비즈니스 전략을 배우게 하는 데 여념이 없는 상황이었다. 이제 그 직원들은 세계적인 규모에서 경쟁우위를 얻을 수 있는 묘안을 들고 돌아오고 있다(너무나도 많은 젊은이들이 유학을 가기 때문에 그들에게는 '바다거북'이라는 별명이 붙여졌다). 또한 고용주와 직원 간의 심리적인 계약은 다시 새로운 형태로 규정되고 있는 중이다.

　기존에 민간부문의 경영문화가 부족했던 덕에 중국은 테일러리즘 이후의 환경으로 바로 접어들 수 있었고, 위에서 설명한 유연한 구조는 낮은 비용기반에 높은 수준의 혁신을 추가해 주고 있다. 그러나 중국 기업가들이 단기에서 중기(中期)에 걸쳐 돈을 벌 수 있는 가장 쉬운 방법은 성숙한 브랜드와 혁신적인 탄력을 지닌 서구 기업들과 계속적으로 제휴관계를 형성하는 것이다. 실제로 중국이 해안 지대의 자국 기업들과 해외 기업들 간의 합작 회사를 권장했던 이유들 중의 하나는 바로 서양의 경영 관례들을 도입하는 것이다.

　중국 정치가들은 서구 기업들이 계속적으로 자국 경제에 침투해 오면서 자연스럽게 나타나는 문화적인 차이를 다루어야 하는 과제를 안게 될 것이다. 서구 기업들의 리더들은 역외 사업 단위를 성공적으로 이끌어가기 위해, 그러한 문화적인 차이에 대한 인식과 이해도를 높여야 할 것이다. 경영이라는 학문은 적응을 하고 있는 중이다. 문화의 다양성을 다루는 일은 대부분의 MBA와 임원 교육 프로그램의 핵심적인 부분으로 자리 잡은 상태이다. 그러나 서구 기업들이 자신들의 아시아 자회사와 제휴기업들에게 더욱 유연하고 능률적이며 혁신

지향적인 문화를 채택하도록 압력을 가하고, 가장 빠르게 성장하고 있는 시장과 조화를 이루는 데 필요한 아시아의 관습을 채택함에 따라 최우수 사례는 점차 국제적인 공급 체인을 통해 전파될 것이다.

리더들은 어떻게 창조자를 창조하는가

2장에서 설명했듯이, 한 기업의 구조와 물질적인 환경, 포상 체계는 '창의력의 문화'의 주요한 요인이며, 리더십은 또 다른 문제이다. 최악의 관리자들은 창의력이 현 상태를 위협할 수 있고, 어느 누구도 순종을 했다는 이유로 해고된 적이 없었기 때문에 창의력을 억누르는 경향이 있다. 좋은 리더는 아무리 급진적인 아이디어라 해도 모든 직원들이 아이디어를 제안할 수 있도록 격려한다.

최근 몇십 년 동안 많은 서양의 기업들은 낮은 직위의 직원들이 상사에 대해 불평을 털어놓을 수 있는 360도 피드백과 같은 방법을 이용하여 관리자와 직원 간의 솔직한 의견교환을 장려했다. 그러나 대부분의 기업들에서 직원들은 여전히 아이디어를 내놓지 않는다. 왜냐하면 그들은 비판적이고 비협력적으로 보이는 것을 두려워하기 때문이다. 혹은 이렇게 생각하는 경우도 있다. '상사에게 내가 가진 최고의 아이디어를 보여줬다가 그 사람만 좋은 일 시킬 수도 있잖아.' 좋은 리더라면 위에서 설명한 '신뢰를 기초로 한' 문화를 조성함으로써 이러한 태도를 없애 버릴 수 있다. 그런 문화에서라면 직원들은 모험을 감행해서 비판받기보다는 아이디어를 내놓음으로써 인정을 받거나 포상을 받을 것이라는 점을 알기 때문에 자신의 아이디 어를 기꺼이 내놓으려 할 것이다.

이 문화에서는 실수를 참아주는 포용력이 수반되어야 한다. 대부 분의 기업들은, 특히 미국 외의 기업들이 그러한데, 실수가 유익한 경 험이 될 수 있다는 사실을 무시하고, 실수를 저지른 사람을 본질적으 로 일을 못하는 사람으로 치부해 버린다. 비즈니스 세계가 머지않아 빠르고 고도로 집중된 프로젝트들을 중심으로 돌아갈 것이라는 점을 고려한다면, 벤처 자본가들이 언제나 '흉터'를 가진 기업가들을 후원 하기를 좋아한다는 점을 기억해야 한다. 그들의 상처는 실패로부터 많은 것을 배웠고, 그 결과 더 강해졌다는 표시인 것이다.

지식 기반의 기업에서 창의적인 프로세스는 거의 언제나 협력관 계를 기반으로 한다. 아이디어를 혼자 낼 수는 있지만, 그것을 엔지니 어 디자이너처럼 혼자서 시제품으로 만들 수는 없는 일이다. 그 아이 디어를 외부적으로 판매할 수 있기 전에 내부적으로 납득시켜야만 하 기 때문에, 다시 여기서도 강한 리더십만이 만들어 줄 수 있는 사교적 이고 비공식적이며 신뢰를 기반으로 한 문화가 요구되는 것이다. 많 은 기업들이 여전히 새로운 제품과 서비스 개발을 표준화하려는 노력 을 통해 관료주의적으로 혁신에 접근하고 있다. 말하자면, 3개월 동안 이론적인 생각을 하고, 3개월 동안 테스트를 해 본 뒤, 다시 3개월 동 안 실현가능성을 평가하는 식이다. 그러나 점차적으로 이러한 유형의 모델은 경쟁 우위를 만들어 내는 데는 너무 느리고 성가시다는 평가 를 받게 될 것이다. 이제 소기업의 리더는 유망하게 들리는 아이디어 에 착수하여 그 아이디어를 낸 팀에게 활력을 불어 넣은 뒤, 최신의 커뮤니케이션 기술을 이용하여 몇 주 아니 며칠 만에 아이디어를 현실로 만들 수 있게 되었다. 중간 규모의 기업이나 대기업의 리더가 똑같은 수준의 유연성을 확보하는 유일한 방법은 소기업의 구조와 함께 비공식적인 업무 스타일을 모방하는 것이다.

캐주얼 바지 위에 편한 셔츠를 입고 사무실 주변을 돌아다니면서 직원들을 동료인양 대하고, 공식적인 회의는 거의 열지 않지만 폭넓고 비공식적인 상담을 통해 의견 일치를 보고, 직원들과 근무 외의 시간에 함께 어울리는 그런 리더는 닷컴 시대 이전에는 생각조차 할 수 없었고, 여전히 조직의 최우수 사례로 자리 잡지 못하고 있다. 그러나 그의 기업(그녀의 기업이 더 어울릴 듯하지만)은 앞으로 몇십 년 후에는 그 분야의 평균을 훨씬 웃도는 실적을 내게 될 것이다.

기업이 계속적으로 변할 수 있게
이끌어가는 방법

과거보다 더 빠르게 자신의 투자 원금을 회수하기 위해 단기간에 높은 속도로 전 세계에 걸쳐 새로운 제휴관계와 합작 회사를 끊임없이 세우려고 한다면, 기업가는 계속해서 변신(adapting)해야만 한다. 높은 비용 기반과 물려받은 제도들(인적자원, 프로세스, 장비뿐 아니라 조직의 구조의 관점에서) 때문에 불리한 입장에 놓인 기업들의 자기만족 문화는 더 이상 실패를 면할 수 없는 상태이다.

한 기업이 팔리거나 합병되거나 혹은 인수되기 전까지의 평균 수

명은 6, 7년 정도이다. 비즈니스 모델들은 시간이 흐르면 언제나 효율성을 잃게 마련이지만, 평균적인 판매 유효기간은 전보다 더 짧아지고 있다. 영국의 의류 및 식료품 소매업체인 막스앤스펜서를 생각해 보자. 1990년대만 해도 이 기업은 '강력한 문화'를 가지고 있다고 여겨졌고, 영국의 MBA 학생들에게는 사례 연구 대상이었다. 그들의 문화가 유연성이 없다는 사실에 대해 당시 어느 누구도 우려를 표시하지 않았고, 굽힐 줄 모르는 판매 증가에 성공가도를 달리던 기업의 모든 관리자들은 특히 그랬다. 불행히도 경쟁과 인구통계학적인 현실, 라이프스타일의 트렌드가 모두 합쳐져 고작 몇 년 후면 그 기업을 파산지경으로 몰고 가리라는 점을 예측한 사람은 한 명도 없었다. 결국 막스앤스펜서의 주주들은 전문적인 기업 명사 스튜어트 로즈(Stuart Rose)를 앉혀 상황 회복을 시도할 수밖에 없었다.

2장에서 설명했듯이, 기업의 적응력은 시나리오 수립에 달려 있다. 즉, 기업이 속한 산업이 앞으로 초기 단계의 트렌드들이 모이면서 어떤 모습을 보일 것인지 결정하고, 자신의 조직이 직원들을 열광시키기 위해서는 미래에 어떻게 될 것인지 그림을 그려보는 것이다. 이 능력은 점차로 최고경영자들뿐 아니라 중간관리자들에게도 중요하게 되었는데, 중간관리자들의 의견이 조직과 공급 체인 내의 개별 사업단위가 미래에 맡게 될 역할을 예측하는 데 반드시 필요하기 때문이다. 그러나 중간관리자들의 진로가 점점 더 예측하기 어려워지는 상황을 고려해 보면, 그들이 자기 회사를 위해 장기적으로 생각할 수 있는 능력이 있는지 그리고 그럴 의사가 있는지는 더 이상 보장되지 않는다. 이제 최고경영자가 한 자리에 머무는 기간은 3, 4년 정도로 내려갔으며, 관리자들이 한 기업에 머무는 기간도 7년 정도이다. 두 직위 모두에 임시직을 고용하는 일이 점점 늘어날 것이며, 이 방법을 통해 고용주들은 계속적인 변화를 실현해 낼 수 있다.

칸토스(Cantos, 컨설팅 회사)가 2005년에 실시한 한 조사에 따르면, 파이낸셜 타임스 주식거래 100대 기업에 속하는 기업의 최고경영자 5명 중에서 1명이 교체되었고, 당시 재직자 3명 중 1명의 재임 기간은 2년도 안 되었다.

앞으로 몇십 년 후면, 정규 관리자들로 이루어진 어떤 팀도 다가올 모든 과제에 대응할 수 있을 정도의 능력과 경험을 갖추지는 못할 것이다. 이미 기업의 변화하는 요구에 대응할 정도로 충분한 기술을 갖춘 다재다능한 관리자는 거의 없는 실정이다. 그럼에도 불구하고 보장된 출세가도가 존재한다는 시대에 뒤떨어진 생각에 매달려 있는 서구의 서비스 기업들은 신입사원들에게 여전히 출세에 대한 부풀린 기대감을 주고 있다. 그리고 다른 많은 기업들 역시 유연하고 비공식적인 환경(예를 들면, 공감과 같은 소프트 기술)에 필요한 기술들을 전혀 보장하지 않는 자격증명서나 경력을 토대로 새로운 관리자들을 계속해서 뽑고 있다.

과거에 기업들은 고정된 관리 구조에 짜 맞춰진 인재들에 의지할 수 있었지만, 제품의 수명 주기가 빠르게 단축되고 글로벌 경쟁이 심해지는 지금의 시대에서 그러한 구조는 계속해서 변화해야 한다. 새로운 영역과 트렌드, 혹은 기술을 개발하는 일은 경영 컨설턴트들이 제공하는 것보다 더 심도 깊은 관심을 요구하는 동시에, 정규 관리자들의 능력을 점점 더 벗어나게 될 것이다. 오늘날 임시직은 관리직 가운데 소수를 차지하고 있지만, 미래에 그들은 다수를 차지하게 될 것이다.

대기업들은 특히, 시간을 정해 놓지 않고 독립적인 프로젝트를 운영하기 위해서 강한 리더십을 가진 기업의 여행자들을 필요로 하게 될 것이다. 또한 유연성과 적응력을 충분히 유지하기 위해서는 지도부의 핵심 내부에 이러한 임시직들이 필요하게 될 것이다. 한편, 소기업들은 많은 기업들이 과거에 구체적인 개발 단계에 비상임이사를 이용했던 것과 같은 방식으로 임시 관리자들을 계속해서 영입하여, 단계별 성장과 새로운 영역에서의 변화와 관련된 특정한 프로젝트를 돕도록 할 것이다.

이러한 과정은 새로운 리더십의 과제를 만들어 낼 것이다. 예를 들면, 전략적으로는 없으면 안 되는 사람들이지만 자신의 임기가 짧은 기간으로 미리 정해져 있다고 생각하는 직원들로부터 어떻게 헌신과 관심을 발생시킬 것인가와 같은 문제이다. 변화를 위한 프로그램이라면 모든 지위의 관리자들에 의해 받아들여져야 성공할 수 있다. 그렇지 않으면 그들의 침투력 있는 리더십은 마지못해 받아들여질 것이며, 기회는 날아가 버릴 것이다. 새로 들어오는 사원들이 기업의 대의에 대해 열정을 가지고 기업의 원대한 목표를 달성하는 데 어떻게 기여할 것인지 알 수 있도록 만드는 것은 바로 기업 명사가 할 일이다. 동시에 보장된 출세가도와 순서에 다른 승진, 자사주 선택권을 대체할 수 있도록 재정적인 인센티브와 삶의 질에 대한 인센티브가 제시되어야 한다. 궁극적으로 기업들은, 가령 부품 공급업자들을 다루던 방식처럼 임시 관리직 대리인들과 장기간의 전략적인 제휴관계를 구축해야 한다. 이 대리인들은 스스로 기업의 코끼리가 되든지 기업가적인 벼룩이 되어, 특정한 산업 분야나 기업의 발전 단계, 혹은 지리상의 지역을 전문적으로 다룰 것이다. 예를 들어 실리콘 밸리에서 창업 붐이 부활할 경우, 1999년과 2000년 사이에 나타난 닷컴 기업 붕괴의 반복을 막기 위해서는 임시 관리자들을 이용해야 한다. 실제로 임시 관리자의 이용이 그들의 후원자들에 의해 정해진 하나의 조건이라는 사실을 알게 될지도 모른다.

임시 관리자들의 성장은 또한 스스로 변화하는 관리자들의 태도에 의해 더욱 힘을 얻고 있다. 한 기업에 장기간 몸담을 수 있는 경우라도 그런 기회를 원하는 관리자들은 점점 더 줄고 있다. 대신 그들은 변화와 도전, 흥분을 원한다. 다시 말하면, 개인적으로 성취감을 느낄 수 있는 일을 원하는 것이다. 그들은 짧은 기간인 경우를 제외하고는 직속상사에게 보고할 의무가 있는 상황을 원하지 않는다. 이미 그들은 자신의 인생을 집에서나 일에서 모두 프로젝트의 연속으로 생각하고 있다. 임시 관리직은 종종 이러한 야심과 전적으로 양립할 수 있는 업무 유형을 제공해 준다.

리더는 타고나는가, 아니면 만들어지는가

서구의 대학교육은 여전히 관료주의적이고 대중시장에 대해 비뚤어진 시각을 갖고 있기 때문에, 사물을 보는 시각과 가치관이 획일화되어 있다. 대학교육은 기업에 절실히 필요한 리더들을 만들기보다는 리더의 역할에 적합한 소질들과는 거의 관계가 없는 자격증과 함께, 기업의 부관들과 충신들을 만들어 내고 있다. 그 결과 우량 기업들은 그나마 개성과 독창성 양성의 전통을 가진 엘리트 대학에 다녔다는 점에 높은 프리미엄을 부여하게 되는 것이다. 많은 기업들이 하버드 대학이나 미국의 아이비리그 대학들 그리고 케임브리지와 인시아드 (INSEAD)와 같은 몇몇 대학 출신만을 후보로 고려하고 나머지는 거부하고 있다. 이러한 새로운 엘리트주의는 명성보다는 지적인 능력 및 사회, 정서적인 능력에 기초를 두고 있다. 하지만 그럼에도 불구하고, 두 부류로 나뉘어 있는 대학교육 제도는 낮은 실적의 대학들이 미래의 고용주들이 요구하는 창의력과 소프트 기술, 독창성을 학생들로부터 확인하고 길러주는 조치를 취해야만 바뀔 것이다.

강력한 리더십 기술은 지적으로 타고나는 영역이 아니다. 세계에서 가장 성공을 거둔 기업가들 대부분이 대학을 중퇴했거나 독학을 했으며, '일하면서 배워갔다.' 따라서 구인자들은 리더의 자질을 알려줄 수 있는, 누군가의 이력에서 증명되지 않는 특징들을 감지해 내고 너그럽게 봐 줄 수 있어야 한다. 예를 들면, 고등학교를 졸업한 뒤 바로 대학에 들어가지 않고 1년 동안 여러 나라를 여행하고 다녔다면, 이는 폭넓은 문화 경험을 했다는 증거가 될 수 있으며, 지나친 개인적인 관심은 자신감과 팀 업무 능력, 다른 소프트 기술과 같은 능력들을 증명해 줄 수도 있다.

리더십 기술은 조직 내에서 길러질 수 있다. 전통적인 경영자교육 방식은 강점과 약점을 알아낼 수 있는 반면, 잠재력이 있는 사람을 어려운 상황에 처하게 만드는 방법은 직원들의 리더십 기술을 끌어

내는 데 있어 이미 검증된 바 있다. 별로 경험도 없는 조직의 부서에 사람들을 임명해 보고, 그들에게 힘든 상황을 해결해 보라고 하거나 자회사나 해외의 합작회사까지 맡겨보는 것이다. 아마도 그들은 위에서 설명한 존경의 원천이 될 독특한 기술들을 발휘할 것이다.

기업 내의 혹은 외부에 맡긴 임원 훈련의 경우에는 그 접근방식에 있어 미래에는 더욱 풍부한 상상력을 발휘하는 양상을 띠어야 할 것이다. 리더가 될 가능성이 있는 사람들이 이제껏 대학교육이 소홀히 대했던 개인적인 자질들, 즉 존경과 영감, 신뢰를 발생시킬 수 있는 수단을 계발할 수 있도록 도와줄 뿐 아니라, 점점 더 커지는 문화적인 다양성에 준비할 수 있도록 해 주어야 한다는 이야기다. 특히, MBA 과정은 점차 국제적인 시각을 갖추는 동시에, 그 강조점을 진부한 경영기술에서부터 리더가 갖추어야 할 자질들로 이동해야 한다. 이미 사회 지능과 감성지능을 계발하는 데 더 큰 강조점을 두고 있는 경영대학원들이 있긴 하지만, 그들은 여전히 대체로 관료주의적이며 적응에 느리며 창의력을 억누르고 있다.

1) 아이디어 공장

미국의 미네소타 주에 본부를 두고 있는 거대한 기술 기업, 3M은 세계에서 가장 혁신적인 기업들 중의 하나로 널리 알려져 있다. 이는 단지 3M이 5만 5천 개가 넘는 생산 라인을 갖고 있거나 최고의 인재들과 장비를 갖추고 있기 때문이 아니다. 또한 최고의 아이디어가 부서간의 마찰에서 생겨난다는 믿음을 바탕으로 예전에는 이야기되지 않은 기술들과 '충돌'하는 절차를 갖고 있어서도 아니다. 3M의 비밀무기는 바로 반세기가 넘는 세월 동안, 개인의 독창성을 장려하는 일이 얼마나 중요한지 알고 있었다는 점이었다. 1948년, 당시 회장이었던 윌리엄 L. 맥나이트(William L. McKnight)는 자신의 경영 정신을 다음과 같이 설명한 바 있다.

"기업이 성장함에 따라, 책임을 위임하고 직원들을 독려하여 자신의 독창성을 발휘하도록 하는 일이 점차 필요해지고 있다. 여기에는 상당한 포용력이 필요하다. 사람들은 실수를 하게 마련이다. 그러나 어떤 사람이 본질적으로 옳다면, 그 사람이 한 실수는 관리자들이 책임지고 직원들에게 어떻게 일을 하라고 말하면서 저지르게 되는 실수만큼 장기적으로 심각하지 않다. 실수가 저질러졌을 때 그 독창성을 꺾어버리는 관리자는 기업을 망가뜨릴 것이다. 그리고 우리가 계속 성장하고자 한다면, 가장 중요한 것은 독창성을 가진 사람들을 많이 확보해야 하는 것이다."

5

젊은 동양이 늙은 서양을 만나다

- 인도는 자국의 풍족한 소비자들을 기반으로 2020년까지 유럽보다 더 큰 소비시장으로 부상할 것인가?

- 인도가 제2의 중국이 될 것인가?

- 유럽은 이민자들을 통해서만 경쟁할 수 있다.

- 서구의 인구는 늙어가고 있지만 행동은 더 젊어지고 있다.

- 독신자들의 나라에는 새로운 마케팅 및 판매 접근법이 요구된다.

- 독신 남녀들의 직장 – 인적자원 전문가를 준비하라.

전 세계의 기업인들이 인도와 중국의 인구통계에 겁을 먹고 있다. 순전히 인구 면에서 볼 때, 이 두 국가는 다른 국가들에 비해 확고한 이점을 누릴 것으로 보인다.

최근 인도와 중국의 실적을 보면 그 같은 성장을 달성할 수 있을 것으로 보인다. 두 국가는 구매력 지수(PPP) 기준으로 2003년 세계 GDP의 32퍼센트를 차지했다. 또한 1장에서 논의한 대로 2050년까지 중국과 인도의 GDP는 각각 세계 1, 3위를 기록할 전망이다.

그러나 기억해야 할 사실이 있다. 절대적 기준에서 아시아가 세계 어느 지역보다 풍부한 인적자원을 보유하고 있더라도, 이 지역의 성장잠재력은 인적자원을 어떻게 개발하는지에 크게 좌우된다는 점이다. 기업 경쟁력은 바로 스포츠 경쟁력에 비견된다. 세계 수준의 성공을 거두기 위해서는 무엇보다도 국가적으로 스타를 양성하기 위한 넓은 인재풀이 필요하다.

그렇다. 향후 10년간 서구의 비즈니스계는 그 어떤 추세보다도 아시아의 인구학적 변화에 영향을 받을 것이다. 그러나 앞서 논의한 대로 이 변화는 위협적인 만큼 많은 기회를 가져올 것이다. 이미 서구는 막대한 노동력으로 가능했던 아시아 제조업 부문의 디플레이션의 영향으로 엄청난 이득을 보고 있다. 이들 노동력은 최초로 농촌의 빈곤에 대한 대안을 움켜쥐고 있다. 이와 유사하게 서구 기업들은 성장하고 있는 중국과 인도 중산층에서 가치 있는 신규 시장을 찾기 시작했다. 두 국가의 중산층은 자국의 총인구에서 차지하는 비중이 작음에도 불구하고, 절대기준으로 이미 크게 성장했다. 인도 인구의 절반은 하루에 1달러 이하로 생활하고 있다. 이것은 곧 두 국가 중산층의

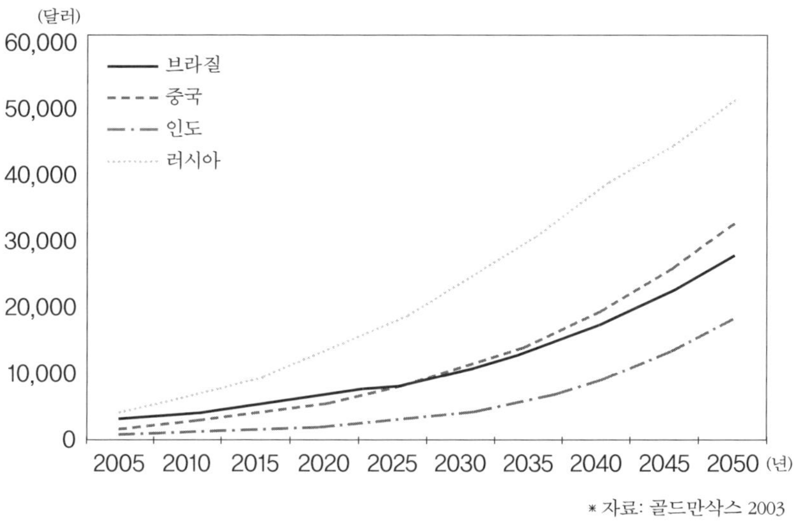

＊자료: 골드만삭스 2003

소비 성장잠재력이 엄청나다는 사실을 의미한다. 또한 자국 내에서 성장한 아시아 기업들에 비교할 때, 소비재 및 서비스를 공급하는 데 풍부한 경험을 갖고 있는 서구 기업들은 확실한 경쟁력 우위를 점하고 있다.

게다가 서구 기업의 경영자는 중국과 인도의 부상에 지나치게 초점을 둠으로써, 자국의 인구학적 변화를 간과해서는 안 된다. 이것 역시 회사의 미래 성장 전망에 큰 영향을 끼칠 것이기 때문이다. 우리는 노후한 인구가 미래에 큰 짐이 될 것임을 알고 있다. 그러나 그들은 동시에 가치 있는 새 시장을 창출하고 있다.

게다가 더 자세하게 논의하겠지만, 서구사회에서는 1인 가구가 급격하게 증가함에 따라 특정 가정용품이나 서비스 또는 라이프스타일 상품 및 서비스에 대한 수요가 증가하고 있다.

결국 서구 기업들이 자국에 영향을 끼치는 인구통계와 아시아의 초기 추세를 비교하는 것이 중요하다. 중국, 인도와 같은 국가들이 지금은 젊고 역동적일지 모르지만, 인구가 더욱 증가하고 노후함에 따라 결국은 그들 역시 서구와 동일하거나 유사한 인구학적 패턴을 경험하게 될 것이다. 만약 당신이 오늘날 서양에서 일어나고 있는 인구학적 도전에 성공적으로 적응한다면, 장기적으로 동양에서 발생하는 인구학적 도전에도 보다 쉽게 적응할 것이다.

피플파워(people power): 아시아의 인구 추세가 왜 모두의 관심사인가

중국과 인도는 단지 '크다'는 말로는 부족하다. 그들은 모든 면에서 거대하다. 두 국가는 세계 인구의 약 3분의 1을 차지하고 있으며, 놀랍게도 세계 총노동인구(15~64세)의 40퍼센트를 차지하고 있다. 미국과 유럽이 퇴직으로 점점 더 많은 노동자를 잃고 있을 때, 아시아는 보다 높은 출생률 덕분에 향후 최소 10~20년간 노동력을 공급받을 수 있게 되었다.

인도의 노동인구는 2035년쯤 중국을 추월할 것으로 보인다. UN의 추정에 따르면 인도 인구의 연평균 성장률(CAGR)은 2000~2050년 동안 0.9퍼센트를 기록할 전망이다. 중국의 0.2퍼센트와 비교되는 수치이다.

영어 구사자가 중국보다 많아서 서구의 서비스기업 입장에서 매력적인 오프쇼어링(offshoring) 대상지이지만, 문맹률 또한 높아 그 비율이 중국의 9.1퍼센트와는 대조적으로 약 40.5퍼센트에 달하고 있다. 또한 중국은 과거에 정부가 통제하던 산업에 대한 규제를 완화하였을 뿐만 아니라 기간시설에 집중 투자하여, 새로운 도시 내 민간부문을 통해 비숙련 노동자를 대상으로 막대한 고용을 창출하였다. 결과적으로 수백만 명의 노동자들이 빈곤한 농촌에서 도시로 몰려들었다. 이와는 대조적으로 인도는 지지부진하다. 노동력의 약 58.5퍼센트가 여전히 농업에 종사하고 있다. 중국은 농업 종사 비율이 45퍼센트이다.

우리는 두 국가가 향후 10년간 현재 부족한 부분에 집중 투자하리라 예상할 수 있다. 따라서 중국은 경영의 질을 높이고 기업들로 하여금 서방 기업들과의 합작 벤처를 추진하도록 장려하여 더 많은 서비스 기업을 유치하고자 노력할 것이다. 중국은 하이테크 부문에 대한 투자와 더 높은 교육 수준 덕분에 2010~15년까지 IT 서비스와 사업공정 아웃소싱(outsourcing) 부문을 놓고 인도와 경쟁하기에 좋은 위치에 있게 될 것이다. 반면 인도는 중국이 성공적으로 수행했던 방법대로, 더 많은 농촌 근로자들이 빈곤에서 벗어나기를 기대하며 제조업에 집중할 것으로 보인다. 따라서 해외 서비스기업들을 지원하기 위한 능력을 강화, 확대하여 서구 기업들에게 매력적인 생산 오프쇼어링 기회를 제공하게 될 것이다.

노후한 서양에서 일어나고 있는 긍정적 추세와
부정적 추세 그리고 보기 흉한 추세들

반면 대부분의 서구국가들에서는 인구가 급격히 노후하고 있다. 2010년부터 부양비율(노동인구에 대한 백분율로 표시한 비노동인구의 수)이 급격히 상승할 것이다. 미국은 이 비율이 2006년 약 50퍼센트에서 2035년경에는 60퍼센트를 상회하며 정점에 달하고, 서유럽의 경우 같은 기간 동안 50퍼센트에서 약 75퍼센트 이상까지 상승할 전망이다. 즉, 엄청난 수의 노령인구가 줄어들고 있는 젊은이들로부터 부양을 기대하게 되는 것이다. 젊은 층의 인구는 저조한 출산율, 심지어는 마이너스 출산율 때문에 충분히 보충되지 않을 것이다.

미국

미국은 향후 10년간 선진국 가운데 가장 높은 인구성장률을 기록할 전망이다. 이 '자유의 땅'은 연간 1퍼센트씩 몸집이 불어나고 있다. 현재 3억 명인 인구가 2050년에는 4억 5천 명에 이를 것으로 보인다. 이 같은 인구급증은 왜 발생하는 것일까? 미국 여성들의 평균 출산율이 두 명으로 유럽에 비해 월등히 높고, 아메리칸 드림을 쫓아 매년 약 120만 명의 이민자가 유입되고 있기 때문이다.

그렇다고 해서 미국이 서구의 완벽한 '피터팬' 경제인 것은 아니다. 여타 대부분의 선진국들처럼 2010년경 이후 평균 연령이 급격히 상승할 것으로 전망되기 때문이다. 그러나 젊은 인구의 비율은 다른 선진국들에 비해 오랫동안 더 높게 유지될 것이다. 이것은 곧 소비재

산업이 젊은이들의 선호와 취향에 의해 좌우되는 현상이 계속되리라는 것을 의미한다. 사실상 미국 '브랜드'의 수위 역할을 하는 할리우드의 젊은층을 목표로 하는 엔터테인먼트 수출이 미디어 산업을 계속 이끌 것이다. 그러나 미국 소비자 브랜드의 시장경영자들은 점차 자신들이 안방에서 사용하는 현대적이고 최신의 전략이 서유럽의 인구학적 프로파일에는 부적절하다는 사실을 깨닫게 될 것이다. 늙어 가고 있는 인구 사이에서 성장을 유지하고 싶다면 자신들의 메시지를 수정해야 할 것이다. 그러나 그 초점을 중국과 인도 시장으로 옮김으로써 적은 노력을 들여 높은 성장을 달성할 수 있는데 왜 애써 고민하겠는가? 향후 수십 년간 이들 기업의 상품과 서비스 포트폴리오가 뚜렷하게 동양의 취향을 받아들이는 것을 보게 될 것이다.

지금 미국은 그 어느 때보다도 세계주의적인 태도가 필요하다. 세계의 신생 시장에서 성장 기회를 잡기 위해서뿐만 아니라, 국내 인구통계가 훨씬 더 다문화적인 사회를 만들어 내고 있기 때문이다. 특히 미국 내 히스패닉계 인구가 급격히 성장하고 있는데, 2050년에는 그 숫자가 3배로 증가하여 전체 인구의 약 4분의 1을 차지할 전망이다. 같은 기간 아시아인의 숫자 역시 3배 증가하여 전체 인구의 8퍼센트를 차지할 것이다. 반면 히스패닉계를 제외한 백인의 비율은 70퍼센트에서 50퍼센트로 감소할 것이다.

미국은 여러 문화적 취향이 전통적으로 우세했던 브랜드를 분열시키면서 소비재 부문에서 이제 막 장기화된 다양화의 시기에 접어들고 있다. 그리고 서비스 부문에서는 경쟁력 우위를 점하기 위해 추가적인 언어 기술이 필요할 것이다. 이 기간 동안 가장 좋은 전리품은

동·서부 해안을 따라 히스패닉 사회에 가장 훌륭하게 봉사한 기업들에게 돌아갈 것이다. 또는 멕시코 등지에서 온 이민 2세대와 같은 소수인종 그룹의 특정한 취향과 요구에 부응하는 방법을 찾아낸 회사들에게 돌아갈 것이다. 결국 미국의 히스패닉 기업가 정신이 미국의 성장에 전체적으로 중요한 역할을 하게 될 것이다.

가장 큰 기여요인은 성 혁명이다. 여성들이 전통적인 가사 역할을 거부하면서 능력을 높이고 전임제 일자리를 찾고 있다. 이에 따라 점점 많은 여성들이 어머니의 역할을 유예하는 쪽을 선택하고 있다. 영국의 경우, 과거에 평균적인 여성이 첫째 아이를 출산하는 나이는 22~3세였었다. 이제 그녀들은 28~29세에 첫아이를 낳고, 출산휴가를 막간의 잠시 쉬는 기간 정도로밖에 여기지 않는다. 이 같은 현상은 미국과 북유럽에서도 마찬가지이다. 더한 것은 일과 삶 사이의 균형을 유지하기 위하여 아이를 낳지 않으려는 여성들의 숫자가 점차 늘어나고 있다는 점이다. 만약 부부 양쪽이 모두 일을 하고 희구적 라이프 스타일을 추구한다면, 자기실현이 아이라는 부담을 지고자 하는 욕구보다 우선시 될 것이다. 사실 최근의 집값 상승은 많은 여성들이 아이를 낳기 위해 일을 쉴 여유가 없다고 느끼며, 집을 마련하는 수요가 늘어나고 있음을 의미한다.

영국과 아일랜드

영국의 낮은 출산율(2002년에 천 명당 11.34명이 태어난 것으로 추산)을 보고 영국은 인구과잉을 걱정할 필요가 없다고 생각할지도 모른다. 그러나 그렇지 않다. 영국인들이 주거지를 어디로 결정하는지에 대한 문제는 향후 수십 년간 국가 구조와 비스니스 전망에 중대한 영향을 끼칠 것이다.

영국의 총인구는 정체되거나 다소 감소할 것으로 보인다. 그러나 영국은 2020년까지 2,400만 채의 주택을 새로 건설해야 한다. 1991년보다 25퍼센트 증가한 수치이다. 이 같은 현상은 왜 발생하는 것일까? 이유는 혼자 사는 인구가 증가하고 있기 때문이다. 2016년에는 전체 가구의 40퍼센트가 1인 가구가 될 것이다. 더 심각한 문제는 이처럼 증가하는 주택 수요의 대부분이 영국 남부 지역에 집중되리라는 것이다. 2006~2016년에 런던 인구는 80만 명이 늘어나 810만 명에 이를 것으로 전망된다.

이 같은 불균형의 씨앗은 산업혁명 기간 중에 뿌려졌다. 당시 영국은 정치적, 문화적, 지적 능력을 결합한 산업력을 북부와 런던의 교육받지 못한 노동자 계층에 집중했다. 이들 지역은 상거래 허브로 번창하였다. 20세기에는 제조업이 쇠퇴하면서 런던의 금융지구가 국제 금융 클러스터로써의 명성을 쌓아 국가 경제의 엔진 역할을 하게 되었다. 오늘날 남서지역은 자연스럽게 영국의 지식 기반 산업의 본고장으로 자리 잡은 반면, 북부지역은 성장을 위한 새로운 비전을 정의하기 위해 고군분투하고 있다. 지식경제에서 기업의 이동성이 증가하면서 이 같은 문제는 더욱 심화되고 있다. 오늘날 사업체를 인도나 중국에 입지시키는 것이 스코틀랜드나 잉글랜드 북동부에 입지시키는 것만큼이나 쉬워졌기 때문이다. 이 지역은 인도나 중국과 차별화할 필요가 없다고 판단하고 곳곳에서 외국인 직접투자(FDI)를 유치하고자 노력하고 있다. 글래스고(Glasgow)에 들어선 콜센터 클러스터가 그 예이다. 그러나 현재로서는 런던 지역의 엄청난 생활비만이 이 지역의 전진을 저지하는 요인이 될 것으로 보인다.

최근 수년간 영국 전역에서 주택가격이 치솟기는 했지만, 남부 지역이 특히 심했다. 런던의 성장은 분명 간호사, 사회복지사, 교사 등 공공 부문에서 이른바 '기간 근로자(key worker)'에 대한 필요를 창출하였다. 그러나 이런 종류의 직업을 가진 이들 중 그 누구도 지역의 '자산 사다리(property ladder: 개인 또는 한 가정이 일생동안 가격이 싼 주택에서 보다 비싼 주택으로 옮겨가는 과정을 일컫는 말-옮긴이)'에서 발판을 마련하지 못하고 있다. 또한 공공과 민간 부분 양쪽의 주택 수요를 만족시키기에 충분한 새 부지를 발견하더라도, 물 공급 감소 등과 같이 극복해야 할 또 다른 문제가 남아 있을 것이다. 영국 정부가 용기 있는 결단을 내릴 필요가 있다. 만약 여기에 실패한다면, 런던과 영국 비즈니스계 전체는 사회적, 경제적으로 가중되는 혼란상황에 대비해야 할 것이다.

영국과는 대조적으로 아일랜드 공화국은 EU 국가 중 유일하게 최근 수년간 의미 있는 인구 증가를 경험하고 있다. 이것은 분명 지난 15년간의 눈부신 성장을 이어나가는 데 도움이 될 것이다. 켈트의 호랑이(The Celtic Tiger: 1990년대 아일랜드의 경제발전을 아시아의 한국, 대만, 싱가포르, 홍콩 등 네 마리 호랑이와 비유한 데서 유래된 말-옮긴이)는 현재 북아일랜드보다 더 많은 일자리를 창출하고 있다. 이곳의 노동자들은 교육을 받았고 영어를 구사하며 상대적으로 저렴하여 영국 국가들에게 매력적인 오프쇼어링 대상지이다. 또한 2004년 한 달 동안 2천 개의 신생 기업이 생겨나는 등 기업가 정신이 활발하게 펼쳐지고 있다

(같은 해에 OECD 22개국 가운데 '총기업가 활동Total Entrepreneurial Activity' 부문에서 7위를 기록했다). 최근 몇 년간 북아일랜드의 안정성이 높아지면서 특히 미국의 아일랜드인 사회 등으로부터 많은 외국자본이 유입되기도 했지만, 영어가 주 공용어라는 점도 외국인 직접투자를 유치하는 데 도움이 되고 있다.

그외 EU 국가들

이 같은 추세는 EU의 정치적 아젠다(agenda)에 점점 더 많은 영향을 끼치고 있다. 특히 성차별에 대해 강경한 보호정책을 취하며, 출산과 양육 휴가 면에서 전 세계에서 가장 가족 우호적인 정책을 갖고 있는 스칸디나비아에 많은 영향을 주고 있다. 다른 곳에서는 정부가 인구 감소를 막기 위한 조치를 취하고 있다. 가령 프랑스 정부는 육아 시설을 개선하고 일과 삶 사이의 균형을 향상시킬 수 있는 가족 우호적인 정책을 내놓음으로써 출산율을 끌어올리기 위해 개입하고 있다. 그러나 이 같은 정책 입안에 대한 필요와 아시아가 주도하고 있는 세계 경제에서의 경쟁에 대한 필요 사이에서 균형을 잡는 것은 힘든 일이다. 조만간 프랑스는 생산성 감소의 원인으로 비난받아온 주당 35시간 근무 규정을 폐지할 것으로 보인다. 또한 현재 EU의 여성 일인당 평균 출산율은 약 1.48명인데, 이 수치는 당분간 올라가지 않을 것으로 보인다. 이민자 없이 노동인구를 대체하기 위해서는 여성 일인당 2.1명을 출산해야 한다.

분명 이것은 EU의 경제성장에 막대한 영향을 끼칠 것이다. 예를 들어, EU의 경제성장률이 2006년 2.2퍼센트 내외에서 2031~2050년에는 1.3퍼센트로 떨어질 수 있다는 전망이 나오고 있다. 네덜란드 출신의 전 EU 집행위원 프리츠 볼커스텐(Frits Bolkestein)은 최근의 침체로 유로화가 장기적으로 살아남을 수 있을지가 불투명하다고 내다봤다. 어쨌든 이 같은 침체는 연금펀드, 건강관리 시스템, 주택문제에 엄청난 압력으로 작용할 것이다. 오래 살수록 혼자 살거나 장애로 고통받을 가능성이 커지기 때문이다. 이런 문제점들을 낳고 있는 또 다른 원인은 보통 50대에 조기퇴직을 선택하는 사람들이 늘어나고 있다는 것이다. 어떤 이들이 여유 있게 살기 위해 열심히 일하는 동안, 많은 이들은 현재 대부분의 서구 기업들이 사용하고 있는 실적 목표의 희생자가 되었다. 많은 베이비붐 세대들에게 일은 자신의 이상적인 라이프스타일을 살 여유가 있을 때까지는 참을 만한 것이다.

퇴직이 재정의되고 있다. 그것은 더 이상 죽음을 기다리는 시기가 아니라 일을 하느라 시간을 '낭비' 하는 것을 멈추고 이상적인 라이프스타일을 실현하기 시작하는 시기이다. 즉, 퇴직은 상당한 현금을 쓰는 시기인 것이다. 식사, 여행, 패션 등 라이프스타일 부문에서 새로 부상한 큰손들은 50대 이상의 연령층이다. 영국 가구패널연구(British Household Panel Study)에 따르면 영국 50대들의 소득 중 여가와 오락에 지출하는 비중이 점차 확대하고 있다. 이 연령대의 32퍼센트가 여가 활동에 주당 50파운드를 소비하며, 25퍼센트가 비슷한 금액을 식사에 쓰고 있다. 음주를 위해 일주일에 한 번 이상 외출하는 비율도 28퍼센트나 된다. 이 같은 수치는 젊은층과 크게 다르지 않다. 실상 젊은층과 노년층의 소비패턴은 비슷해지고 있다. 많은 사람들이 이제 "인생은 50부터"라는 말을 빈정거리는 투가 아니라 진지하게 받아들이고 있다. 삶에 대한 기대가 커지면서 특정 연령대에 대한 관점도 돌이킬 수 없이 변했다. 만약 당신이 80세까지 산다고 예상한다면 50대에 대한 관점은 당신의 부모님이 가졌던 그것과는 크게 다를 것이다. 아마 가장 극적인 결과는 40대나 50대에 이혼하는 이들이 늘어나고 있는 현실일 것이다. 그들은 조기에 퇴직하고, 더 이상 여생을 상대방과 함께 보내고 싶어 하지 않는다는 사실을 깨닫는다.

물론 이처럼 관계가 흔들리는 것이 중년층에만 국한된 현상은 아니다. 서구에서는 모든 연령대의 사람들이 그 어느 때보다도 자주 상대를 져버리고 새로운 사람을 찾아나서고 있다. 수명이 연장되고, 미디어 문화가 눈에 띄게 젊은층을 중심으로 돌아감에 따라 젊음에 대한 개념도 확장되고 있다. 결과적으로 우리는 물질적, 직업적, 감정적 가능성을 발굴하는 데 더 많은 시간을 보내고 있다. 그럼으로써 곳곳에서 젊음의 본질적 권리를 연습하고 있다. 우리는 또한 아이를 갖고 싶다는 특별한 충동을 느끼지 않는 이상, 이상적인 상대를 찾아 헤매고 거기에 너무 많은 압박을 받지 않으며 관계를 소비하고 있다. 50대가 20대만큼이나 새로운 관계를 맺는 데 신경을 쓰면서(그리고 같은 만큼의 돈을 쓰면서), 동시에 부모와 자식들이 갈라설 수도 있다.

이것은 미국의 인기 TV 드라마 '섹스 앤 더 시티(Sex & The City)'가 그렸던 시대 풍조 중 하나였다. 6년간 방영 후 2002년 드라마가 끝을 맺었을 때, 극 중에서 네 명의 여자 주인공들 가운데 가장 나이가 어린 주인공은 38살, 가장 나이가 많은 주인공은 48살이었다. 그들 각자는 꿈같은 미국의 도회적 엘리트의 삶을 살았고, 생물학적으로 아슬아슬한 때에 인생의 동반자를 발견함으로써 개인적이고 물질적인 성취 중 하나를 이룬다.

결론적으로 '젊은층' 시장이라고 생각되는 시장을 상대하는 모든 기업들은 이제 자사 제품과 서비스의 수명을 확장할 수 있게 되었다. 오늘날 건강, 미용, 패션 같은 분야는 거의 모든 연령대에서 소비자를 발굴할 수 있다. 연구에 따르면 서양인들은 라이프스타일 지출이 관계 관리에서 집안의 가구 비치, 정원손질, 여행 등 보다 앉아서 하는 일로 옮겨가는 60대가 되어서야 자신이 나이를 먹었다고 느낀다고 한다. 게다가 서양에서는 그 중요성을 인식하는 데 수십 년이 걸린 나이와 관련된 추세가 동양에서는 훨씬 빠른 속도로 중요해질 가능성이 높다. 중국과 인도에서는 이미 도시의 젊은 엘리트들이 눈에 띄는 소비를 통해 자신들의 새로운 부를 서구의 라이프스타일을 모방하는 데 쓰고 있다. 보다 폭 넓어진 이들 계층은 천천히 나이를 먹을지도 모른다. 그러나 그들 또한 자신의 서양 친구들의 영향을 받을 것이며, 그들이 최근의 경제성장을 달성했던 속도만큼 신속하게 기회를 이용하리라 기대해 본다.

대규모 이주에 새로운 이름을 붙여야 하는 이유

앞으로 대부분의 서구 국가들은 필요한 기술과 인력을 조달하기 위하여, 향후 수십 년간 출산율을 극적으로 끌어올리거나 내부로의 이민에 의지해야 할 것이다. 타국의 배경을 가진 근로자들을 흡수하도록 돕고, 점차 확대되고 있는 다문화적 기업 환경을 다루기 위한 리더십과 경영기술을 발전시키는 것은 공공과 민간부문 조직 모두에게 중요하다.

평균적인 서구인에게 이민자가 늘어날 것이라는 전망에 대해 어떻게 대응해야 하느냐고 묻는다면, 그들은 사회 서비스, 도시의 주택 공급, 일반적인 사회통합에 대한 부담을 언급하는 경우가 많을 것이다. 따라서 정치가, 미디어, 기업 경영자들을 포함한 권력자들은 문화적 다원론을 촉진하기 위해 자기 본분을 다해야 하며, 국민들이 분열적이며 배타적이고 편견적인 풍조를 버릴 수 있도록 도와야만 한다. 늘어나는 이민자가 주택공급에 압력으로 작용하리라는 것은 사실이다. 따라서 소주민족 지역이 고립되는 것을 방지하고, 대신 균형적이고 일체적이며 경제적으로 감당할 수 있는 주택 지구를 개발하기 위한 신중한 도시계획이 필요하다. 그러나 원주민들은 이민자들이 국가의 복지 시스템에 대한 부담을 줄이고 지역 경제를 활성화하는 데 도움이 될 것이라는 점이 분명해지면, 자기들이 고용하는 추가적인 이민자들을 고려할 수 있다.

향후 수십 년 동안 공공 부문은 이민자들이 읽고 쓰는 능력, 기본적인 계산 능력, 언어 능력을 향상시키기 위한 노력을 배가해야 할 것이다. 또한 특정한 수요를 메우거나 전문기술 및 기업가정신의 지방 부문에 공헌할 수 있는 기술에 대해서도 마찬가지이다. 그러나 민간 부문 기업들은 이민 고용자들의 사회적 통합을 보조하려는 정부로부터 점점 더 큰 압력을 받게 될 것이다. 기업이 과거 어느 때보다 여러 국가에 걸쳐 업무를 수행함에 따라 인적자원 부서는 문화의 조화에 필요한 기술을 발전시켜야만 한다. 일터에서 이민자들에게 언어 훈련을 제공함으로써 얻을 수 있는 이점은 분명하다. 이민자들에게 언어 훈련을 제공하는 활동은 서로 다른 국적과 민족 집단 간의 이해를 증진하는 데 사용할 수 있다. 또한 지방 당국은 기업과 지역사회를 통합하기 위한 전략적 제휴를 맺을 필요가 점차 커질 것이다.

독립적 생활양식:
서구의 수출품 중 가장 영향력이 큰 것

프랑스의 철학자 장 폴 사르트르(Jean-Paul Sartre)는 "다른 사람들이 지옥이다"라고 말했다. 생활양식에 대해서라면 여기에 동의하는 서

• 표 5-2 2000년 총인구에 대한 외국인 출생아 비율

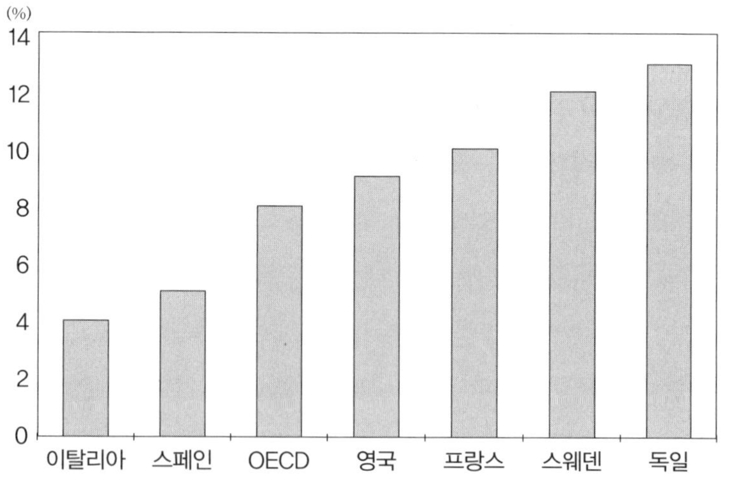

* 자료: 2006년도 OECD 통계연보

양인들이 늘어나고 있는 것 같다. 과거에는 동거가 특정 연령 이상에서 경제적으로 필수이며 사회적 관습이었다면, 이제 돈 많은 젊은 직장인들에게 그것은 선호의 문제이다. 그들에 의하면 자기실현은 개인적이며 직업적인 발전, 경력상의 발전 그리고 고상한 제품과 서비스를 구매하는 데 있다. 그들은 분명 자신이 완성되었다고 느끼는데 상호의존적인 '타인'을 필요로 하지 않는다. 적어도 아프기 전까지는 말이다.

영국의 일터에서 이 같은 태도를 명확히 찾아볼 수 있다. 1991~2011년 기간 동안 일어날 것으로 전망되는 사회적 변화는 다음과 같은 것들이다. 결혼하는 쌍은 4퍼센트 감소하고 동거하는 쌍은 27퍼센트 증가하며, 1인 가구는 55퍼센트 늘어날 것이다. 2016년까지 영국

• 표 5-3 2005~2015년 기간 내 미국가구 형태의 변화

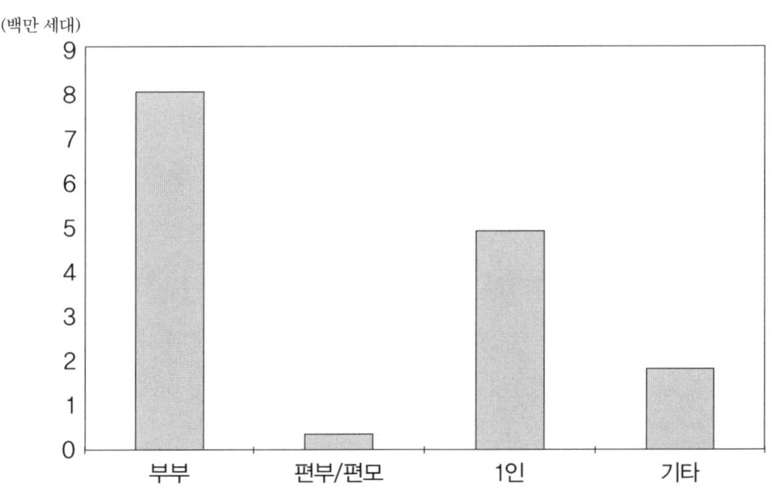

＊자료: 하버드대학교, 주택공급 연구를 위한 합작 연구센터
(Joint Centre for Housing Studies), 2006

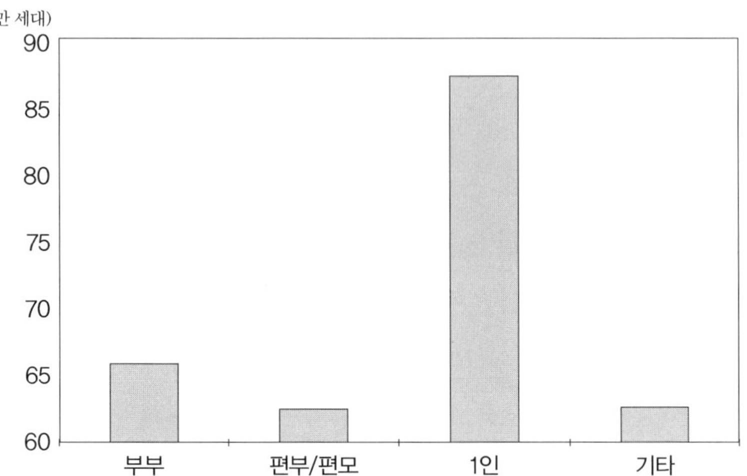

＊자료: 지역사회 및 지방 정부(Department of Communities and Local Government), 2005

가구의 40퍼센트 이상이 결혼했거나 동거하는 이들인 반면, 그와 비슷한 비율이 1인 가구로 채워질 것이다.

이미 스톡홀름, 뉴욕, LA, 베를린, 런던, 샌프란시스코, 암스테르담 등 전 세계 주요 도시에서 혼자 사는 남성 또는 여성 가구의 증가 현상이 뚜렷해지고 있다. 이로부터 창출되는 사업 기회는 엄청날 것이다. 총 가구수가 증가할수록 그들이 필요로 하는 여벌의 재화의 수가 증가(특히 백색가전, 집수리 용품, 패브릭, 가구 등 분야에서) 한다. 또한 인테리어 디자인과 패션 어드바이스부터 개인 운동 트레이너, 영양 어드바이스까지 고도로 개인화된 라이프스타일 서비스를 제공하는 소규모 컨설팅 회사들이 크게 증가할 것이다. 마찬가지로 더 큰 기업들의 소매 및 마케팅 부서들은 구매결정이 부부나 가족 단위보다 개인적으로 이루어지는 경향이 증가하고 있다는 사실에 적응해야만 한다.

한편 독립적인 생활이 증가하면서 정부와 지방 당국은 큰 사회적 난제에 봉착하였다. 독신자들은 주거에 대해 기혼자(또는 동거하는 쌍)와는 매우 다른 필요를 가진다. 그들은 도시지역에서 교통과 설비가 편리하며, 자신들이 감당할 수 있는 한 최대로 쾌적한 주변 환경과 안전이 보장된 곳에서 살고 싶어 한다. 그리고 이것은 높은 담장과 유인 경비실 뒤에 격리된 부유한 이들이 선택하는 폐쇄적 공동체와는 다른 사회적 양극화를 의미하게 되었다. 이 같은 패턴이 뉴욕, 런던, 코펜하겐의 도심부 혁신 프로그램들에서 분명히 나타나고 있다.

해방과 고독이
비즈니스에 시사하는 바는 무엇인가

오늘날 젊은 독신 직장인들은 그들의 선배들과 비교했을 때, 사회적으로 그리고 직업적으로 더욱 움직이기 쉽다고 느낀다. 그러나 동시에 그들은 일자리가 라이프스타일만큼이나 변하기 쉬운 세상에서 살고 있다는 사실을 알고 있다. 결과적으로 많은 이들이 자신이 힘없고 불안정하다고 느끼게 되었으며, 그들 대부분은 계속적으로 의미 있는 관계를 찾아 헤매고 있다. 과거 10~20년 간 신문의 개인 광고와 온라인 데이트 주선회사, 네트워킹 웹사이트들이 붐을 이뤘다. 온라인 채팅 룸, 이메일, 웹로그(weblog), 문자와 사진 메시지, 저렴한 국제통화, 이 모든 것들로 인해 평균적인 인간관계에서 물리적 접촉이 줄어들었다.

최소한 선진국에서는 그렇다. 전 세계적으로 수많은 이들이 '대규모 멀티 플레이어 온라인 롤플레잉 게임(MMPRPG)'으로 알려진 가상공간에 두 번째 자아를 갖고 있을 정도이다. 네트워크 기술의 진보 덕택에 개인적인 선호를 근거로 타인을 찾고, 그들과 관심사를 공유하는 일이 쉬워졌다. 그러나 그 같은 기술은 낯선 이들의 정직성을 보장해 주지도, 끌리는 상대가 지리적으로 가까운 곳에 있음을 보장해 주지도 않는다.

이 모든 것이 소비패턴에 시사하는 바가 크다. 소비패턴은 개인적 환경에 따라 변동성이 크기 때문이다. 예를 들어, 얼마동안 혼자 살아온 소비자와 이제 막 독립한 소비자들 간에는 큰 차이가 존재한다.

직장에서의 관계처럼 개인적 관계가 일시적으로 변하고 있다. 오늘날 젊은이들은 상대를 훨씬 빨리 바꾸는 경향이 있고, 대부분의 서구 국가들은 높은 이혼율을 나타내고 있다. 현재 1인 가구가 크게 증가하고 있는 사회적 카테고리 중 하나는 30~60세 연령대이다. 특히 중년 여성들은 이혼수당과 관련된 법률이 개선되고, 상대적으로 교육을 받지 못했던 자신의 선조들은 절대 경험하지 못했던 방법의 사회적 이동성을 확신하게 되면서 과거의 사회적 불명예에서 벗어나 혼자 살기를 선택하고 있다. 최근의 연구에 따르면 남자와 함께 사는 여성은 덜 건강하고 행복하지 못한 반면, 여자와 함께 사는 남성에게는 반대의 효과가 나타났다.

기대 수명이 늘어난 것도 1인 가구가 늘어나는 데 기폭제 역할을 하고 있다. 역사적으로 혼자 사는 노년인구의 대부분은 여성이었다. 그러나 이제는 남성의 수명이 길어지면서 혼자 사는 남성 역시 늘어나고 있다. 이 같은 추세에 기여하고 있는 요인 가운데 하나는 조기퇴직이 기대수명을 연장한다는 점이다. 만약 당신이 65세에 은퇴한다면 70세에 죽을 가능성이 높다. 그러나 60세에 은퇴한다면 80세까지 살지도 모른다. 이유는 65세까지 일하는 사람들은 흔히 건강에 악영향을 미치는 저임금 직종에 종사하는 경우가 많기 때문이다. 또한 그들은 흡연 및 운동부족 등 건강하지 못한 라이프스타일을 갖고 있을 가능성이 높다. 분명 나이는 한번 지나간 로맨스를 되살리는 데 더 이상 걸림돌이 되지 않는다. 과거에는 특정한 나이를 넘어서면 개성을 잃게 되고, 그와 함께 선택되는 것에 대한 현실적인 희망도 사라졌다. 오늘날은 남녀를 불문하고 자신의 외모와 건강을 유지하는 데 관심을 쏟는 노년층이 늘어나고 있다. 그만큼 중년층을 위한 미용성형, 이미용 제품, 건강 제품이 급격히 늘어나고 있다. 6장에서 더 논의하겠지만, 많은 매스(mass) 소매업자들의 전통적인 시장구분은 점차 그 의미가 약화되고 있다.

나이가 지긋한 독신자들은 여전히 젊은이들이 새로운 상대를 만나기 위해 찾는 장소에 들어가지 못하고 있다. 또한 클럽이나 디스코텍에서는 미래의 동반자가 될지도 모르는 이를 정식으로 만나는 일은 더 이상 일어나지 않는다. 그들은 누군가를 제대로 만날 수 있는 장소를 찾아 열심히 기웃거리고 있다. 많은 이들이 인터넷을 통해 이 같은 문제를 해결할 수 있음을 발견하였으나, 소득과 교육수준이 낮은 이들은 인터넷을 이용할 장비를 갖추고 있지 못하다. 특히 장년의 남성들은 사회적 기술이 부족한 탓에 이 분야에서 총체적인 지원 부족을 겪고 있다.

개인적인 것과 직업적인 것
사이의 경계가 사라진다

가장 오래가는 관계는 직장에서 시작된다. 지금까지 그래왔고 앞으로도 그럴 것이다. 사실 서구에서는 혁신에 대한 필요가 긴밀하게 조직된 팀, 격식을 차리지 않는 사무실 배치, 사회화 규정을 위해 전통적인 기업구조를 해체하면서 사내 연애가 비등점에 이를 것으로 보인다. 실제적인 경쟁적 우위를 유지하려는 기업들에게 일과 삶을 분리하거나 둘 사이에 균형을 유지하고자 하는 생각은 더 이상 유효하지 않다. 이들 기업은 직원들을 사무실에 묶어놓고 그들이 동네 술집에서 뭉치도록 할 필요가 있다. 만약 사내 연애가 일어난다면 그대로 둘 일이다. 물론 일에 부정적 영향을 끼치지 않는다면 말이다.

분명 기업은 긴장을 통제하기 위해 시도하는 방법에 있어서 극도로 주의를 기울여야 한다. 일과 개인적 관계 사이의 경계를 분명히 하지 않으면 그 결과는 성추행 재판으로 이어질지도 모른다. 동시에 당신이 개인적인 감정을 억제하지 못한다면, 서툰 정책으로 방해를 시도함으로써 긴밀하게 짜인 팀의 창의성에 해를 입히게 될 뿐이다. 많은 기업들은 고루하고 엄격한 관료주의적 구조를 유지하는 동시에, 팀의 역동성을 요구함으로써 이런 문제점들을 피하고 있다. 대안은 부적절한 행동과 잠재적으로 심각한 과실을 최소화하기 위하여 인사부를 통해 적절한 감독 및 자문 구조를 제시하는 것이다. 또한 개인적 분쟁이나 관계 실패에서 발생하는 감정적 결과를 보다 쉽게 조정할 수 있는 방법을 찾아야 한다. 직원들 중 한 명 또는 더 많은 구성원이 일을 수행하는 데 있어서 영향을 끼치는 문제가 발생하면 회사는 중재하는 방법을 찾아내야 한다.

특히 내일의 기업은 독신자들의 목소리를 보다 정확하게 이해해야 할 것이다. 오늘날 미혼자나 아이가 없는 사람들은 일상적으로 차별을 받는 경우가 허다하다. 휴가 날짜를 선택하는 데 가장 뒷전으로 밀려나는 것이 그 전형적인 예이다. 또한 24시간 근무로의 변화를 취하면서 가족 우호적인 정책을 가진 기업들은 미혼 직원들을 해고하는 경우가 많다. 그들은 특별한 책임감을 갖고 잊지 못하다고 여기기 때문이다.

이 모든 것이 인사부가 전략적으로 핵심적인 중요성을 가진 부서라는 증거이다. 오늘날 서구에서 가장 우수한 실적을 내고 있는 기업들의 CEO와 많은 시간을 보내라. 그들이 다른 어떤 것보다도 인적자원에 훨씬 많은 시간을 투자하고 있음을 발견하게 될 것이다. 이것은 GE의 전 CEO인 잭 웰치가 경험한 바이며, 다른 수많은 CEO들이 확인한 바이다. 그들은 또한 인사 책임자가 이사회에서 영향력 있는 위치를 차지하고 있음을 분명히 할 것이다. 왜 그럴까? 이들 CEO들은 직원을 최적으로 이용하는 것이 중국과 인도의 싼 노동력을 견제할 수 있는 유일한 방법임을 이해하고 있기 때문이다. 또한 지식 기반 경제에서 자신들의 임무와 비전을 널리 퍼뜨리는 최선의 방법은 명령의 소프트체인(soft chain)을 통한 것임을 이해하고 있기 때문이다.

6

라이프스타일 종족의 출현

- 노인들이 점점 젊어진다 – 젊은이들도 마찬가지이다.
- 소비자들이 어디로 튈지는 아무도 모른다.
- 싱글 남녀들이 소비의 주도층으로 떠오른다.
- 우리는 '누구'인지 아는가?
- 라이프스타일 종족이 새로운 마케팅 부류로 떠오른다.
- 각 개인마다 특화된 서비스를 바란다
- 남들의 주목을 끌고 싶어 하는 '날 바라봐요' 문화

특정 고객들을 부르는 명칭 가운데 머릿속에 떠오르는 것이 있는가? 유럽이나 북미의 마케터들이라면 한 몇십 개 정도는 금방 떠올릴 수 있을 것이다. 최근 들어 시장을 세분화하기 위한 수많은 용어들이 생겨났는데 이는 단지 CRM이나 데이터 마이닝과 같이 마케팅 기법의 기술적 발전에만 그 원인이 있는 것은 아니다.

'여피(yuppie: young upwardly mobile professional, 대도시 부촌에 사는 젊은 엘리트들)' 라는 말은 많이 들어봤을 것이다. 그렇다면 '야피(yappie: young affluent parent, 젊고 부유한 부모들)' 는 어떠한가? 최근에 널리 회자된 '딩키(dinkie: dual income no kids, 자녀가 없는 맞벌이 부부)' 라는 용어를 잘 알고 있다면 '덤프스(dumps: destitute, unemployed mature professionals, 장년이 되어서도 실업상태로 있는 가난한 전문직들)' 라는 말은 들어보았는가? 이런 용어들은 일반인들에게는 그저 웃자고 장난삼아 만들어 낸 것이 대부분이지만, 특정 고객군을 대상으로 신제품이나 새로운 서비스를 판매하고자 하는 사람들에게는 매우 진지한 주제가 아닐 수 없다. 고객을 세분화하기 위한 이런 용어들에 대한 수요가 점점 늘어나고 있어서 언젠가는 그럴듯한 이름들이 바닥이 나게 될지도 모른다.

수십 년 전만 해도 잠재적인 고객들이 누구일 것이라고 짐작하는 일은 대체로 그리 어렵지 않았다. 그 당시에는 특정인의 나이, 직업, 수입이나 성별이 무엇인지를 아는 것만으로도 그 사람의 소비 패턴을 대충 알아낼 수 있었다. 그러나 오늘날에는 이런 광범위한 범주로는 극히 적은 내용만을 알아낼 수 있을 뿐이다. 앞으로는 이런 것들을 토대로 해서 그 사람의 가치관이나 스스로 생각하는 정체성,

라이프스타일, 더 나아가 소비패턴을 알아내기가 점점 더 어려워질 것이다. 현재의 개발도상국가들만 하더라도 소비자들의 행태는 오늘날의 선진국과 비교해 보았을 때, 예측하기 어렵기는 마찬가지이다. 이는 커뮤니케이션과 네트워크 기술의 발달 때문인 것으로 볼 수 있는데 인도와 중국의 도시 중산층들은 이미 서구 중산층들의 복잡다단한 라이프스타일에 필적하는 다양함을 보이고 있다. 게다가 인터넷 보급이 잘 되어 있는 나라들에서는 대부분의 사람들이 '어디에서나 쇼핑할 수 있는' 환경에서 살고 있으며 언제든 원하는 상품이나 서비스를 고를 수 있다.

오늘날의 소비자들은 인구통계학적인 면에서 예측하는 것이 거의 불가능한 매우 정교한 존재들이다.

전통적인 시장분류 기법은 이제 유통기한이 지났다

아직도 대부분의 회사들은 특정 연령대, 예를 들어 '15세에서 24세', 혹은 '65세 이상'의 소비자들을 대상으로 제품이나 서비스를 기획하거나 마케팅하고 있다. 기저귀 회사나 장례 서비스 회사 혹은 보험회사인 경우에는 이런 연령에 기초한 접근법이 매우 타당하다고 할 수 있다. 그러나 그 밖의 회사들은 이제 이런 접근법으로는 기존의 고객들을 유지하기 어려울 뿐 아니라 새로운 고객을 유치할 수도 없다.

당신의 고객들 중 가장 젊은 사람과 가장 나이든 사람 간의 나이차를 한번 생각해 보자. 과거 10년 동안 그 차이가 점점 더 벌어져 왔는가? 그렇다면 당신의 마케팅 목표는 각 연령대별로 재조정되어야 할 것이다. 고객들이 점차 전체적으로 뒤섞이고 있는 현상에 대해서는 곰곰이 생각해 보았는가? 인구통계학이 내세우는 각 계층별 프로필과 연령대별의 차이가 점차 희미해져 가고 있다. 자연히 기업에서도 전통적인 위계질서가 사라지고 있다. 특정한 나이가 되었다고 해서 더 높은 직위나 연봉이 보장되던 시대는 이미 끝났다. 서구 기업들이 제조시설을 아시아로 옮기기 시작하면서 지식 기반 산업의 일시성과 불확실성 그리고 리스크가 특히 높아졌다. 이제 평생직장이라는 것은 옛말이 되었으며 그와 동시에 특정한 나이에 맞는 특정한 일자리라는 개념도 사라졌다. 그 사람의 나이와 직업만으로 그의 지갑 속에 도대체 얼마가 들었는지, 얼마를 버는지를 자신 있게 예측한다는 것이 점점 더 어려워지고 있는 것이다.

엎친 데 덮친 격으로, 이제 서구의 근로자들은 돈보다는 삶의 질을 높이는 쪽으로 점점 이동하고 있다. 그들이 중요하게 여기는 것은 추가 임금이나 회사의 지분이 아니라 특별 휴가, 탄력근무제, 업무 만족도가 보다 높은 일자리로의 이동근무 등이다. 이 모든 것들은 개인의 소비 패턴에 지대한 영향을 끼치지만, 전통적인 시장조사 방법으로는 알아낼 수 있는 것이 별로 없다.

기업들이 종업원들의 시간을 탐욕스럽게 빼앗으려 하는 것은 지금도 여전하다. 그러나 점점 더 많은 기업들이 인센티브를 휴가로 대신하고 있다. 또한 일하는 시간과 노는 시간과의 구분도 애매해지고 있는 추세이다. 다수의 지식산업 종사자들은 사무실 이외의 장소에서 일을 보는 시간이 많아졌으며 정해진 시간에 정해진 업무량만 채우면 큰 문제가 없는 시스템에서 일하고 있다.

이와 마찬가지로 서구에서는 이제 사회적인 이동이 아무렇지도 않게 받아들여지고 있는 터라, 나이와 상관없이 직업을 바꾸거나 새로운 일을 시작하는 사람들이 많아지고 있다. 이제는 젊은층의 개념이 40대까지 연장되었으며, 은퇴를 앞둔 시점에 이르러서도 젊은 감각과 태도를 유지하고 있다. 이는 기대수명이 더 길어진 까닭이기도 하겠지만 젊은이들이 주도하는 미디어산업의 영향도 무시할 수 없을 것이다. 그렇다고 해서 마케팅 캠페인이 어디에서든 젊은층에 맞춰져야 한다는 것은 아니다. 유럽은 결국 세계에서 최고로 노인이 많이 사는 곳이 될 것이다. 그리고 이 노인들이 점차 다양한 라이프스타일로 세분화되고 있다는 것을 유념해야 할 것이다.

• 표 6-1 **미국의 특정 연령대 예상 인구**

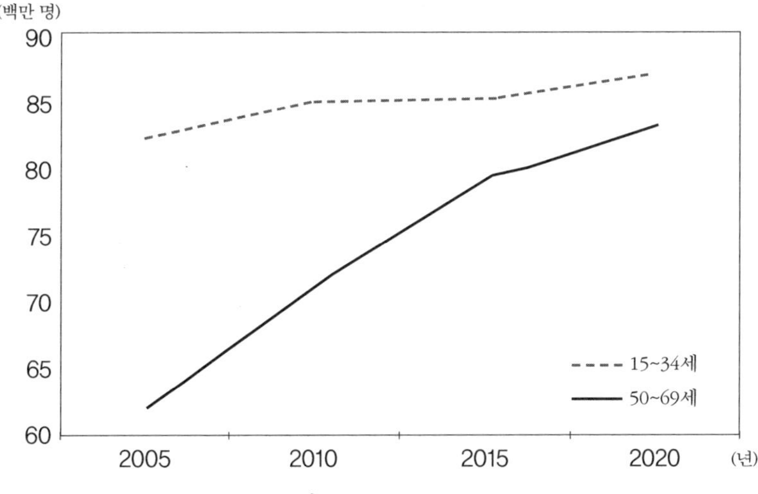

* 자료: After d.Strood, *The 50+ Market*, 2005, Kogan Page

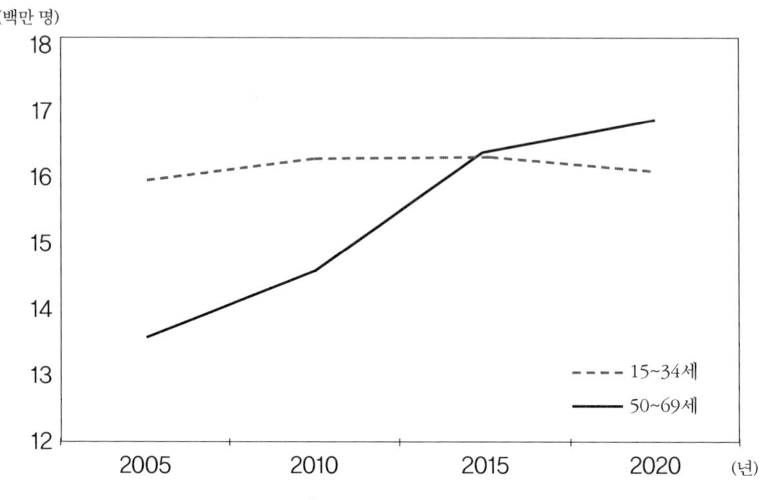

* 자료: After d.Strood, *The 50+ Market*, 2005, Kogan Page

예를 들어, 45세 이상을 생각해 보자. 과거에는 이들이 사회에서 안정지향적인 보수주의자 그룹을 이루었다. 그런데 이들이 이제는 자녀 세대와 마찬가지로 자신들의 개인적인 관심사를 다양한 방법으로 추구하고 있다. 소비주의를 신봉하며 자란 1세대인 이들은 직업적으로나 개인적으로 다른 것을 선택하는 데 거리낌이 없다. 정규 일자리를 그만두고 다시 학교에 등록한다거나 창업을 하는가 하면, 20년 이상 된 부부관계를 끝내고 재혼한다거나, 할아버지 할머니가 되는 나이에 새 배우자를 맞아 자신의 아이를 갖기도 한다. '오래 지속되지 않는' 관계는 이제 예외적인 현상이 아니라 매우 흔한 것이 되었다. 서로에게 헌신하는 관계는 개인적인 것이든 사회적인 것이든 중기(中期) 정도가 적당하다고들 생각하는 경향이다. 그러므로 45세 이상의 사람들 또한 나누자면 다음과 같이 여러 부류로 나눌 수 있다. '재혼하는 베이비부머들, 샌드위치 세대, 고령층을 보살피는 사람들, 피부양자가 없는 부유층, 대학생 자녀를 둔 재정적으로 쪼들리는 사람들, 과거와 마찬가지로 서로에게 헌신하는 장밋빛 커플들.'

기업의 관점에서 보았을 때, 나이든 싱글들의 수가 늘어나는 것은 그만큼 패션이나 미용제품 혹은 기타 라이프스타일 제품의 구매가 늘어나는 것을 의미한다. 아우디 자동차를 예로 든다면, TT 스포츠카 모델을 탔던 사람들은 이제 조금 실용적인 살롱 모델인 A4나 A6로 상승 이동할 것이라고 예측할 것이다. 그러나 실제로는 정반대 현상이 나타나고 있다. 옛 아내와 갈라선 중년 남성들이 그들이 타던 A4나 A6를 버리고 TT로 갈아타기 때문이다.

최고의 큰손은 여성들

비즈니스, 그것은 남자들의 세상. 그렇지 않은가? 아직도 많은 나라에서 나타나는 남녀 간 급여의 차이를 고려해서 그렇게 말한다면 용서받을 수 있다. 그러나 마케터의 시각에서 본다면 세계 경제는, 특히 서구에서는, 여성들에 의해 굴러가고 있다. 남녀차별금지법이 확실하게 실행되지 않고 있음에도 불구하고 1960년대 이후로 여성들의 구매력은 엄청나게 늘어났다. 가계금융의 지배권도 여전히 여성들이 장악하고 있는 듯하다. 오늘날 여성이 구매결정권을 가지고 있는 가구는 전체의 93퍼센트에 이르고 있으며 쇼핑을 주도하는 것도 70퍼센트가 여성이라는 조사결과가 나왔다.

게다가 여성들은 마케터들이 최근에야 주목하기 시작한 아주 독특한 마케팅 기법을 훨씬 이전부터 알고 있었는데 그것은 바로 네트워킹이다. 전통적인 고객 분류기법이 더 이상 먹혀들지 않는 시장 환경에서 이는 기업들에게 매우 중요한 기술이기도 하다. 평균적으로 남자들은 자신들의 구매경험을 단지 2.6명에게 전하는 것에 비해 여자들은 21명에게 전하는 것으로 나타났다. 왜일까? 여자들은 이웃에게, 친구에게, 가족에게 그리고 직장 동료들에게 자신이 알고 있는 바를 더욱 쉽고 효과적으로 전하기 때문이다. 만약 어떤 기업이 여성 고객에게 특별히 좋은 혹은 나쁜 경험을 선사했다면, 그 보답은 눈덩이가 되어 돌아올 것이다.

여성의 독립과 소득이 늘어남에 따라 여성들의 개인적인 취향도 최근 몇 년 사이에 급격하게 변화하였으며 이것은 그들의 소비 패턴에 반영되고 있다. 이와 관련해서 두 가지 큰 흐름을 주목할 필요가 있다. 하나는 싱글 혹은 혼자 사는 여성의 수가 늘어나고 있는 것인데, 이들의 소비 패턴은 싱글 남성과 엇비슷해지고 있다. 두 번째는 그 수가 점점 늘어나고 있는 '딩키족(자녀가 없는 맞벌이 부부)'들이다. 이들은 벌어들이는 거액의 수입을 미용제품을 사들이거나 집안의 가구를 교체한다거나 백색가전을 사들인다거나 하는 식으로 왕창 소비한다.

먼저 첫 번째 부류인 싱글 여성을 들여다보자. 이들은 주택 소유라는 형태를 통해 자산을 늘려가고 있다. 미국과 영국에서 생애 최초 주택구입 대출금을 신청하는 사람들 가운데 싱글 여성의 수가 점차 늘어나고 있다. 이 때문에 가구, 가전회사들이나 경비회사들은 여성 고객들의 마음을 사로잡을 수 있는 제품과 서비스를 제공하는 데 골몰하고 있다(싱글 여성들만이 아니라 남편과 같이 사는 경우에도 이미 주도권은 여성이 쥐고 있는 경우가 많다). 유행이 자주 바뀌는 소비자 제품의 포장이나 많은 가정 제품들이 여성의 취향을 더 많이 반영하고 있다. 싱글 여성이 대세임에도 불구하고, 아직은 가정이 있는 여성, 즉 남편과 자녀가 있는 여성의 쇼핑에 주안점을 두고 있다. 그러나 앞으로 소매상들은 보다 독립적인 싱글 직장여성들의 공격적인 쇼핑에 대비해야 할 것이다.

서구의 대도시들에서는 여성을 겨냥한 가게나 회사들이 모여 있는 것을 쉽게 볼 수 있다. 그 대표적인 것이 뷰티살롱이다. 싱글족들의 대부분은 대도시의 중심가로 모이는 것을 좋아하는데 최근 들어서는 여성만을 위한 상가가 형성되는 것이 유행이 되고 있다. 이는 마치 뉴욕이나 베를린 혹은 런던의 어떤 거리들이 남성 양복점만으로 형성되어 있는 것과 유사하다. 어쨌든 앞으로 여성들은, 그것이 자연적으로 나타난 것이든 기업이나 지자체의 교묘한 전략에 의한 것이든, 자신들만의 지리적인 집합체를 가지게 될 것이다. 특히 젊음의 지속과 관계 맺기에 대한 열망이 증가함에 따라 미용산업은 붐을 이루게 될 것이다. 보다 많은 여성들이 직업전선에 뛰어듦에 따라 이들에게 시간은 무엇보다 소중한 자산이 되고 있다. 시간에 쫓기는 이들은 여기저기 어슬렁거릴 시간이 없다. 신속하게 구매결정을 내리는 이들은 온라인 쇼핑의 강자로 등극하게 될 것이다.

여성 구매력의 증가를 몸소 경험한 기업들은 어떻게 해서든 자신들의 제품과 서비스를 여성의 취향에 맞추기 위해 노력하고 있다.

이 일을 보다 효과적으로 하기 위해 여성을 고용하기도 한다. 그럼에도 불구하고 여성 고객의 분류는 끝도 없이 이어진다. 싱글 여성들만 하더라도 대학을 갓 졸업한 20대 초반에서부터 이혼한 40대 여성, 그보다 나이 많은 사람들로 나누어진다. 서구에서 나타나고 있는 남녀 간 소비패턴의 일치 현상은 급여체계의 평등화를 반영한다기보다는 남녀라는 성이 가지는 정체성의 와해를 보여준다고 하겠다. 금요일 저녁, 북유럽의 대도시 밤거리를 걷다 보면 지난 시절의 젊은 남성들처럼 행동하는 30대 여성들을 쉽게 발견할 수 있다. 유념할 것은 30세가 넘은 사람들이 자신을 중년으로 보지 않는다는 사실이다. 전통적인 인생의 단계와 성 역할에 대한 개념의 와해는 심리적으로 광범위한 불안증을 야기하고 있는데, 이 때문에 음주나 마약 복용과 같은 사회적 부작용이 나타나기도 한다. 어떤 곳에서는 전통적인 소비습관이 사라지기도 한다. 최근의 조사에 따르면 91퍼센트의 여성들이 "광고인들은 우리를 이해하지 못한다"라고 대답했다고 했는데, 이것은 놀라운 일도 아니다.

어디에도 속하지 않은 'Me' 세대

서구인들은 전보다 더 풍요해지긴 했지만, 안정적인 삶의 기반은 보다 크게 흔들리고 있다. 평생직장이라든가, 장기간 지속되는 관계, 전통적인 가족의 형태나 가까운 이웃관계 같은 것들은 이제 찾아보기 어렵다. 과거에는 이런 네트워크가 우리에게 사회적인 안정감을 제공해 주었으며 소비 행태에도 큰 영향을 끼쳤다. 기술에 의존한 네트워크가 광범위하게 침투하기 이전에는 물리적인 근접성이 영향력과 비례하였으며 라이프스타일이 대체적으로 유사하였다. 소비 패턴도 마찬가지로 비슷했다. 그러나 오늘날, 서구사회를 지배하는 심리학은 모든 것의 '일시성'이다.

지식경제에서는 기업들도 불안을 느끼고, 직원들도 마찬가지이다. 잦은 구조조정과 인수합병 등으로 인해 대기업에 다니는 사람들은 장기적인 네트워크를 형성하지 못하고 있다. 자유시장에 기반한 자본주의나 세계화의 긍정적인 영향들조차도, 어떤 면에서는 불안감을 증폭시키는 역할을 한다. 다문화가 지배하는 도시들, 코스모폴리탄적인 지식경제 일자리, 넘쳐나는 기회들은 분명 큰 혜택이라고 할 수도 있지만, 사람들은 길을 잃고 헤매고 있다. IT기술에 의존한 정보통신기술의 지속적인 발달로 사람들은 주어진 자유를 맘껏 활용해야 한다는 강박관념에 시달리고 있다.

이런 환경 속에서 사람들은 자연스럽게 스스로에게 집착하게 되며 끊임없이 이런 질문을 던진다. "내가 지금 인생을 제대로 잘 살고 있는 것인가?" 이런 생각은 조기퇴직자를 양산하고 1인 가구를 늘리며 인간관계에 변화를 몰고 온다. 서로에게 헌신적인 커플들도 우선 개인을 생각하고 그 다음에 파트너를 생각한다고 한다. 현대인들은 소득의 점점 더 많은 부분을 자신의 정체성을 나타내는 것에 소비하고 있다.

여기에서 문제가 되는 것은 과시적인 소비보다는 오히려 과시적인 자기 드러냄이다. 우리가 의식하고 있든 안 하든, 우리 대부분은 이런 질문을 점점 더 많이 하고 있다. "나의 외모나 라이프스타일, 내 주위를 둘러싼 물건들을 가지고 어떻게 나를 드러낼 수 있을까?" 어떤 기업들은 마케팅을 통해 이런 질문에 대한 답을 제공해 줄 수 있다고 주장한다. 미용업계나 패션, 가구업체들은 우리에게 일종의 비전을 심어준다. 일요일에 TV를 보면 모든 광고들이 모발 제품으로 채워져 있는 것을 발견하게 된다. 왜일까? 이때쯤이면 토요일 밤에 외출을 했던 여자들이 자신의 외모에 대해 가장 불만족스럽게 여기게 되기 때문이다. 이런 종류의 마케팅은 '자기 회의'를 키우는 것인데 이 기법이 서구에서는 매우 효과적이다. 완벽한 외모를 가꾸기 위해 그 정도의 돈은 지금 당장 쓸 수 있기 때문이다.

모든 사람이 '이상적인 라이프스타일'을 추구하는 오늘날, 사람들은 점점 더 참을성이 없어지고 있다. 모든 것을 성취할 수 있다고 하루 종일 떠들어대는, 주로 젊은이들이 등장하는 미디어 때문이다. 그 결과, 우리들은 큰 결정도 서슴없이 내리게 된다(이번에 승진을 못하면 바로 다른 자리를 알아볼 테야!). '사는 건 지금, 지불은 나중에'라는 정신이 팽배한 결과, 사람들은 개인적으로 빚을 내는 것도 아무렇지도 않게 생각하게 되었다.

개인적인 면에서 보면 라이프스타일 구매를 통해 개성을 드러내는 것은 매우 쉽고도 자연스러운 일이 되어버렸다. 마치 그렇게 하지 않으면 개성이 부족한 사람인 것처럼 보이기까지 한다. 이것은 일치성을 거부하는 젊은이들의 문화가 연장된 탓도 있지만 소위 '셀러브러티(celebrity, 名士) 문화'의 등장과 깊은 연관성이 있다. 이런 셀러브러티 문화의 등장은 자본주의가 전통적인 신분제도를 완전히 사라지게 만들었다는 점을 드러내는 대표적인 예이다. 이제 자신을 특정 신분의 사람으로 인식하는 경우는 거의 없으며, 점점 더 많은 사람들은 직업조차도 개인의 신분을 결정하는 데 큰 영향력이 없다고 생각한다. 셀러브러티 문화의 확산 속에서 사람들은 공식적이든 사적이든 다른 사람들의 존경을 받기 위해 스스로 명사처럼 행동하려고 한다. 스스로를 차별화하기 위한 노력의 결과, 사람들은 점차 스스로에게 빠지게 된다. 여기에서 등장한 것이 '날 바라봐요' 문화이다.

"나는 진정 누구인가?", "나의 진짜 정체성을 어떻게 세울 수 있을까?"에 이어 현대인들이 고민하는 또 하나의 문제는 "어떻게 하면 마음의 평화를 얻을 수 있을까?"이다. 어떤 이들은 술이나 마약복용으로 해답을 찾으려 한다. 어떤 이들은 심리분석을 받거나 대체 요법에 의지한다. 도시풍의 생활 혹은 전원풍의 생활, 다운시프팅이냐 다운사이징이냐, 복고풍으로 살 것인가 아니면 현대풍으로 살 것인가를 두고 선택하기도 한다. 소비자들의 소비 패턴은 그 속을 점점 알 수 없게 되어가고, 기존의 마케팅 기법으로 대처할 수 있을지는 미지수이다. 분산화되어 가는 서구인들과 '소비 바이러스'를 경험하기 시작한 아시아인들에게 제품이나 서비스를 판매하고자 하는 기업들은 소비자들을 분류할 때 그들이 누구인가에 의거하기보다는 그들이 무엇이 되고자 하는가를 알아내야 할 것이다. 즉, '라이프스타일 종족'을 알아내고, 양성하고, 심지어 만들어 내는 법을 배워야 한다.

라이프스타일 종족이란 무엇인가

사람들이 아무리 자기중심적이 되어 간다고 하지만, 다른 사람들과의 관계 맺기를 통해서 우리의 정체성을 가질 수 있음을 간과해서는 안 된다. 이것이 바로 라이프스타일 종족의 핵심이다. 나이, 소득, 직업, 성별, 사는 곳과 관계없이 바로 관심사와 가치관을 공유하는 사람들과의 관계 말이다. 과거에는 대부분의 사람들이 자신들의 일생을 좌우하는 큼지막한 구조에 의해 정체성을 부여받았다. 바로 직업이었다. 혹시 라이프스타일 종족이라 할지라도 그것은 2차적인 범주에 속했다. 은행 매니저라면 그것이 먼저였고, 야구클럽이나 축구클럽은 그 다음이었다. 그런데 오늘날의 부유한 사람들은 라이프스타일 종족의 일원이라는 사실을 우선시한다. 그들이 어떤 직업을 가지고 있다면 그것은 단지 라이프스타일 종족의 멤버십을 유지하기 위한 돈이 필요해서이다.

라이프스타일 종족에 헌신적인 멤버를 알아보는 것은 쉬운 일이다. 그들은 행동이라든가 복장 혹은 쓰는 용어들에 특정한 코드를 사용한다. 어떤 이들은 브랜드에 집착하기도 한다. 이의 대표적인 예가 85만 명의 팬클럽을 가지고 있는 할리 데이비슨이다. 할리의 행사에 가 보면 대부분의 사람들이 비슷한 옷차림을 하고 온 것을 볼 수 있다. 다른 장소에서 그들을 만난다면, 그들은 학교 교사이거나 은행원, 의사 등등의 신분으로 행세한다. 1980년대 초반, 할리는 일본 경쟁사에 시장을 빼앗길 위험에 처했으나 그 이후, 20년 동안 기록적인 매출과 수익을 기록하였다. 극적인 반전의 계기를 마련한 것은 1983년

CEO로 취임한 리처드 티어링크였다. 그는 고위 관리들에게 1년에 10~15일 동안은 고객들과 함께 오토바이 타는 행사를 가질 것을 권고하였다. 이른바 '슈퍼-인게이지먼트'라고 하는 캠페인이었다. 당시만 해도 가장 충성스런 고객들조차도 할리 오토바이의 기계적인 결함과 낮은 품질 그리고 애프터서비스의 부재를 불평하였다. 그러나 새로운 캠페인 이후에 브랜드의 명성은 다시 회복되었으며 할리 데이비슨은 오토바이 이외에도 다양한 부속 제품과 서비스를 판매할 수 있게 되었다.

다른 라이프스타일 종족들은 대부분이 취미활동과 관련되어 있다. 그런데 실제로는 이보다 더 그럴듯한 무언가를 추구하고자 하는데, 가장 대표적인 예가 사회적인 가치를 공유하는 것이다. 예를 들어, 동물 보호주의자들은 자기 돈을 써가면서 채식주의와 유기농을 퍼뜨리는 데 열심이다. 육류 섭취를 거부하며 좋은 축산 농가를 홍보하며 대중교통을 위해 자가용을 몰지 않는다. 이것은 하나의 단순한 예이지만 그에 상응하는 소비 패턴을 예측하는 것은 그리 어려운 일은 아니다. 그런데 문제가 그렇게 단순하지만은 않다. 예를 들어, 석유 선물 거래업자가 있는데 사회운동을 하는 여자친구의 마음에 들기 위해 채식주의자가 되고 자신이 몰던 포르쉐를 팔아치웠다고 하자. 여자친구와 만약에 헤어지게 된다면 그는 다시 고기를 먹고 석유를 먹는 자동차를 몰고 다닐 것이다.

또 다른 라이프스타일 종족은 스포츠팀과 맺어져 있다. 바르셀로나, 레알 마드리드, 맨체스터 유나이티드와 같이 세계적으로 강력한 브랜드 팀은 자기들만의 라이프스타일 종족을 거느리고 있다. 성해방과 관련된 라이프스타일 종족은 예를 들어, 게이들만이 모이는 구역에서 찾아볼 수 있다. 음식이나 포도주 등과 같은 평범한 즐거움을 주제로 뭉치는 사람들도 있다. 세계 각국을 여행하는 사람들이 늘어나면서 이국적인 취향이 우리 식탁을 곧잘 차지하게 되었는데 이를 반영하듯 슈퍼마켓에서도 외국식품 진열대가 생기는가 하면 TV에서는 외국 요리 만드는 법을 연일 가르쳐 주고 있다. 요리에 흠뻑 빠진 사람들을 위한 주방식기와 조미료들은 매우 비싼데도 불구하고 수요가 늘어나고 있다. 이런 부류들은 비싼 돈을 내고 최고 요리사 강의코스에 등록하는가 하면 보다 많은 체험을 하고 요리의 영감을 얻기 위해 외국 여행도 불사한다.

한편으로, 예전에는 매우 강력했던 라이프스타일 종족들이 자취를 감추는 모습이 도처에서 보이고 있다. 예를 들어, 정당들은 새로운 당원을 모으는 데 애를 먹고 있는데 이는 각 정당이 추구하는 가치들이 서로 간에 별 차이가 없다고 느끼기 때문이다. 이와 마찬가지로 영국 상류층이나 미국의 대도시 일류 멋쟁이들만이 누렸던 클럽문화도 쇠퇴의 기미를 보이고 있으며 이 자리를 '신흥 부자' 들이 차지하고 있다. 과거에는 사냥이나 폴로 등의 경기를 즐기는 사람들은 기본적으로 영지를 소유하고 있었다. 자기 소유의 땅이 없는 사람들은 그런 값비싼 스포츠를 즐길 엄두를 못 냈다. 하지만 오늘날과 같이 사회적인 이동이 심한 시대에는 그런 독점적인 지위를 드러내는 것이 쉽지 않다. 드러낸다 해도 별 주목을 끌지 못한다. 라이프스타일 종족은 이미 그런 경계를 넘어서버렸기 때문이다. 팝스타인 마돈나를 보자. 영국 전원의 영지를 가지고 있는 그녀는 무대에서 노래 부를 때 섹시한

팝가수 이미지와 영주로서 이미지를 절묘하게 섞어 놓는다. 과거에는, 1980년대 뉴욕의 '여피'들이 그랬듯이 혹은 1990년대 실리콘 밸리의 '괴짜'들이 그랬듯이, 라이프스타일 종족들이 돈이 흘러나오는 곳을 중심으로 모여들었다. 그러나 통신과 네트워크 기술의 발달은 이제 아무 비용을 들이지 않고도 서로가 원하는 사람들을 쉽게 만날 수 있도록 도와주고 있다. 인터넷 세상의 '마이스페이스'가 그 대표적인 예이다.

인터넷을 이용하여 기업들이 특별한 취향을 가진 고객들을 모을 수 있는 것처럼, 개인들도 이제 취향이 비슷한 사람들을 찾아내는 것이 별로 어렵지 않게 되었다. 앞으로 네트워크 기술을 잘 활용하여 기존 고객들 가운데 라이프스타일 종족들의 요구를 충족시켜 주는 기업들이 성공하게 될 것이다. 자신들의 제품이나 서비스를 원하는 특정 라이프스타일 종족을 찾아내거나, 아니면 자신들의 브랜드를 중심으로 새로운 라이프스타일 종족을 만들어 내는 일이 더욱 중요해질 것이다. 개발도상국들을 포함하여 세계적으로, 구매력을 갖춘 소비자들은 인터넷을 통해 자신의 라이프스타일에 맞는 최신 트렌드를 접하게 될 것이다.

2005년 7월, 루퍼트 머독의 뉴스 콥(News Corp)은 마이스페이스 닷컴(Myspace.com)이라는 네트워킹 웹사이트를 가지고 있는 인터닉스 미디어(Internix Media)를 5억 8천만 달러를 주고 인수하였다. 그렇게 높은 가격을 주고 인수한 배경에는 매일 마이스페이스에 접속하는 사람들의 수가 영어권 웹사이트 가운데 다섯 번째로 많다는 사실이 있었다. 게다가 정식 등록된 1천만 명의 회원들은 자신의 개인 홈

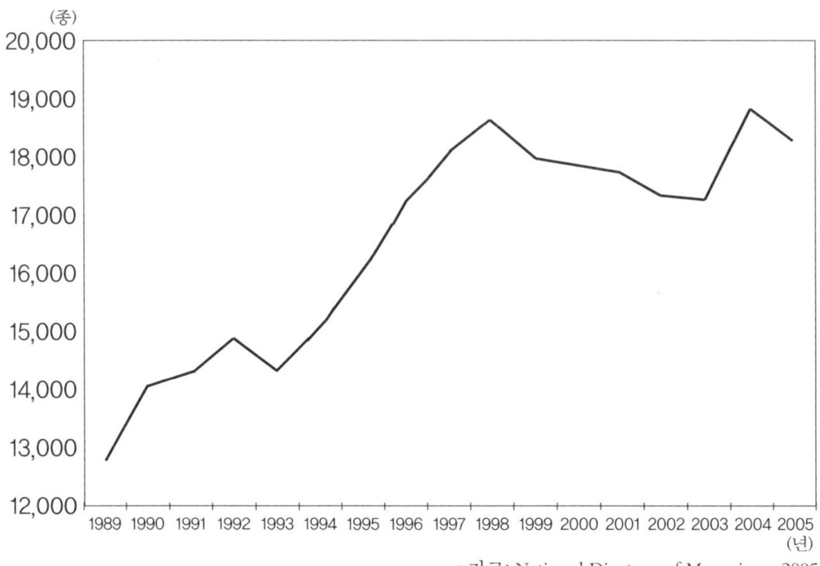

페이지를 업데이트하기 위해 정기적으로 그 사이트를 방문하고 있는데, 그 홈페이지에는 개인적으로 좋아하는 것에 대한 리스트를 비롯하여 음악이나 사진 등을 올려놓는다. 이 홈페이지는 또한 '친구' 홈페이지와 링크되어 있다. 즉, 마이스페이스닷컴은 라이프스타일 종족들이 자동적으로 어울리는 공간인 것이다.

라이프스타일 종족들을 모니터하는 기업들은 또한 변화의 낌새를 빨리 알아차리는 것이 중요하다. 오늘날의 소비자들은 수시로 라이프스타일 종족을 바꿔치기하며, 때로는 두세 개에 몸을 담고 있기도 하다. 신용카드로 결재하기 전에 몇 벌의 옷을 입어보는 것과 마찬가지이다. 이렇게 선택의 폭이 많은 세상인데 그들을 탓할 수는 없는

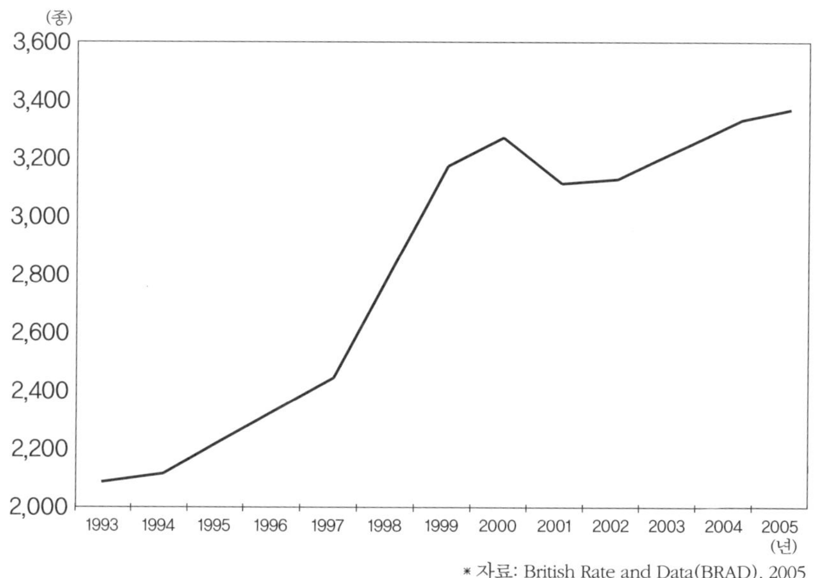

노릇이다. 잡지 가판대를 슬쩍 둘러보기만 해도 수백 종의 잡지들이 낚시에서부터 정원 가꾸기, 비디오 게임에 이르기까지 라이프스타일 종족들을 유혹하고 있다. 최근 들어 소비자 잡지의 수는 가히 폭발적으로 늘어났는데 이는 유사한 취미와 관심사를 가지고 있는 라이프스타일 종족들을 만들어 내어 광고 수입을 올리고자 하는 것이 목적이다. 이런 잡지들에 힘입어 이제는 정원용 가구 판매업자나 화분 판매상들도 광고를 할 수 있게 되었다.

특히 요즘 들어 눈에 띄는 현상은 집 가꾸기가 라이프스타일 종족과 관련한 구매 패턴의 주류로 떠올랐다는 것이다. 과거 200년 동안 우리의 집이라는 것은 살림을 하고 자녀를 키우는 공간에서 쉬고

즐기는 공간으로 변해 왔다. 어느 정도 물질적인 편의가 갖춰지고 나자, 집주인들은 집의 구조와 가구를 통해 사회적인 지위를 상징하고자 하는 욕구를 드러냈다. 즉, 과거에는 부자들과 권력자들만이 누릴 수 있었던 사회적인 관습을 자신의 집에 재현하고자 했던 것이다. 오늘날 중산층들이 사는 주택의 대표적인 특징은 언제든지 집을 사무실로 개조할 수 있도록 광대역 인터넷 통신망과 조립과 해체가 가능한 가구들로 채워져 있다는 것이다.

물론 가난하거나 교육을 받지 못했거나 현대적인 기술에 익숙하지 못한 사람들에게는 라이프스타일 종족의 시대라는 것이 더욱 멀게만 느껴질 것이다. 실업상태이거나 가족이 해체된 경우, 만성적인 병에 시달리거나 빈민가에서 혼자 사는 사람들의 경우에는 온라인으로 다른 사람과 접속하여 친구를 사귄다는 것이 매우 어렵다. 이런 사람들은 마케터들에게도 소외의 대상이다. 그러나 인터넷의 긍정적인 면을 잘 활용한다면 이들에게도 사회적인 소속감을 부여할 수 있을 뿐만 아니라 가능하면 일터로 불러낼 수도 있다. 중앙 및 지방 정부들은 기술의 혜택을 받지 못하는 사람들을 위한 가교 역할을 하고 사회 양극화 현상을 해소해 줄 수 있는 기업들을 찾기 위해 노력하고 있다.

새로운 시장을 형성하는 소수민족들

라이프스타일 종족의 특징 가운데 하나는 인종이나 특정 민족에 뿌리를 두고 있지 않다는 것이다. 그런데 서구의 많은 기업들은 최근 몇 년 사이에 특정 소수민족들이 특정 상품과 서비스 맞춤 시장을 형성하고 있다는 것을 알게 되었다. 이민자가 늘어나면서 이런 현상은 더욱 증폭되고 있다. 서구 국가들이 문화적으로 더욱 다양화되어 가면서 자기들만의 독특한 라이프스타일과 출신지의 문화를 반영한 제품 및 서비스를 찾는 이민자들이 늘어나고 있으며, 유럽인들은 슈퍼마켓 진열대를 채우고 있는 이국적인 식품에 자연스럽게 친숙해지고 있다.

이들을 겨냥하는 기업들의 고충은 이들이 대도시 주변에 광범위하게 흩어져서 살고 있다는 것이었다. 과거에는 이들을 하나로 묶을 수 있는 것이 특수 출판물이나 라디오 혹은 TV 채널 등의 전문 미디어였다. 그러나 이제 통신과 인터넷의 발달 그리고 린 제조기법 덕분에 이 중요한 시장을 하나로 통합하는 것이 가능하게 되었다. 또한 이들 소수민족들의 구매력 또한 증가하는 추세이다. 영국의 바클레이즈 은행 조사에 따르면 흑인 및 기타 인종들의 창업은 최근 들어 기록적인 증가를 보였다. 이는 소수민족들 사이에 창업이 붐을 이루고 있는 미국에서도 마찬가지이다. 미국 인구조사국에 따르면 소수민족들이 소유하고 있는 회사의 수가 3백만 개가 넘는다고 한다. 미국계 회사들이 7퍼센트 늘어난 반면에 히스패닉과 아시아계 회사들은 30퍼센트가 늘었고 아프리칸 아메리칸이 소유한 회사의 수는 25퍼센트가 늘어났다.

다른 라이프스타일 부족들과 마찬가지로 이들도 구매 경험에 대한 긍정적인 혹은 부정적인 소식들을 입소문으로 매우 빨리 전한다. 이들은 물론 자신들의 기분을 알아주고 잘 소통하는 기업들에게 호의적인 반응을 보일 것이다. 현재 홈그라운드에서 소수 민족들을 대상으로 마케팅하고 있는 서구 기업들에게는 이것이 매우 중요한 요소들이다. 이들 소수 민족의 고국 기업들이 이들을 겨냥하여 서구로 몰려들고 있기 때문이다. 특히 인도와 중국 기업들은 막대한 자금력을 바탕으로 적극적인 공략을 펼치고 있다. 상품과 정보의 이동은 인도에서 영국으로 오는 것이나 같은 영국에서 오고가는 것이나 별 차이가 없어지고 있는 것이 현실이다.

라이프스타일 종족을 사로잡는 마케팅

라이프스타일 종족들이 매우 특화된 취향과 요구사항을 가지고 있음을 감안한다면, 분명 중소기업들이 전략적으로 좋은 위치에 있다고 볼 수 있다. 거대기업들의 마인드 세트와 문화 전략은 이런 요구에 재빠르게 부응하기에는 그리 탄력적이지 않다. 기업들은 필요하다면 내부에 별도의 부서나 자회사를 두어 다양한 틈새시장을 공략할 수 있을 것이다. 여기에서 중요한 것은 고객 데이터를 모으고, 찾아내고 분석하는 올바른 절차를 세우는 일이다. 이 과정을 통해 마케팅 부서에서는 고객들이 요구하는 제품과 서비스가 무엇인지를 알아낼 수 있는 것이다.

다양한 상품군을 취급하는 대부분의 회사들에서는 이미 이런 식으로 고객 데이터를 이용하고 있다. 대표적으로는 로열티 카드 제도를 도입한 미국의 월마트와 영국의 테스코를 들 수 있다. 고객의 보다 효과적인 구매를 돕기 위해 도입된 이 제도는 또한 고객들에게 어울리는 제품의 구매를 유도하는 데도 이용되고 있다. 예를 들어 타깃 고객에게 특별한 상품 제안을 한다거나 진열대에 놓여 있는 상품의 구성을 바꿈으로써 때로는 충동구매를 유도한다. 앞으로는 거대 도매상들이나 회사들이 서로 연합하여 보다 진화된 모습의 라이프스타일 종족들을 대상으로 장소를 옮겨 가면서, 혹은 이 상품에서 저 상품으로 고객을 이동시키는 현상이 나타날 수도 있다. 고객의 구매욕을 최대한 자극하기 위한 이런 움직임은 이미 세인즈베리와 BP, 아메리칸 익스프레스가 연합하여 구성한 영국 내 컨소시엄인 넥타(Nectar)를 출범시킨 배경이 되었다. 여기에 하나 더 추가될 것은 이동통신 서비스 업체이다. 왜냐하면 넥타는 고객이 매 순간마다 어떤 구매 선택을 하는지를 하나도 놓치지 않고 알고 싶어 하기 때문이다. 사회운동가들은 이런 식의 검색에 반대할지도 모르지만 이런 접근방식을 통해 특정 라이프스타일 종족을 겨냥한 상품과 서비스의 값이 더욱 저렴해질 수 있음을 부인하긴 어렵다.

상황이 이런데도 불구하고 대부분의 기업들은 여전히 고객을 나이와 소득, 직업 및 성별에 따라 분류하고 있다. 왜냐하면 영업인들이 사용하는 고객카드가 아직도 여전히 이런 카테고리로 인쇄되어 있기 때문이다. 이제는 고객에 대한 보다 다양한 정보를 얻는 것이 가능해졌으며 정보통신 기술의 발달로 보다 자세한 양질의 정보를 얻을 수 있게 되었다. 무선 통신기기의 발달과 구매 시스템과의 통합으로 이제 고객들은 우편 주소보다는 IP 주소로 분류되고 있다. 그러나 틈새시장의 정보는 거저 구할 수 있는 것이 아니다. 라이프스타일 종족을 찾아내고 그것을 이용하기 위해서는 인구통계학적이고 양적인 조사

방법보다는 인류학적이면서 질적인 조사방법이 필요하다. 그보다 더 중요한 것은 고객 데이터를 수집하는 데 있어서 직관적이고 감성적인 기법이 가미되어야 한다는 것이다. 이를 위해 할리 데이비슨의 CEO 테리 티어링크는 신사 정장을 벗어던졌다. 대신 가죽 재킷을 입고서 할리 오토바이를 타고 사무실 건물을 빠져나와 팬들을 만나러 갔다. 이와 같이 고객 마케팅 데이터를 기업의 전략적인 정보로 바꾸기 위해서는 뭔가 특별한 것이 있어야 한다. 그것은 컴퓨터의 소프트웨어가 해 낼 수 있는 몫은 아니다.

결국 기업들은 마케팅하는 데 있어서 상상력을 더 많이 발휘해야 하며 보다 특수한 방법들을 고안해 내야 한다. 매일 똑같은 소리만 반복하는 광고에서 벗어나려 하고, 새로운 정체성을 찾아 리사이클링에 대거 참여하고, 부적절하다고 판단되는 브랜드는 과감히 거부하는 고객들을 대상으로 언제까지 계란을 한 바구니에 담는 글로벌 광고 캠페인을 계속할 것인가? 소위 글로벌 브랜드라고 하는 것들은 보다 지역화되거나 특정 라이프스타일 종족들에게 어필하는 브랜드보다 그 중요도가 점점 줄어들고 있다. 이런 움직임은 향후 코카콜라, 맥도날드, 펩시와 같은 거대 기업들에게 큰 도전이 될 것이다.

라이프스타일 종족 시대에도 성장 곡선을 유지하기 위해서 기업들은 독립적으로 운영되는 하위 브랜드를 만들거나 기업 내 부서를 신설해야 할 것이다. 이것이 여의치 않다면 지역적 특색이 강한 특화된 브랜드를 가지고 있는 소기업을 인수하는 것도 생각해 볼 수 있다. 이것은 시간을 절약하는 방법이긴 하지만 기업의 기본 노선과 맞지 않거나 유행에 영합한다는 비난을 들을 수 있기 때문에 세심한 관리가 필요하다. 영국의 샌드위치 체인인 프렛어매니저의 지분을 인수한 맥도날드도 최근 이런 비난을 감수해야 했다. 거기에서 파는 샌드위치는 다음과 같은 문구를 달고 있다. "공장에서 만들지 않음, 재고상품 아님, 가게에서 직접 만듦, 유효기간 없음, 화학첨가제 없음." 최근 바디샵을 인수한 로레알도 이와 같은 풍파를 겪었다.

서구의 소비자들은 특히 거대 기업이나, 거대 중앙정부 그리고 미디어에 대한 불신이 높다. 결코 이행되지 않는 브랜드의 거창한 약속들에 신물이 난 소비자들은 이제 웬만한 광고 메시지에는 끄떡도 하지 않는다. 지식산업 종사자들일수록 그 정도가 심하다. 사정이 이렇다 보니, 진짜 좋은 상품을 가지고 있는 기업들은 기존의 광고방법으로는 소비자에게 다가갈 방법이 없다. 그런 허풍은 이제 아무도 믿지 않기 때문이다. 이 때문에 이제 기업들은 TV 광고에 의존하기보다는 제휴를 맺거나 드라마 혹은 영화에 협찬광고를 하는 쪽으로 기울고 있다. 반대로 몸집이 작은 기업들은 개인적인 관심을 끌어내는 데 있어서 보다 유리한 입장에 있다. 거대 기업들이 처한 난제는 월등한 규모의 경제를 유지하면서 동시에 뛰어난 품질을 유지할 수 있는가이다.

변덕스런 소비자들은 언제든지 자신이 속한 라이프스타일 종족을 바꿀 수도 있기 때문에 그 추이를 추적하는 것 또한 골치 아픈 일이다. 기업들은 라이프스타일 종족 간의 집합 부분을 눈여겨보아야 하며 때로는 컨소시엄을 결성하여 이들을 유인할 수 있는 새로운 방식을 도모해야 할 것이다. 이 모든 것을 더욱 효과적으로 실행하기 위해 탄생한 것이 바로 CRM(고객관계관리)이라고 할 수 있다.

CRM을 넘어 CMR의 시대로

CRM은 고객들에게 한결같은 경험과 서비스를 약속한다. 서비스센터에 전화를 하든, 영업사원을 만나든, 가게에서 물건을 산 고객들은 똑같은 서비스를 받아야 한다. CRM은 고객 정보를 조직 내에서 수평 이동시킨다. 과거와 같이 보고선상에 따라 상하로 움직이는 것이 아니다. 고객들의 과거의 구매 패턴에 대한 프로필을 만들어 놓아 기업은 이를 바탕으로 고객 분류를 할 수도 있다.

그러나 소비자들이 보다 역동적으로 움직임에 따라 CRM의 데이터 처리도 그에 따라 움직여야만 한다. 실제로 CRM은 1900년대 초반 경제지를 화려하게 장식한 것만큼의 기대된 효과를 거두지는 못했다. 비즈니스 절차를 통합하여 간소화하는 데는 성공했을지 몰라도 여전히 위계질서가 버티고 있는 기업의 성과를 효과적으로 올려주지는 못했다. 또한 기업들이 수많은 업무단위와 서비스센터, 해외 사업부로 쪼개지다 보니 후방업무의 복잡성은 별로 개선되지 못하였다.

CRM은 거대한 고객 데이터를 효과적으로 처리하는 데는 도움이 되었지만 그것만으로 고객관의 관계가 개선된 것은 아니었다. 오히려 장기적으로 보자면 역효과를 만들어 낼 수도 있다.

무엇보다 CRM으로 모아진 정보의 대부분은 과거의 구매 기록들이다. 그것만으로는 변하기 쉽고 체험성이 강한 현대 소비자들의 구매 패턴을 따라잡기 힘들며 앞으로 그들이 무엇을 구매할지를 예측하기 어렵다. 즉, 현재의 소비에 지나치게 초점을 맞춤에 따라 소비자들의 미래 욕구는 미처 들여다보지 못하는 것이다.

소매 부문에서 CRM이 지닌 또 하나의 약점은 소비자가 직접 매장에 와서 구입한 제품에 대한 정보에만 의존한다는 것이다. 그러므로 우리들은 소비자가 무엇을 왜 사지 않기로 결심했는지에 대해서는 아무것도 모르게 된다. 어쩌면 그것이 쓸데없는 재고를 줄여주는 매우 소중한 정보가 될 수 있는데도 말이다. 고객이 어떤 상품을 사지 않았다면, 그것이 품질이 나쁘기 때문인가 아니면 그저 진열대에 없었기 때문인가? 이렇듯 질문의 빈칸을 채우는 일이 더욱더 중요해지고 있다.

앞으로 CRM이 지속적으로 효과를 보기 위해서는 무엇보다 기술적인 의존도를 줄여야 한다. 정보는 보다 인간적인 접촉에 의해서 얻는 것이 좋다. 매장 매니저들이나 간부급 임원들은 직접 매장을 찾아가 보는 것만으로 이런 정보를 얻을 수 있다. 고객들이나 직원들과 정기적인 대화를 나눠보는 것도 좋다. 결국은 인간의 인지능력과 상상력이 합쳐져야만 한다. 정보기술이 아무리 발달한다 해도 인간의 이 비범한 능력은 따라오지 못한다.

이에 더해서, CRM에 근거한 고객 분석은 사람들이 소비를 통해 열망하는 것이 무엇인가를 알아내는 데 더 치중해야 할 것이다. 예를 들어 어떤 사람이 매우 검소한 생활을 하고 있음에도 불구하고 어떤 부분에서는 과도할 정도의 소비를 한다면 그것은 분명 라이프스타일 종족과 관계가 있다는 것을 말해 줄 수 있어야 한다. 이에 따라 시장 조사의 초점은 사람들의 보다 다양한 삶을 반영하기 위한 모자이크 기법으로 옮겨가고 있다.

마지막으로 CRM은 프라이버시 침해자라는 오명을 씻어야만 한다. 소비자들은 이제 기업들에게 자신의 개인 신상을 알려주는 데 신물이 나 있다. 그들은 CRM이라는 것을 불필요하며 불편한 것으로 여기고 있으며, 특히 고객 정보가 다른 회사들에 팔리거나 신제품을 홍보하기 위해 여기저기 넘겨지는 것을 알게 되면 특히 그런 생각이 더 해진다. 고객들은 기업과의 관계를 자신들이 주도하고 싶어 하지, 기업에 의해 끌려가고 싶어 하지 않는다. 그들이 원하는 것은 CRM이 아니라 CMR(Customer Managed Relations), 즉 고객이 관리하는 관계인 것이다. 과거에는 물건을 살 때, 가게를 지나가다가 맘에 드는 물건을 보면 가게 안에 들어가서 물건 파는 사람과 흥정을 하는 식이었다. 고객인 우리가 주도권을 가지고 있었다. 그런데 CRM에서는 고객들이 수동적인 존재가 되고 기업 마케팅과 판매 전략의 도구가 되어 버린다. 그러나 CMR에서는 관계의 역전이 일어난다. 이제 소비자들은 예전의 위치로 돌아가게 되었다.

소비자에게 관계의 주권을 돌려줬다고 해서 다시 브랜드에 대한 충성심을 보장받을 수 있는 것은 아니다. 인터넷에 익숙한 소비자들은 보다 복잡해지고 있으며 온라인과 오프라인 매장을 번갈아 돌아다니면서 가격과 제품의 질을 비교한다. 그들은 자신들이 선호하는 공급자의 데이터베이스를 만들어 놓고 서로 경쟁을 시키기도 한다. 이 고객들을 내편으로 끌어들이기 위해서는 비즈니스적인 접근보다는 보다 인간적이고 감성적인 접근법이 필요하다.

마음으로 구매하는 소비자들

이제 소비자들은 그들이 구매하는 제품이나 서비스가 그들의 일상적인 욕구를 만족시켜 줄 것이라고 믿어 의심치 않는다. 예를 들어 자동차나 가전제품을 구입했다면 그것이 고장 나지 않을 것이라고 믿는다. 식품을 구입했다면 그것이 위생적으로 처리되었고 그들이 바라는 맛을 낼 것이라고 생각한다. 돈을 내고 받는 서비스는 믿을 만한 것이라고 여긴다. 따라서 이제 물질적인 혜택만을 강조하는 마케팅에는 별로 귀를 기울이지 않게 되었다. 이제 이들이 바라는 것은 보다 독특한 체험, 개인적인 정체성을 높여 줄 수 있는 것, 라이프스타일 종족의 유대감을 더욱 높여 줄 수 있는 보이지 않는 품질이다. 한 마디로 그들은 놀라움을 원한다. 이제 모든 것을 경험하고 구매한 과잉 소비의 세상에서 정말로 어려운 과제가 아닐 수 없다.

스릴을 경험하고자 하는 사람들의 수는 점점 많아지고 있다. 등반이나 급류 래프팅, 번지점핑과 같은 익스트림 스포츠가 큰 인기를 끌고 있는 이유이다. 이런 것들이 젊은이들의 전유물이라고 생각한다면 오산이다. 중년 남녀들 사이에서도 급속하게 이런 트렌드가 파고들고 있다. 재정적인 관점에서 본다면 그 나이가 되어서도 아직 독신이거나 혹은 부양가족이 없는 경우가 많다는 사실이 이런 트렌드 확산의 배경이 되고 있다. 이들의 가처분소득은 그 액수가 매우 높다. 과거에는 무언가를 살 때, 젊은이는 마음으로 사고 늙은 사람은 머리로 산다는 말이 있는데, 이것 또한 틀린 말이 되어 가고 있다.

소비에 무감각해진 현대인들은 살아 있다는 것을 확 느끼게 해

주는 뭔가에 기꺼이 돈을 지불하려는 경향이 있다. 따라서 기본적인 기능만을 충족시켜 주는 데서 더 나아가 감성적인 반응을 끄집어 낼 수 있는 제품이나 서비스가 인기를 끌고 있다. 애플사의 매킨토시 컴퓨터를 예로 들어보자. 애플을 가졌다는 흥분감은 컴퓨터를 켰을 때 나는 소리 이전에 박스를 열 때부터 이미 시작된다. 포장에서부터 부속품의 디자인 하나하나, 모두 기능과 디자인을 결합시킨 애플사의 명성을 확인시켜 준다. 애플 라이프스타일 종족은 이 기쁨을 누리기 위해 시간과 노력, 돈을 조금 더 쓰는 것을 개의치 않는다. 애플은 자사의 고객들이 이 특별한 라이프스타일 종족의 일원이라는 것에 큰 자부심을 가지고 있음을 잘 알고 있다. 그래서 아직도 컴퓨터마다 애플사의 로고가 큼지막하게 찍힌 스티커를 같이 내보내고 있다.

당신의 고객들도 당신 회사의 로고를 자랑스럽게 달고 다니는가? 그것을 자기 책상 위에 붙여놓고 기분 좋게 바라보는가? 아마도 아닐 것이다. 애플이 매우 성공적인 라이프스타일 종족을 가지고 있는 몇 안 되는 회사 가운데 하나라는 사실과는 별도로 전반적인 '브랜드 신뢰도' 는 감소하고 있는 게 현실이다. 과거에는 브랜드 충성도와 나이 간에 상관관계가 있었다. 나이가 들수록 덜 체험적이 된다거나, 예전부터 알았던 브랜드에 더욱 집착한다거나, 자동차나 은행계좌와 같이 바꾸기 힘든 제품이나 서비스는 특히 고정시키는 것 등이다. 하지만 지금은 많이 달라졌다. 아주 최고령층만 제외하고는 현대인들은 모두 전 생애에 걸쳐 소비주의를 경험한 사람들이기 때문에 지금은 모든 연령대들이 체험을 두려워하지 않으며 더 좋은 것을 얻기 위해 여기저기 돌아다니는 것을 두려워하지 않는다. 한편으로는 브랜드를 배척하는 사람들도 나오고 있다. 이들은 브랜드를 전혀 믿지 않으며 오로지 물건의 가격과 품질만을 보고 구매한다. 이들 해방된 소비자들은 대부분 교육수준이 높으며 당연히 가격비교 웹사이트를 자주 사용한다.

이 중간쯤에 있는 사람들을 '브랜드 버터플라이' 라고 일컬을 수 있다. 나비의 날갯짓과 같이 이들의 브랜드 충성도는 일시적이며 언제든지 다른 것을 구매할 준비가 되어 있다. 이들의 영향력은 기존의 독점을 깨기 위해 고객의 변덕을 활용하는 산업에서 주로 느낄 수 있다. 예를 들어 스칸디나비아 국가들에서는 광대역 인터넷통신 제공자를 수시로 바꿀 수 있다. 즉, 서비스 의무유지 기간이라는 것이 없다. 영국에서 최근 가장 성공한 인터넷 서비스 제공업체인 젠 인터넷도 '최단 사용 의무기간' 이라는 것을 없앰으로써 성공할 수 있었다. 젠의 인터넷 서비스를 받기로 계약한 고객은 1달이 지난 후 얼마든지 해약하고 다른 업체를 이용할 수 있다.

앞으로 기업들은 이 브랜드 버터플라이들에게 주목할 필요가 있다. 이들에 대한 정보를 모으고 관리하고 해석하는 것은 보다 더 복잡할 것이다. 지금 존재하는 그리고 잠재적인 고객들의 심리적인 그리고 감성적인 데이터를 모으고 분석하기 위해서는 끊임없는 상상력이 요구된다. 마케팅 부서는 브랜드를 단순히 알리는 데 애쓰기보다는 브랜드의 명성을 높이는 데 힘써야 할 것이다. 브랜드의 녕성이 보다 중요한 이유는 라이프스타일 종족들에 다가가기 위해서는 그들의 감성을 자극할 수 있는 특정한 가치를 내세워야 하기 때문이다.

1. 다음 용어들을 알고 있는가?

- **Hopeful**: hard-up older person expecting full, useful life

  (충만하고 보람된 삶을 바라지만 돈에 쪼들리는 노인)
- **Oink**: one income, no kids (외벌이에 자녀 없음)
- **Rubbie**: rich, urban biker (도시에 사는 부유한 바이커)
- **Scum**: self-centered urban male (이기적인 도시 남자)
- **Sink**: single, independent, no kids (독립생활을 하는 독신, 자녀 없음)
- **Sitcom**: single income, two kids, outrageous mortgage

  (외벌이, 자녀 둘, 과도한 주택대출금에 허리가 휨)

7

경제에 영향을 끼치게 될 정치적인 변화

- 비즈니스 기회의 증가 및 고위험 환경
- 인도 및 중국에서 기승을 떨치는 기업사기
- 테러 위협의 증가
- 미국의 '국가 브랜드' 쇠퇴
- 기업의 사회적 책임 증가

지속적인 성장 추구로 서구 기업들은 점점 더 위험한 상황에 빠지고 있다. 얼마 전까지만 해도 해외 지사들은 비교적 시장경제가 안정적이고 관련 법규가 잘 갖춰진 곳에 세워졌다. 그러나 오늘날에는 경쟁적 우위를 차지하는 것은 물론 생존을 위해서도 수많은 외국 기업들과 제휴관계를 맺어 경제 집합체를 세워야 하는데, 관련 기업법이라든가 상거래법 혹은 저작권법이 미비한 나라들에서 일해야 하는 경우가 많다.

이런 상황에서 어떻게 지적 재산권과 고객 데이터를 보호할 수 있을까? 현재로서는 딱히 해결책이 없다. 인도와 중국의 지적재산권 관련 법률은 매우 미비한 상황이고 또한 국가 기록 시스템이 부실하여 직원 채용 시 신원조회를 하기도 어려운 형편이다. 서구에서 일하는 소프트웨어 개발자가 중국이나 인도의 교육받은 인력을 활용하여 코딩을 맡기려고 한다면, 당장에 소프트웨어 해적행위가 문제로 떠오른다. 인도와 중국 정부도 이 문제를 모르는 것은 아니며 외국인 직접 투자의 잠재적인 역작용을 알고 있다. 결국 이 나라들에서, 혹은 법제가 약한 아시아 국가에서 사업하는 서구 회사들은 이에 따른 위험관리 정책이나 전략을 스스로 세워 나가야 할 것이다.

인도나 중국인들의 직장 성실도가 서구인에 비해 떨어진다는 것은 아니다. 다만 그들은 더 가난하며 지적 재산권의 보호개념이 약한 환경에서 자라났다. 더군다나 직원을 직접 고용하지 않고, 고용센터나 다른 파견업체를 통해 뽑는다고 한다면 그들의 충성심을 강화시킬 방법은 그다지 많지 않다. 그러므로 민감한 데이터를 다루는 일을 해외에서 하기를 원한다면 거기에서 절감되는 비용이 데이터 안전을 위해 추가로 들어가는 비용을 상쇄하고도 남아야 한다. 예를 들어, 한 가지 중요한 문제는 전체 업무 체인에 들어 있는 전 인력을 통제하지 못하는 경우에 해외 인력들과 어느 정도까지 IT 시스템을 맞춰야 하는가이다. 일부 서구 기업들은 해외로 내보내는 코드는 무조건 여러 엔지니어들 간에 쪼개서 내보낸다. 다른 기업들은 다중 보안 레이어를 가지고 있는 보다 값비싼 외주업체를 이용하거나 포트나 드라이브를 쓰지 않는 잠금 정보시스템을 사용한다. 그 어떤 경우에도 국경을 넘나들며 일하는 기업들은 소중한 데이터를 보호하기 위한 국제적인 커뮤니케이션 정책이나 절차를 확실히 다져야 할 것이다.

아이디어의 보호 이외에도 중국에서는 또 하나 신경 써야 할 것이 있는데 바로 '관시'라는 것이다. 이는 서구에서 법에 의한 계약만큼이나 중국에서는 비즈니스맨들 사이에 구속력을 갖고 있다.

서양과 동양 기업들 간의 갭을 메우기 위해서는 중국 상거래 사이트인 알리바바닷컴(Alibaba.com)이 사용하는 트러스트패스(Trust-Pass) 시스템과 같은 자율적인 규제 장치가 필요하다. 얼마 안 있으면 신용평가기관들이 줄지어 중국으로 들어와 글로벌 공급망의 일원으로서의 신용도를 평가하게 될 것이다.

테러의 목표물이 되고 있는 비즈니스맨들

폭력적인 시위는 어쩌면 민주주의의 필연적인 산물인지도 모른다. 정치적인 방법으로 자신들의 주장을 관철하기 어려운 소수가 있게 마련이고 그들 가운데 과격한 이들은 폭력에 의지하려고 하는 경우가 많다. 이와 마찬가지로 세계화 시대에 들어서서, 자신들의 주장이 민주주의나 자유시장 자본주의와 같은 글로벌 트렌드의 위협을 받는다고 생각하는 소수민족의 일부는 알 카에다와 같이 보다 전 세계적인 폭력 행사를 통해 자신들의 주장을 관철하고자 한다. 9/11 사태 이후에 세계적으로 테러의 규모와 잔인성이 증가하고 있는 것은 매우 충격적인 일이다. 이제 모든 사람들이 테러의 목표물이 되고 있다. 가자 지구에서 경비를 서는 이스라엘 군사이든, 필리핀 난민에 구호 의료품을 전달하러 가는 이탈리아 자원봉사자이든 구분이 없다.

각국 정부와 군은 기존의 방법으로는 현대적인 테러 공격을 제어할 수 없다는 것을 더욱 뼈저리게 느끼고 있으며, 협상을 통해 테러리스트들이 총부리를 내리도록 할 수 있는 경우도 별로 없다. 최근 협상을 통해 해결된 북아일랜드 사태의 교훈이 이라크나 팔레스타인에는 별 도움이 안 된다. 아일랜드 사태는 종교적인 분파에 의한 것이었지만 중동 지역의 문제는 다음과 같은 근본주의에 뿌리를 두고 있기 때문이다. "신이 우리 편인데 왜 굳이 협상해야 하는가?" 미국에서는 정통 복음주의자들이, 중동에서는 이슬람 근본주의자들이 서로 팽팽하게 맞서고 있다.

테러는 앞으로도 계속 세계적인 골칫거리로 남아 있게 될 것이다. 서방 세계, 특히 미국에서는 기존의 전쟁 대응책에서 한발 더 나아가 아주 특수하고 비정규적인 전쟁 상황에 대한 방어 시스템을 개발하였다. 즉, 자신들의 정치적 구호나 종교적인 열정을 표현하기 위해 정규 미국 군대를 공격하는 데 머물지 않고 민간인이나 비즈니스

맨을 공격 목표로 삼는 테러리스트들을 대상으로 한 것이다.

통신기술의 발달은 테러리스트들이 정보와 물자를 더욱 쉽게 교환할 수 있도록 해 주고 있다. 인터넷 검색을 통해 사람들은 누구나 마음만 먹으면 집에서도 사제폭탄을 만들 수 있게 되었다. 1970년에 처음 발간된 윌리엄 포웰의 악명 높은 『무정부주의자 핸드북』은 집안의 물건을 사용하여 폭탄을 제조하는 법을 알려주고 있다. 그 책은 인터넷의 발달로 전 세계 십대들에게 파급되었고 책을 읽은 에릭 해리스와 딜런 클레볼드라는 두 십대 소년은 콜럼바인 고등학교 대학살이라는 참극을 불러 일으켰다. 글로벌 커뮤니케이션 네트워크라는 것은 그야말로 글로벌 테러를 가능하게 하는 도구라는 것이 자명해졌다. 인터넷을 통해 모여든 이종의 인간들은 '라이프스타일 종족'이라는 모습으로 변모하고 이들은 국가의 통제범위를 넘어선다.

국민들을 대상으로 무차별 테러를 자행하는 이들을 제압할 수 있는 방법은 그다지 많지 않다. 이런 종류의 새로운 전쟁은 테러 집단에 침투한다거나 그들을 모니터하고 와해를 기도하는 등의 비정규적인 방법을 통해서만이 어느 정도 성과를 기대할 수 있다. 정부가 취할 수 있는 가시적인 방법이라는 것은 개인적인 자유를 제한한다거나 특정 국가에서 사업하는 자유를 제한하는 것 등이다. 예를 들어, 미국 정부는 미국에 입국하는 모든 외국인들에게 얼굴 사진을 찍고 지문 스캔을 받을 것을 요구하고 있다. 오직 '미국 비자 면제' 혜택을 받은 국가에서 발급한 생체인증 여권(biometric passport)을 소지한 자만이 이런 번거로움에서 벗어날 수 있다.

전 세계를 무대로 활동하는 기업들이 늘어나면서, 이들은 잠재적인 테러의 위협을 사전에 감지하고 추적하기 위해 현지 정부와 영사관, 대사관 혹은 제3의 보안 기관들과 협력을 강화하고 있다. 시설의 보안을 강화하는 것은 물론이고 철수 혹은 공격을 받았을 때 응급서비스 지원 등의 절차도 강화하고 있다. 또한 테러리스트들이 직원으로 가장하여 침입하는 것에 철저히 대비하고 있는데, 이는 매우 민감하거나 값비싼 시설 혹은 서구의 부를 상징하는 시설의 경우에는 그리 드문 일이 아니었다. 그러므로 특히 파견업체를 통해 직원을 채용하는 경우에는 세심한 주의가 필요하다.

고국에서 사업을 한다고 해서 마음 놓고 있을 수 있는 건 아니다. 민간인에 대한 공격을 막기 위해 정부와 안보기관들이 방어벽을 쌓는 사이, 테러리스트들은 공격 목표를 금융가나 상업시설물로 옮기고 있기 때문이다. 최악의 시나리오는 핵발전소와 같은 에너지 시설에 대한 공격일 것이다. 대도시에 사업기반을 두고 있는 기업들은 모든 경우의 업무 단절에 철저한 대비를 해야 할 것이다. 예를 들어 어떤 사고로 본사가 문을 닫았을 경우에도 비즈니스를 계속하기 위한 대비책을 마련해 놓아야 하며 사업상 중요한 기밀문서나 데이터들을 별도로 보관해 두는 장소를 마련해야 한다. 어떤 경우에든 업무의 단절이 있어서는 안 되기 때문이다.

2005년 7월에 발생한 런던 시내 폭탄테러 사건 직후, 영국의 통신 서비스 업체인 케이블 앤 와이어리스가 조사한 바에 따르면 영국 내의 중소기업들 가운데 62퍼센트가 이와 같은 사고나 업무단절 시에 직원들이 집에서 일할 수 있는 환경을 제공해 주지 못하고 있는 것으로 나타났다. 단지 29퍼센트의 기업들만이 그런 공격이 일어난 가운데서도 업무를 지속할 수 있는 장비를 갖추고 있었다. 38퍼센트의 기업들은 백업데이터를 가지고 있지 않았고, 사무실 한곳에만 데이터를 저장해 놓고 있었다. 앞으로 중소기업들이 직원을 보호하고 업무의 지속성을 보호받기 위해서는 정부의 특별한 지원이 필요할 것이다.

개발도상국들의 위험

앞으로 개발도상국들의 정치적 변수는 무엇이고 그것이 비즈니스에 어떤 영향을 끼칠 것인가? 개발도상국들은 갈등을 평화적으로 해결하고 내부의 불안을 잠재워야 하는 과제를 안고 있다. 그러나 중장기적인 예측을 불가능하게 하고 기업들이 어떤 도전을 맞이하게 될 것인지를 가늠하기 어렵게 만드는 정치적인 불협화음이 내재되어 있다.

인도

앞으로 15년 간, 인도의 발전계획은 이웃하고 있는 파키스탄과 어떤 관계를 유지하느냐에 크게 좌우될 것이다. 분쟁지역인 카슈미르는 어쩌면 중국과의 불편한 관계를 초래할지도 모른다. 내부의 인종적인 갈등은 테러를 불러일으키기에 충분하다.

그러나 인도가 가장 압박을 느끼는 문제는 사회적인 인프라의 확충이다. 기간시설이 절대적으로 부족한 것이다. 경쟁상대인 중국과 비교하면 트럭운송과 화물비행은 중국보다 몇 배 부족하며 인프라 확충을 위한 GDP대비 투자는 중국의 3분의 1인 3.5퍼센트에 그치고 있다. 인프라 개선을 위해 많은 노력을 기울이고 있는 인도 정부는 최근 세계은행으로부터 17억 파운드를 지원받아 대도시 인프라 건설을 촉진하고 있는데 그 중 하나가 도로건설이다. 국영 철도는 최근 민간 기업에도 화물 운송을 허락하였으며 뉴델리와 뭄바이 공항의 현대화를 위해 외국 기업들과도 손을 잡았다. 모건 스탠리는 2006년과 2007년 인도의 사회간접자본을 확충하는 데 70억 달러를 투자할 계획이다.

지역 간 부의 불균형으로 인한 각기 다른 정부시책도 인도에서 사업하는 외국기업들에게는 각기 다른 세제와 고용법 등으로 나타난다. 중국에서는 노동집약적인 제조업이 어울린다면 인도에서는 보다 특수한 제조업이나 비숙련 노동자를 활용한 농업분야가 어울릴 것이다. 서비스와 하이테크 분야도 전망이 좋다. 확대일로에 있는 인도 내 수시장이 개방되면 외국 소매유통업체들이 보다 큰 투자기회를 잡을 수 있을 것이다.

중국

중국은 지역 안보를 해치려는 북한의 시도를 막기 위한 세계적인 공조체제에 긴밀히 협조하는 데 정치적인 초점을 맞추게 될 것이다. 또 하나의 중요한 문제는 새로운 에너지원의 확보이다. 두 가지 모두 미국과 연결되어 있는 사안이다. 특히 새로운 에너지원의 확보에 나선 중국의 움직임은 세계적으로 많은 기업들에게 직접적인 영향을 주게 될 것이다. 거대한 석유 수요를 해결하기 위해 중국은 경제 제국주의에 동참하고 있으며 특히 아프리카 국가들에 거액의 원조 프로그램을 지원하면서 에너지 회사들을 사들이고 있다. 풍부한 가스 매장량을 지니고 있는 지역을 놓고 일본과 설전을 벌이고 있는 중국은 어쩌면 국제적인 갈등을 야기할지도 모른다. 중국의 금융제도에 대한 구조적인 개혁이 일어나고 있다는 것도 중국에서 사업을 벌이고 있는 기업들에게는 매우 중요한 소식이 될 것이다.

러시아

러시아 연방의 경제발전은 여러 면에서 매우 무정부주의적인 모습을 띠고 있다. 대부분의 기업가들은 정부 관료에게 뇌물을 바치는 것과 마찬가지로 마피아에게도 뇌물을 줘야 한다. 인종적인 문제 그리고 더 큰 자치독립을 바라는 지역 간의 갈등도 끊이지 않고 있는데, 체첸과 아프가니스탄, 이란 국경에서 벌어지고 있는 분쟁과 카스피해를 둘러싼 갈등이 해결되지 않고 있다.

이미 힘이 빠져버린 군부는 속수무책이고, 푸틴 대통령은 준전제주의적인 통치방법으로 러시아 정부가 무력해지는 것을 막고자 노력하고 있다. 그러나 이것은 단기적으로만 효과를 볼 것이다. 보다 장기적으로 러시아가 민주주의 원칙과 시장 경제 그리고 준법주의를 받아들이기 위해서는 유럽과의 관계가 보다 긴밀해져야 할 것이다. 그런데 옛 소비에트 연방에서 독립한 신생국가들이 러시아의 바람과는 반대로 유럽에 편입되어 버림으로써, 러시아와 유럽은 어정쩡한 관계에 놓여 있다.

어쩌면 러시아는 중국이나 아프리카 나라들과 연합을 맺을 가능성이 더 높다. 그리고 지금과 같은 정부형태를 계속 유지할 가능성도 있다. 따라서 기업체를 위한 법규나 상거래법의 개선이 늦춰질 수 있으며, 러시아 시장에 들어가려는 외국 투자자들은 러시아에서 어떤 대접을 받게 될지 망설이게 될 것이다. 러시아 최대 석유재벌인 유코스의 CEO, 미하일 호도르코프스키의 갑작스런 몰락과 우크라이나를 통해 유럽으로 가는 가스관을 차단해 가스공급을 막은 최근의 사례 등은 러시아에서 일하는 외국 기업들에게 언제 불합리한 처벌의 대상이 될지 모른다는 불안감을 선사한다. 그럼에도 불구하고 막강한 에너지 자원과 지속적인 농업성장에 기대고 있는 러시아 정부는 별다르게 변화의 기미를 보이지 않고 있다.

중남미

이 지역 정치인들의 최대 관심사는 1990년대 지역 경제를 거의 마비시켰던 극심한 경기변동을 피하고 지속적인 성장을 유지시키는 것이다. 그러나 이러한 전망이 매우 불투명한 것은 좌파정부의 비현실적인 선거공약 때문이다. 이 공약대로라면 보호주의적인 정책으로 돌아가야 한다.

그러나 이 지역은 지난 25년 동안 비약적인 성장을 기록하였으며 IMF에 따르면 외부적, 내부적 충격을 이길 만큼의 충분한 정치적인 탄력성을 가지고 있다. 급작스런 유가 상승은 중부 아메리카 몇몇 나라들에는 나쁜 영향을 끼쳤으나 콜롬비아, 에콰도르, 멕시코, 베네수엘라 같은 석유 수출국들에게는 좋은 소식이었다.

풍부한 천연자원과 인구 그리고 높은 교육수준을 자랑하는 브라질은 가장 높은 성장 잠재력을 지니고 있다. 수출주도형 성장을 계획하고 있는 현 정부의 노력도 이런 전망을 밝게 한다. 그러나 530만 개의 회사들 가운데 절반 이상이 상파울루 지역에 집중되어 있는 등 극심한 경제 편차가 큰 걸림돌이 되고 있다. 이 지역에는 브라질 인구의 45퍼센트가 살고 있으며 브라질 GDP의 60퍼센트 이상을 차지한다. 전국적으로 동등한 기회를 보장하기 위해서는 보다 많은 인프라 투자가 이루어져야 할 것이다.

중동

중동 지역은 꾸준한 성장을 보이는 한편으로 이스라엘 팔레스타인 문제와 이라크 사태로 인한 지역적 분쟁으로 불안정한 상황을 보일 것이다. 인구통계학적인 면과 국경의 문제를 놓고 보았을 때, 유태인은 2020년까지 이스라엘의 소수민족으로 전락할 것이며 결국 강제적인 정착이냐, 전체 몰락이냐의 두 갈래 길에서 선택을 강요받을 것이다. 테러의 위협이 늘 잠재해 있는 이 지역은 앞으로도 계속 미국의 간섭을 받게 될 것이다. 중동 지역의 불안과 억압적인 사회 분위기 때문에 인재들이 서유럽으로 빠져 나가는 현상이 나타나고 있는데, 이는 특히 여성 인재들 사이에 두드러지고 있다.

인도와 중국이 늘어나는 에너지 수요를 계속 석유로 채워야 한다면 중동지역과 보다 긴밀한 관계를 유지해야 할 것이다. 이런 이유로 인해, 미국 및 서방 국가들은 석유 의존도를 줄이고 에너지원을 다양화하기 위한 여러 가지 시도를 벌이고 있다. 2006년, 미국은 2025년까지 중동지역으로부터의 석유 수입을 75퍼센트 줄이겠다는 계획을 발표하였다. 이런 움직임은 러시아와 알래스카, 아프리카 지역의 유전개발에 불을 당길 것이며 대안 에너지 연구를 촉진시킬 것이다.

에너지 이외에 외국인 직접투자를 끌어들일 만한 분야로는 외국인 거주자들을 대상으로 한 건축, 호텔 매니지먼트, 서비스, 프로젝트 매니지먼트 등이다. 중동 특유의 안정적인 분위기는 세계를 돌아다니는 부유층들을 사로잡는 요인이 되고 있기는 하지만, 사회적인 불평등이라는 불씨를 안고 있는 이 지역의 숨겨진 불안감은 안정적인 사업과 투자환경에 걸림돌이 될 수도 있다.

아프리카

에이즈로 인해 아프리카의 인구가 격감하고 있는 것이 이 지역에서 외국 기업들의 시장기회를 갉아먹고 있다. 가장 발달한 지역들조차도 에이즈에 무방비 상태이다. 하지만 중동의 불안정이 지속되고 화석연료가 점차 고갈되어 가면서 아프리카는 에너지 분야에서 매우 중요한 영향력을 지니게 되었다.

아프리카에 진출한 외국 기업들은 규제가 심한 선진국에서는 만들기 힘든 의약품이나 담배 등을 생산하고 있다. 하지만 소비자들의 보이콧 운동이 네트워크화되고 있기 때문에 앞으로는 기업들도 자체 규정을 강화해야 할 것이다. 아프리카의 대다수 국가들은 농업에 의지하고 있으며 케냐는 작화산업을 크게 키웠다. 하지만 농업분야는 서유럽정부의 자국 농업지원금 정책 때문에 큰 타격을 받고 있다.

비교적 안정되어 있고 질이 높은 노동력을 보유하고 있으며 인프라가 잘 발달되어 있는 남아프리카 공화국은 아프리카 발전의 열쇠를 쥐고 있다. 현대화된 엘리트 정부하에 있는 우간다도 최근 성장의 신호를 보내고 있으며 기술적인 발전을 보이고 있다. 석유 부국인 나이지리아는 1억 명의 인구를 보유하고 있다. 이 지역의 발전을 저해하는 가장 큰 요소는 만연한 부패이다. 앞으로 단기간 내에 아프리카에서 인종 간 분쟁이나 군사적인 권위주의가 줄어들 것이라고 전망하기는 어렵다. 숙련되지 않은 노동자들의 이주도 계속 이어질 것이다. 의사와 엔지니어, 기타 숙련된 근로자들을 포함한 두뇌유출도 심각하다. 이들은 거의 서유럽으로 빠져 나가고 있다.

정부 역할의 변화

기업들의 국제 간 이동이 점차 증가하면서 이제 각국 정부가 내미는 인센티브에 따라 사업체 자체를 옮기는 것까지 기꺼이 고려하고 있다. 이에 따라 정부의 역할은 보다 매력적인 인프라와 인적 자원 그리고 금융환경을 제공하는 데 모아지게 되었다. 20세기 들어, 정부는 경제성장의 가장 큰 견인차였고 인력 고용에서도 거의 선두주자였다. 하지만 21세기에 들어서면 정부는 보조 역할에 그치게 될 것이다.

유럽 각국의 정부는 이제 더 이상 럭셔리한 사회보장 모델을 유지할 수 없다는 사실을 깨닫고 있다. 근로자를 우대하는 값비싼 정책은 기업들의 해외 노동력 의존을 불러왔고, 설상가상으로 고령인구의 증가는 복지비용을 눈덩이처럼 불리고 있다. 평생직장과 조기퇴직자들을 위한 과도한 연금혜택, 기술교육 지원금을 뼈대로 하는 1950년대에 세워진 정책들이 이제는 폐기처분되어야 할 상황이다. 맥킨지의 최근 조사에 따르면 독일에서보다 미국에서 직장을 옮기는 것이 훨씬 수월하다고 한다. 미국 노동시장의 구조가 훨씬 더 탄탄하고 규제의 정비가 잘 되어 있기 때문이다. 독일 기업들이 중부 및 동부 유럽으로 진출하였을 때, 독일은 대량의 실업사태를 겪은 바 있다.

이런 말을 한다고 해서 근로자의 권리를 보호하기 위해 200년 이상 노력해 온 정책을 접어야 한다거나 저임금 경제로 되돌아가자는 것은 아니다. 이와 반대로 근로시간에 대한 엄격한 규제나 가족친화적인 고용법안의 도입 등은 오히려 기업의 경쟁력을 높이는 것으로 나타났다. 특히 헬싱키와 스톡홀름 지역에서 경제가 크게 활성화된

•표 7-1 2005년 유럽 도시의 경쟁력 순위

순위	지역
1	핀란드 헬싱키
2	스웨덴 스톡홀름
3	벨기에 브뤼셀
4	프랑스 파리
5	스위스
6	룩셈부르크
7	독일 함부르크
8	영국 런던
9	노르웨이
10	독일 브레멘
11	독일 바덴 – 베르텐베르크
12	영국 남동지역
13	독일 헤센
14	네널란드 시부지역
15	독일 바이에른

* 자료: Robert Huggins Associates, 2004

것으로 나타났는데 탄력적인 노동시장을 만든 것이 그 배경이었다. 이곳의 창의성 높은 문화는 다른 지역에서는 보기 힘든 제품과 서비스를 만들어 내고 있다.

정부는 아직도 대기업에 크게 의존하고 있는데 그것은 대기업이 고용의 큰 부분을 책임지고 있다고 보기 때문이다. 그러나 새로운 고용창출은 사실 중소기업들에 의해 이루어지고 있다. 경쟁력은 이제 더 이상 규모의 경제에서 나오지 않는다. 앞으로 서유럽 정부들은 수많은 틈새시장을 뚫을 수 있는 매우 전문화되고 능력 있는 중소기업의 창출에 더욱 힘을 쏟아야 할 것이다. 여기서 또 하나 간과해서 안

• 표 7-2 2005년 국가 경쟁력 순위

나라	순위(2004년 순위)
핀란드	1 (1)
미국	2 (2)
스웨덴	3 (3)
덴마크	4 (5)
태국	5 (4)
싱가포르	6 (9)
아이슬란드	7 (6)
스위스	8 (7)
노르웨이	9 (11)
오스트레일리아	10 (8)
네덜란드	11 (12)
일본	12 (9)
영국	13 (11)
캐나다	14 (15)
독일	15 (13)

＊자료: World Economic Forum, 2005

되는 것은 기업들이 지역사회의 발전과 응집력에 중요한 역할을 한다는 것이다. 다국적 인력으로 운용되는 거대 기업들은 그들의 사업체가 소재하고 있는 지역을 일일이 배려한다는 것이 매우 어렵다. 반면에 중소기업체는 그 지역에서 인력을 선발할 뿐 아니라 생활기반도 그 지역에 두고 있기 때문에 지역사회에 늘 관심을 두고 일할 수 있다. 앞으로는 지방경제 활성화를 위한 지역 정부와 지역 기업들 간의 보다 긴밀한 유대감이 조성될 것이다. 지방 산업단지 조성 등의 인프라 개발은 중앙정부의 전폭적인 지원을 받게 될 것이다.

자유무역을 방해하는 글로벌 이슈

글로벌 지식경제 시대에 지역경제블록과 같은 것은 매우 시대에 뒤떨어진 개념이 되어가고 있다. 북미자유무역협정(NAFTA)이나 유럽공동시장 등은 거시경제적인 틀 안에서의 그들의 역할이 공정함과 평등함보다는 단기적인 정치적 관심사에 의해 지배될 공산이 크기 때문에 결국에는 자유무역에 저해요소가 될 것이다.

앞으로 부자 나라들은 자국의 전통적인 산업을 보호하고자 하는 국민들의 열망을 충족시켜 주면서도 보호받지 못하는 저임금 해외노동력을 이용하여 저가의 수입품을 들여오는 이중플레이를 하게 될 것이다. EU가 중국에 섬유수출 권리를 부여한 '다자간 섬유협정'을 둘러싸고 2005년 말에 폭발하고 만 무역분쟁이 앞으로는 더 자주 일어날 것이다.

금융정책은 따로따로 놀면서 하나의 유럽 연합체를 만들고자 하는 꿈은 보다 현실적인 자유무역지대를 만드는 것으로 무마되는 듯하다. 새로 탄생한 자유무역지대는 절반 정도 합의된 법규를 가지고 BRICs와 미국에 대항하는 경제공동체로서의 역할을 할 정도만큼의 다양성을 허락할 것이다. 결국 동일한 문화를 가진 하나의 유럽을 만들려는 시도는 무산되었다. 그것에 대항하는 민족적인 문화색만 더욱 강해졌을 뿐이다. 지역 간의 경제수행 능력 차이는 조화와 합일을 방해하고 있다. 화폐단위는 통합되었으나 언어의 장벽이 노동력의 이동을 막음으로써 지역 간 차이는 더욱 벌어진다. 단일 시장에서는 단일한 언어와 문화가 통용되어야 한다. EU는 너무도 많은 다양성을 다루어야 하는 부담 때문에 비효율적인 기구가 되었다. 게다가 영국은 유로를 받아들이고 싶은 마음이 조금도 없다. 사실 영국은 유럽과 미국 사이에 끼어 정체성의 혼돈을 겪고 있는 중이다. 대중문화가 정책을 결정짓는다고 볼 때, 현재 영국의 대중문화는 유명인사와 영화, 로큰롤까지 모든 것이 미국 중심으로 돌아간다. 영국인들은 프랑스나 독일이 아닌, 미국에서 제작한 TV 프로그램을 더 많이 본다. 영어를 쓴다는 것이 경제적인 공동체는 아닐지라도 공통의 정체성을 만들어 주고 있다.

어떤 경우에든 EU의 원래 목표는 제조업을 위한 거대한 자국 시장을 만들겠다는 것인데 이는 더 이상 쓸모없는 것이 되었다. 경제를 통합하면 할수록 자원과 인재, 능력의 분산은 왜곡될 것이다. EU 가입국들이 공동 시장의 형성을 통해 단체교섭권을 얻을 수 있는 반면에 앞으로는 다양화를 통한 사업기회의 창출에 노력해야 할 것이다.

즉, 세계적인 지위를 선점할 수 있는 특화된 산업분야에 집중 투자해야 할 것이다.

세계무역기구(WTO)는 지역적인 경제블록을 무력화시켜야 함에도 불구하고, 이제까지는 세계에서 가장 잘 사는 나라들만으로 경제블록을 만들어 온 것이 사실이다. 앞으로는 가맹 규정을 재조정하여 제3세계의 국가들도 일원으로 받아들여야 할 것이다. 그래야만이 WTO의 지속을 보장받을 수 있다.

세계 무역정책은 세계 안보 문제와 긴밀히 연관되어 있으며 앞으로 20~30년 동안 그 일을 맡을 수 있는 군대는 지구상에 단 하나뿐이다. 이제까지 미국은 세계의 경찰로서 매우 훌륭한 임무를 수행해 왔다. 그럼에도 불구하고 세계 도처에서 미국에 대한 반감은 높아지고 있으며 특히 군사작전을 직접 수행한 나라에서는 그 도가 훨씬 심하다. 미국의 대다수 정치가들은 이 같은 세계적인 반감을 매우 배은망덕한 소치로 여기고 있다. 자신들의 부모가 바로 60년 전에 유럽인들을 나치에서 구하고 소련의 공격으로부터 막아주지 않았던가. 그들은 UN을 이빨 빠진 호랑이로 여기고 있으며 부패한 관리들의 배를 채워 주면서 미국의 더러운 작업을 계속 수행할 수 있기를 바라고 있다. 오늘날 미국은 이라크나 이스라엘과 같은 특정 문제에 대해서는 아주 노골적으로 UN을 무시하고 있다. 한편 UN은 앞으로의 입지를 강화하기 위해서 중국이 힘을 키워 미국과 상대해 주기를 은근히 바라고 있다.

기업의 지배구조가 글로벌화할 것인가

대부분의 대기업들은 오늘날 지역 정부라든가 시민들 그리고 직원들에 대해 딱히 책임을 지려고 하지 않는다. 만약 어떤 기업의 매출이 한 나라의 GDP보다 크다면 당연히 정부의 권위적인 간섭을 피하기 위한 방책을 강구할 것이며 지속적인 성장을 위해 여러 가지 방법을 모색할 것이다.

이제 공급 체인은 세계화되었고 거대기업들은 수많은 기업과 사람들에게 영향을 끼치고 있다. 이들이 지방정부의 부패를 심화시키고 근로자들의 권익을 무시하게 만드는 것은 매우 쉬운 일이다. 게다가 세금 회피를 목적으로 자회사 간에 수익을 이동시키는 것도 흔히 일어나는 일이다. 재무구조 또한 너무나 복잡하여 감사나 조사원들이 자금을 추적하는 것을 매우 어렵게 만들고 있다. 이를 방지하기 위하여 서유럽 국가의 정부는 단기 혹은 중기적으로 협력하여 국제적인 조세제도를 강화할 것으로 보인다. 이에 따라 2005년 유럽에서 탄생한 것이 재무현황 보고의 표준협약을 규정한 IFRS(International Financial Reporting Standards)이다. 미국에서는 2002년에 SOX 법령이 제정되어 기업회계 규정을 엄격히 하였다. 하지만 엔론 및 월드콤 스캔들 이후 만들어진 SOX의 규제 정도가 너무 심하여 미국 기업들의 경쟁력을 해칠 수도 있다고 비판하는 사람들도 있다. 그러나 미국 정부의 입장은 단호하다. 전 세계 투자자들에게 미국이 투자하기에 안전한 장소라는 것을 약속하자는 것이다. 그러나 앞으로 지역 정부의 힘만으로는 거대 기업을 감시하는 것이 역부족이다. 따라서 이 부분에도 세계화가 이루어질 것으로 예상된다.

교육수준이 높은 미국과 유럽의 소비자들은 점점 더 부유해질 것이며 기술적으로도 점점 더 무장할 것이다. 이들은 제품의 품질만을 따지는 것이 아니라 그 제작 과정에 윤리적인 흠이 없는지도 따지려고 할 것이다. 아동의 노동력을 쓰지는 않았는지, 공해물질을 사용하지는 않았는지 등등을 알고 싶어 할 것이다. 정보의 공유가 풍부하게 이루어지고 교육수준이 올라가고 수입이 늘어나면서 소비자들은 이런 문제에 점점 더 관심을 갖게 되었다. 스칸디나비아 지역의 소비자들이 이런 면에서는 일등이다.

인터넷은 생태·윤리에 관한 문제의 확산에도 크게 기여했다. 이에 따라 식품 회사에서부터 약품, 전자제품, 신발 회사에 이르기까지 지구의 생태계를 거스르는 회사는 매출의 감소는 물론이고 심각한 경우에는 불매운동에 처하게 될 수도 있다. 다양한 미디어의 발달로 거대 기업들은 이제 더 이상 교묘한 홍보활동으로 사태를 감쪽같이 속이는 것이 불가능해졌다. 최소한 예전만큼 쉽지는 않아졌다. 나이키는 동남아시아에서 저임금 노동력을 착취했다는 불명예에 아직도 시달리고 있으며, 거대 약품회사인 화이자는 아프리카에서의 불법 판매행위로 거친 공격을 받았다. 유럽에서 유전자변형식품을 판매했던 몬산토는 명예를 회복하지 못했다.

세계화의 또 다른 패러독스는 개인들이 대기업의 행동에 쉽게 지배받을 수 있는 것과 마찬가지로 기업들 또한 개인들의 행동에 영향받기 쉽다는 점이다. 부유한 소비자들이 점점 더 윤리적인 판단에 근거하여 제품을 선택하게 되면서 각국 정부들도 그에 대한 대응을 하지 않을 수 없게 될 것이다. 결국 다수의 정부가 힘을 모아 국제적인 규제기구를 만들게 될 것이고 이들은 세계적인 관리 기준을 제정하는 데 그치지 않고 일반적인 삶의 질과 고용기회도 향상시킬 것이다. 더 나아가 경제적인 기회를 이용하여 독재 정치를 몰아내는 것도 가능하다. 결국 인도와 중국의 빈곤을 줄이는 데 보다 큰 영향력을 발휘하는 주체는 누가 될 것인가? 서구의 자선단체와 정부의 원조 프로그램이 될 것인가, 아니면 거대 기업과 글로벌 공급망이 될 것인가? 지금 인도의 방갈로나 중국 상하이를 방문해 보라. 바로 답을 알 수 있을 것이다.

8

글로벌 리믹스:
기업들의 새로운 도전

기업들의 새로운 도전

- 불확실성과 리스크 관리하기
- 천정부지로 치솟는 에너지와 원자재 값에 대처하기
- 다국적 기업들을 세계적으로 통합된 기업으로 재편성하기
- 인수 및 합병
- 카페 기업의 탄생: 창의성과 혁신, 기업 재혁신으로 가는 길
- 리더십의 극대화 및
- 중소기업의 미래
- 아이팟 세대의 이해
- 테러시대의 불안요소 제거
- 새로운 시장 개척

이 모든 것이 우리에게 뜻하는 바는 무엇인가? 20세기의 비즈니스 모델은 그동안 매우 성공적이었고 2010년까지는 그런대로 작동할 것이다. 그러나 예전의 가락은 왠지 21세기에 어울리지 않는 것 같다. 글로벌 파워의 재편성에 따라 기업들은 이제 새로운 아젠다를 짜야 할 필요가 생겼다. 계속해서 옛날 노래를 흥얼거리는 기업은 아마 곧 역사 속으로 사라지게 될 것이다. 수많은 스타 연예인들이 반짝 떴다가 사라지는 것처럼 말이다. 오랫동안 팬들의 사랑을 받는 사람은 매우 드물다. 그들은 끊임없이 자신의 재능을 연마하고 새로운 모습을 보이기 위해 노력한다. 이와 마찬가지로 기업들도 규모의 크고 작음에 관계없이 살아남기 위해서는 늘 새롭게 변신해야 할 것이다. 21세기의 변화하는 사회, 경제, 인구, 정치적 환경에서 기업들에게 매우 중요한 10가지 항목이 무엇인지 짚어 보도록 하자.

불확실성과 리스크 관리하기

21세기의 비즈니스 환경은 매우 험난할 것으로 예상된다. 인터넷 혁명은 서로 연결된 글로벌 경제를 탄생시켰다. 그로 인해 전에 없이 거대한 시장이 생겨났지만 또 한편으로 사업상의 불확실성과 리스크도 그만큼 커졌다. 예전에는 잘 정비된 법제와 합법적인 정치 질서 속에서 비즈니스를 확장해 나가는 것이 가능했다. 그러나 오늘날 BRICs 국가들을 보면 이런 면에서 매우 취약한 구조를 보이고 있다. 따라서 기업들은 리스크 관리를 재정비할 필요가 있다. 리스크를 회피하는 것보다는 몸집이 작은 기업들처럼 기업가적인 모험심을 발휘하는 것이 더 낫다. 이제 새로운 부를 창출하고 경쟁자를 물리치기 위해서는 콜럼버스나 바이킹이 그랬던 것처럼 미지의 바다로 항해해 나가야 한다.

신흥시장에서는 사회적인 긴장감이 여러 가지 형태로 불거져 나올 것이며 이 또한 21세기의 사업 운영을 복잡하게 만들 것이다. 중동 지역의 불안정이 지속되고 대(對) 테러전쟁과 근본주의의 확산은 극심한 경제 침체라는 시나리오를 만들어 낸다.

기업의 시나리오 플래닝은 이런 복잡한 상황에 대비하여 보다 단기적이고 신중한 투자전략을 개발해야 할 것이다. 어떤 기업들은 살아남지 못할 수도 있다. 21세기의 불확실한 환경에서 살아남기 위해서는 보다 모험가적인 정신과 자신감으로 무장할 필요가 있다.

천정부지로 치솟는 에너지와
원자재 값에 대처하기

서구의 산업화는 비교적 값싼 에너지와 원자재 덕분에 이루어진 것이다. 직간접적으로 유럽과 미국의 경제발전은 과거 식민지주의의 혜택을 받은 것이 사실이고 현재의 아프리카와 중동 지역의 나라들로부터 풍부한 물자와 에너지를 제공받았다. 풍요로운 에너지와 원자재에 기반한 경제성장은 21세기 들어 그 끝을 보일 것이다. 앞으로 50년이 지나면, 지구상의 석유와 가스는 동이 나게 될 것이다. 중국은 현재 역동적인 경제성장을 지속시키기 위해서 엄청난 에너지와 물자를 필요로 하고 있으며 이는 세계적인 에너지 가격을 급상승시키는 요인이 되고 있다. 세계 일류의 생활수준을 꿈꾸는 13억 인구를 무슨 수로 감당할 수 있겠는가? 어떤 이들은 중국이 2030년이 되면 세계 에너지 자원의 3분의 1을 소비하게 될 것이라고 예측한다. 중국의 행보는 이미 세계적인 정치 질서를 바꾸고 있다. 중국은 앙골라의 유전을 사들이고 있으며 베네수엘라에서도 유사한 협상을 벌이고 있다. 에너지 확보를 위한 중국의 열의는 일본 및 미국과의 마찰을 불러올지도 모른다.

석유와 관련해서 중국만 주목해서는 안 된다. 러시아의 풍부한 자원과 아프리카 및 남아메리카의 원자재들은 경제성장에 불이 붙은 BRICs 국가들로 흘러들어가고 있다. 이들 국가들의 높은 경제성장률을 감안할 때 앞으로 10~20년간 에너지와 원자재 가격이 오르리라는 것은 명약관화한 사실이다. 인도와 중국이 이제까지 값싼 제조품으로 서방 국가들에 디플레이션이라는 충격을 주었다면, 21세기에 그들은 다시 인플레이션이라는 충격을 줄 것이다. 그들의 성장 정책이 분명 에너지와 원자재 값을 상승시킬 것이기 때문이다.

이에 따라 기업들의 에너지 비용과 생산 단가는 필연적으로 올라갈 것이다. 가구당 에너지 비용이 늘어나면서 소비 또한 위축될 수 있다. 결과적으로 정부와 에너지 기업들은 석유를 대체할 수 있는 보다 지속적인 대안 연료를 찾아내는 것이 급선무이다.

다국적 기업들을 세계적으로 통합된 기업으로 재편성하기

기업의 성장을 역사적으로 살펴보면 이렇다. 우선 내수시장이 포화되면 해외로 진출하거나 해외에서 값싼 원자재나 반제품을 들여와 완제품을 만들어서 세계로 수출하는 식이다. 어쨌거나 글로벌 공급망은 성장하고, 이 모든 것을 관할하고 통합하는 기업 본사는 언제나 본거지인 고국에 있게 마련이다. 이사회 멤버나 고위직 임원을 보면 이런 다국적 기업들의 '민족적인 성격'이 그대로 드러나는 것을 알 수 있다. IBM이나 마이크로소프트는 여전히 미국 회사이고 지멘스는 독일에 있다. 필립스는 네덜란드, 노키아는 핀란드 회사이다. 이 기업의 신경망을 총괄하는 본사는 전략적인 의사결정이나 R&D, 사업계획, 인수 및 합병 등의 중요한 결정을 내린다. 해외에서 수행하는 일들은 고난도의 기술을 요하지 않는 저임금 생산 활동이 주를 이룬다.

21세기에도 이런 식으로 비즈니스를 한다면 아마 그 기업은 쇠퇴를 면할 수 없을 것이다. 이런 방식의 사업구조는 국가 간의 고용형태 및 업무방식의 차이점을 확연히 드러내며 사회적인 격차를 더욱 넓힌다. 결과적으로 과격한 정치 캠페인의 발단이 될 수 있으며 이를 통해 선출된 정부는 반서구적이거나 반자본주의 성향이 강할 수밖에 없다. 이들은 서유럽 대신 중국 기업들에게 석유를 팔려고 할 것이며 에너지산업의 국유화를 선언할 것이다.

이런 상황을 감지하고 있는 현명한 다국적 기업들은 21세기로 접어들면서 세계적으로 통합된 기업, 즉 GIE(globally integrated enterprise)로 가고 있다. IBM은 2006년 초, 앞으로 몇 년간 R&D와 디자인, 두뇌 개발을 위해 인도에 100억 달러를 투자할 계획이라고 밝혔다. 미국 중심의 지식 운영체제에서 벗어나 이를 다른 나라에 분산시킨 다는 계획이다. 발달된 정보통신기술의 도움으로 세계 시장과 지역 시장 모두를 충족시키는 제품과 서비스의 개발이 가능해질 것으로 보인다. 또한 이제까지 '핵심' 업무에서 빠져 있던 다른 국가의 근로 자들도 이 글로벌 통합기업 내에서 새로운 경력을 쌓을 수 있게 된다. 점점 많은 기업들이 문화적 다양성을 포용하는, 진정으로 국제적인 사업체로의 변모를 꾀하고 있으며 성장 가도를 달리고 있는 중국과 인도는 이런 기업들의 본부를 유치하기 위해 애를 쓰고 있다.

앞으로 GIE의 임직원들은 세계 각지에서 고용된 그들의 핵심 동 료들과 함께 전 세계를 돌아다니며 일하게 될 것이다. 또한 인력관리 부 임원들은 미국이나 유럽식 관리 모델을 일방적으로 부여하기보다 는 다양한 문화적 배경을 포용하는 강력한 기업문화를 조성하는 데 보다 더 신경 써야 할 것이다.

인수 및 합병

상호 연결이 강화된 세계는 더 많은 기업 간 M&A 기회를 낳고 있다. 정보통신 기술의 발달은 세계적인 차원에서의 사업통합을 용이하게 해 주고 있으며 각국에 흩어져 있는 여러 운영본부들이 마치 한 곳에 서 관리되는 것과 같은 효율성을 선사한다. 이런 환경이 기업의 인수를 촉진시키고 있으며, 각기 다른 사업관행의 통합과 조화를 가능하게 한다. 즉, '글로벌 미디어 빌리지' 문화가 M&A에 의한 기업 문화의 통합을 도와주고 있다.

M&A의 증가와 그에 따른 긴장은 또 다른 불확실성을 야기한다. 인수당할 위협을 받고 있는 기업의 CEO들은 단기적인 사업실적을 올려야 한다는 압박감에 시달린다. 직원들은 직원들대로 구조조정의 칼날이 자신들을 자리에서 내쫓지 않을까를 걱정하고, 결과적으로 회사에 시니컬한 태도를 보이게 된다. 입으로는 충성과 헌신을 맹세하면서도 심리적으로는 회색 일변도이다. 이들의 헌신 및 성과에 대한 확실한 보상 시스템과 강력한 기업문화가 반드시 필요하다.

유행처럼 번지고 있는 M&A는 대부분의 경우에 비효율적인 것으로 판단되거나, 리스크에 대한 직원들의 반감만 키운 결과를 낳고 있다. 그들은 구조조정 후에 최초의 희생자가 되지 않을까 전전긍긍한다. 평생 갚아나가야 할 주택 대출금이 있고 부양해야 할 가족이 있는 경우라면 회사의 가치관에 순종해서 살아가는 것이 현명한 방법이다. 혁신적이거나 창의적인 것, '상자 밖의' 제안 등은 바람직하지 않다. 이런 짓은 무모하고 심지어는 '파괴적'이기까지 하다고 해석된다. 결국 적에게 인수당할 위험이 늘 도사리고 있는 상황에서 직원들은 '머리를 낮출 수밖에 없다.'

카페 기업의 탄생:
창의성과 혁신, 기업 재혁신으로 가는 길

미래 기업들은 위계질서에 기반을 둔 기존의 경영구조에서 벗어나야만 한다. 표준화된 제품이나 서비스를 생산하는 거대 기업에서는 이런 구조가 매우 어울렸다. 이런 구조 속에서 직원들은 정확하게 예측할 수 있는 방법에 의거하여 그들의 임무를 수행하면 되었고 질적으로나 양적으로 일정한 정도의 결과물을 내놓으면 되었다. 창의력이 넘치는 직원은 오히려 골칫거리였다. 그들은 걸핏하면 새롭고 차별화된 업무방법을 제안하였으며 업무효율을 저해하는 경우도 있었다.

경비절감이 최우선 과제로 떠오르는 21세기에 기업들은 경비가 싼 BRICs 국가나 신흥 시장으로 제조시설을 옮기고 있다. 서구에 남은 기업들은 이제 성숙한 시장의 소비자들이나 신흥시장의 부유층 소비자들을 대상으로 고부가가치의 특별한 제품이나 서비스를 만들어서 판매해야 한다. 이러한 기업들에 요구되는 것이 바로 창의력이다. 이런 경우에 기존의 경영방식은 적합하지 않다. 고도의 지식 인력인 과학자들이나 연구원들 혹은 전문가들은 지시를 받아 창의성이나 혁신을 발휘하는 것이 아니다. 창의성이나 혁신은 자동차를 만드는 것과 같은 제조과정으로는 만들어 낼 수 없는 것이다.

참신한 아이디어와 상상력, 창의성과 그것들의 부산물로 나오는 혁신적인 제품은 주변 환경을 조성해 줌으로써 탄생하는 것이지, 관리적인 차원에서 접근한다고 나오는 것이 아니다. 그러므로 앞으로 기업들은 중세시대의 마을광장이나 오늘날의 카페와 같은 분위기를 기업 내에 조성해야 한다. 기업의 위치와 건물구조, 시설과 디자인은 직원들이 서로 의견을 교환하고 도전하고, 실험할 수 있도록 해 주어야 한다.

지식 기반 사업체는 직원들의 개별적인 선호도와 요구에 맞춰 보다 탄력적이고 다양한 업무 관행을 용인하고 권장해야 할 것이다. 이와는 별도로 기업들은 아이디어의 활발한 교환과 제품개발에 대한 자연스러운 협력이 이루어질 수 있도록 카페와 같은 분위기를 조성해야 한다. 중세시대 마을 광장에는 대장장이와 농부, 목수들이 자연스럽게 만나서 농장 문을 어떻게 디자인하고 만들 것인지를 활발하게 논의하였다. 18세기, 커피숍에서도 사람들 간의 활발한 대화가 이어졌다. 카페 기업의 탄생은 분명 새로운 리더십 스타일을 요구한다. 시간 및 예산 그리고 업무 목표가 엄격하게 관리되는 가운데 자신감 있고 보다 느슨한 스타일의 리더십이다.

리더십을 끌어올리고 관리인은 퇴출시켜라

거의 모든 경영대학원들이 거의 똑같은 MBA 코스와 경영자 프로그램을 제공하고 있다. 그런데 이들은 '리더십'을 '매니지먼트'로 바꿔 말한다. 그런가 하면 동일한 교수진들이 가르치는 MBA 코스의 내용은 늘 동일하다. 학생들이 내는 거액의 등록금이 학교의 다른 학과(철학과나 인문학과)들을 지원해 주는 한은 상관할 바가 아니라고? 하지만 상관해야만 한다.

책의 앞장에서 언급했듯이 리더십과 매니지먼트는 분명 성격이 다르며 조직 차원에서도 별도의 접근법이 필요하다. 21세기의 증가하는 지정학적, 경제적인 불안정은 CEO들에게 새로운 미래 시나리오를 준비하고 새로운 미래 비전을 제시할 것을 요구한다.

이런 가정하에서 대부분의 사람들은 리더십이라는 것은 조직의 꼭대기에 자리하는 것이라고 생각하고, 한편 매니지먼트는 업무가 완성될 수 있도록 방법론을 제공하는 하위개념이라고 생각한다. 이것을 완전히 틀린 생각이다. 21세기형 기업의 성공을 위해서는 모든 레벨에서 리더십이 요구된다. 앞서 언급했듯이 아이디어와 상상력의 발현이 세심하게 배려되어야 각 개인의 특성을 무시하기보다는 마음껏 펼칠 수 있도록 장려되어야 한다. 이것이 기업의 살 길이다.

이것이 의미하는 바는 오늘날의 기업체 매니지먼트 교육 프로그램을 전면적으로 수정해야 한다는 것이다. 무엇보다 리더들은 직원들에게 영감을 불어넣고 그들을 전적으로 신뢰해야만 한다. 이를 위해 중소기업의 리더들에게 답을 구해 볼 수 있을 것이다.

중소기업의 미래

빌 게이츠는 미래의 주역은 중소기업이 될 것이라고 말한 바 있다. 어떤 면에서는 맞는 말이다. 그가 염두에 둔 것은 서구의 지식 기반 산업체들이지 신흥시장과 인도 및 중국의 제조업체들이 아닐 것이다.

중소기업에는 관료주의적인 매니지먼트 시스템보다는 리더십이 훨씬 더 어울린다. 그렇게 많지 않은 수의 동료들이 서로 얼굴을 맞대고 일하다 보면 서로에 대한 신뢰와 존경을 보다 쉽게 가지게 된다. 상상력의 발현도 보다 쉽다. 이런 환경에서는 직원들이 스스로의 일을 즐기지 않으면 혁신적인 면을 기대할 수 없을 뿐 아니라 경비절감도 어렵다. 바로 이런 점이 중소기업의 매니지먼트 컨설턴트들이 자주 간과하는 점이다. 그들은 빠른 성장을 보이는 중소기업의 특징이라고 할 수 있는 '무질서'와 '혼란'을 시정해야 된다는 강박관념에 사로잡혀 있다. 그래서 종종 회사의 구조를 바로잡으려 노력하는데, 그들이 제안하는 구조는 거대기업에나 맞는 그런 것이다.

중소기업의 리더십은 직원들의 생각과 헌신, 흥분을 포착할 줄 알아야 한다. 이를 통해 중소기업 내의 사회적인 그리고 감정적인 교류는 풍부해지고 이것이 최고의 성과로 이어지는 것이다.

하지만 이런 특성이 대기업에 적용될 수 있을까? GE의 전 회장인 잭 웰치에 따르면 가능하다. 그는 대기업들이 각기 소단위로 나뉘어져서 여러 중소기업의 연합체 같이 될 것을 주장하였다. 구조조정을 통해 거대한 몸통을 자잘하게 쪼갬으로써 스스로를 재창조할 수 있는 힘을 기르고 생존능력을 갖출 수 있다는 것이다. 이를 위해서는 영감을 불어넣는 리더십, 직원들의 헌신, 혁신적인 제품과 서비스의 끊임없는 개발이 뒤따라야 한다.

이 모든 것이 의미하는 바는 지식 기반 경제에서 대기업들은 중소기업의 특성을 받아들여야 한다는 것이다. 이미 말했듯이 전문가들과 과학자, 기술자, 발명가들은 지시를 받아 일하지 않는다. 설사 지시를 받아 일하더라도, 그들은 더 멋지고 혁신적인 아이디어는 내

면에 숨기고 내놓지 않는다. 기업의 리더들은 이런 결과를 방지해야 한다. 기업은 반드시 서로에 대한 존경과 신뢰 그리고 공감으로 이루어진 합일체여야 한다. 이의 가장 모범적인 사례가 바로 버진 그룹의 리처드 브랜슨이다.

아이팟 세대의 이해:
전과 다른 인재의 등장

인구학적 시한폭탄이 서구 경제를 위협하고 있다. 노령 인구는 늘어나는 반면에 노동 시장에 들어오는 젊은층은 부족한 현실이다. 이제까지는 유럽 인근의 국가들로부터의 이민자 유입으로 이 문제를 어느 정도 해결할 수 있었다. 여자들은 점차 아이를 적게 낳고 있고 게다가 출산 연령도 점점 높아지고 있다.

점점 많은 젊은이들이 학업을 위해 대학교와 대학원 등에 진학하고 있다. 재능과 학력 간에 어떤 관련이 있는지를 밝힌다면 고등교육의 확대를 다짐하는 정부의 정책은 무용지물이 될지도 모른다. 이제 기업들은 대학 졸업장이 더 이상 능력을 보장하지 않는다는 것을 알고 있다. 기업들은 그 이상의 자질을 원한다. 그들이 원하는 것은 미래의 혁신과 성장을 가능하게 해 줄 상상력과 아이디어이다. 과연 대학들이 이런 자질을 가르치고 있는가? 극히 소수의 엘리트 학교에서만 가능한 일이다. 그런데 방구석에서도 이런 자질이 길러질 수 있다는 것은 놀라운 일이다.

오늘날 말 그대로 방구석에 처박혀서 컴퓨터만 두드려대는 아이들이 많이 있다. 그들은 식구들과도 문자 메시지와 이메일로 의사소통을 한다. 이런 아이들은 요즘 흔하게 볼 수 있다. 하지만 부모들은 걱정이다. 이들이 나중에 취직할 수 있을까? 도대체 이 방구석에서 무슨 일이 일어나고 있는가?

그런데 놀라운 것은 요즘 아이들이 부모 세대들보다 아주 일찍 재능을 발휘하고 있다는 사실이다. 어떤 아이들은 자신이 만든 음악 CD를 자랑한다. 그냥 다운로드받은 것이 아니라 실제 만들었다는 것이다. 어떤 아이들은 이런 방식으로 DVD를 제작하기도 한다. 전 세계에서 참가자를 모아 국제적인 인터넷 게임판을 벌이는 아이들도 있다. 스칸디나비아에서 이런 일은 매우 흔하다.

기업들이 원하는 것은 이런 기발한 인재들이다. 이들을 채용하고 붙잡아두기 위해서는 기존의 매니지먼트 방식에 의존해서는 안 된다. 이들에게 기존의 업무는 지루하게 느껴지며 개인적인 발전도, 흥분도 기대할 수 없고 능력발휘도 할 수 없다고 느낀다.

이제 기업들이 변해야만 한다. 앞서 말했듯이 카페 기업으로 변신할 것이 요구된다. 직원들의 개성과 행동, 그들만의 복장과 라이프스타일을 용인하는 관용이 필요하다. 중소기업들은 대기업에 비해 이런 면에서 더 자유롭다. 아이팟 세대들이 대기업보다 중소기업에 끌리는 것도 그런 이유이다. 그들은 자기만의 공간과 보다 많은 재량권을 원한다. 이것이 바로 거대기업의 코끼리들이 벼룩을 닮으려고 하는 이유인지도 모른다.

기업의 이방인 이해하기

글로벌 시대의 공급 체인은 전 세계의 국경을 넘나든다. 재화와 서비스의 이동은 노동력의 이동으로 더욱 증폭된다. UN 자료에 의하면 오늘날 전 세계적인 경제 이동인구는 거의 2억 명에 이른다고 한다. 이들 대부분은 빈곤과 기아에 찌든 고향을 어쩔 수 없이 떠나야 하는 사람들이다. 가난보다 더 견디기 힘든 것은 지구 저쪽 편의 사람들은 풍요를 누리고 있다는 사실을 전해 듣는 것이다. 현대적인 통신기술의 한 이면이다.

노동시장의 글로벌화는 세계 주요 대도시에 다양성을 가져왔다. 예를 들어, 런던 거주자의 27퍼센트는 다른 나라 사람들이다. 또한 서비스업에 종사하는 사람들의 76퍼센트는 영어가 모국어가 아니다.

이런 환경에서 기업들은 문화적인 다양성을 포용해야만 하는 입장이다. 즉, 종교와 국가, 인종, 성별을 구분하지 않고 모든 이에게 동등한 기회를 제공해야 하는 것이다. 문화적인 다양성은 종종 상상력 넘치는 기업문화로 이어지기도 한다. 이는 진정한 글로벌 문화를 수용하여 세계 일류로 성장해 가는 패션, 엔터테인먼트, 스포츠 산업을 보면 잘 알 수 있다.

그러나 이면에 숨은 위험이 감지되기도 한다. 이것은 재능 있는 전문 인력의 잦은 전직과 이직이다. 사람들은 단기간 내에 그들이 원하는 바를 성취하면 그것으로 끝이라고 생각한다. 이 때문에 기업들은 사내 데이터베이스와 지적재산권, 기타 기업의 경쟁력을 이루는 지식 자원들에 대한 보호를 강화할 수밖에 없다.

오늘날의 노동환경에서 직원들의 충성심을 돈을 주고 사기는 어렵다. 직원들의 진정한 헌신을 얻기 위해서는 눈에 보이지 않는 심리적인 계약이 더 중요하다. 사무실 출입문의 보안 체크만으로는 기업의 지적 재산권을 절대 보호할 수 없다.

새로운 시장을 위한 마케팅

지구 반대편에 있는 중소기업이 유럽의 고객들에게 마치 바로 길 건너편에 있는 것처럼 물건을 팔 수 있는 것이 오늘날의 현실이다. 영국의 남동쪽에 한 허름한 창고(그렇게밖에는 말할 수 없다)에서는 1920년대의 영국 가정용품들을 판매하고 있다. 욕조라든지, 난방기구, 과자 굽는 오븐 등등이다. 이런 것들의 매매는 현장에서 서로 얼굴을 맞대고 이루어질 것이라고 생각하기 쉽다. 그런데 놀랍게도 이들 물건의 80퍼센트는 중국에서 만들어지고 있으며, 또한 70퍼센트가 미국 소비자들에게 온라인 판매되고 있다. 그 허름한 외양에도 불구하고, 거의 모든 비즈니스가 인터넷으로 이루어지고 있는 것이다.

신흥 시장들 또한 새로운 거대 시장을 만들어 내고 있다. 오늘날 인도에서는 평균 연봉이 2만 5천 달러가 되는 사람들의 수가 7천만 명에 육박한다. 중국에서도 비슷한 수치가 나오고 있다. 이제 이들 나라는 싸구려 생산지에서 성장하는 소비시장으로 변모하고 있다. 서구의 소매, 언론, 패션 기업들이 앞 다투어 이 지역으로 진출하는 이유가 바로 이것이다. 이들 지역 소비자들의 취향이 앞으로는 제품 디자인과 기능의 척도가 될지도 모른다. 유니레버와 P&G는 벌써 이를 경험하고 있다.

이미 성숙한 서구의 소비 시장에서는 과거의 마케팅 카테고리가 더 이상 적용되지 않는다. 나이와 직업, 소득에 따른 소비자 분류는 그들의 소비 패턴과 점점 연관성이 떨어지고 있다. 우리는 라이프스타일 종족이라는 연대로 뭉치는 새로운 해방된 소비자 시대를 경험하고 있다. 그들은 브랜드 구매를 통해 자신의 정체성을 표현한다.

오늘날의 소비자들은 그들이 내일 무엇을 원하게 될지 자신도 모를 정도로 끊임없이 변화한다. 그들이 속해 있는 라이프스타일 종족도 내일이면 다른 것으로 바뀔지도 모른다. 1990년대, 영국의 마크 앤 스펜서는 소비자들의 이런 변화 감지에 실패한 대표적인 예이다. 그들은 소비자에 대한 방대한 자료를 가지고 있었지만 그들의 라이프스타일 변화에 따른 변화를 이해하지는 못하였다. 10년 전만 해도 우리는 온라인으로 비행기표를 예약하게 될 줄 몰랐다. 그때만 해도 지구 건너편에 사는 사람들에게 개인 물품을 경매를 통해 팔게 될 줄은 상상도 못했다.

세계 경제의 재편성은 모든 비즈니스에 기회와 위험을 동시에 안겨 줄 것이다. 위험과 불확실성의 증가 속에서 우리의 미래와 삶이 어떻게 될 것인가를 예측하는 것은 매우 어려운 일이다. 어떤 이들에게 미래는 매우 두려운 것일 수도 있다. 그러나 21세기의 새로운 세계가 제공할 기회를 받아들일 준비가 되어 있는 자들에게는 이보다 더 좋은 비즈니스 기회가 없을 것이다. 때로는 우리가 즐겨 듣는 CD의 음악도 지겨울 때가 있다. 오늘날 우리는 CD에 담긴 리스트를 끊임없이 바꾼다. 21세기의 비즈니스도 마찬가지이다.

신나는, 새로운 세계에 온 것을 환영한다!

앞으로 20년을 지배할 BIG 트렌드는 무엇인가

글로벌 리믹스

초판 1쇄 인쇄　2007년 2월 15일
초판 1쇄 발행　2007년 2월 22일

지 은 이　리처드 스케이스
옮 긴 이　안진환
펴 낸 이　성의현
펴 낸 곳　미래의창

등　　록　제 10-1962(2000년 5월 3일)
주　　소　서울시 마포구 서교동 395-179 미르빌딩 5층
전　　화　325-7556(편집), 338-5175(영업)
팩　　스　338-5140
홈페이지　http://www. miraebook.co.kr
이 메 일　miraebook@chol.com

ISBN 978-89-5989-054-5　　(03320)

＊책값은 뒤 표지에 있습니다. 잘못된 책은 바꿔 드립니다.

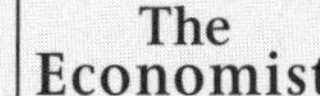

비즈니스 잡학사전

엮은이 : The Economist | 옮긴이 : 전세경
신국변형판(145×225) | 256면 | 값 9,700원

전 세계인이 함께 읽는
최고의 비즈니스 상식

"사업은 취미나 오락을 능가하는 즐거움을 준다. 왜냐하면 우리의 모든 측면에 더 깊은 관심을 불러일으키기 때문이다."

– 《이코노미스트》의 초기 편집자 월터 배조트

세계 최고의 경제지가 전해주는 최고의 경제상식

- 거대한 비즈니스 세계에 감춰진 은밀한 실수
- 비즈니스 세계의 최고·최대 기록
- 기발한 아이디어 전쟁과 파워 게임
- 전 세계를 속인 비즈니스 사기
- 최고의 경영자들이 말하는 그들만의 '경영철학'

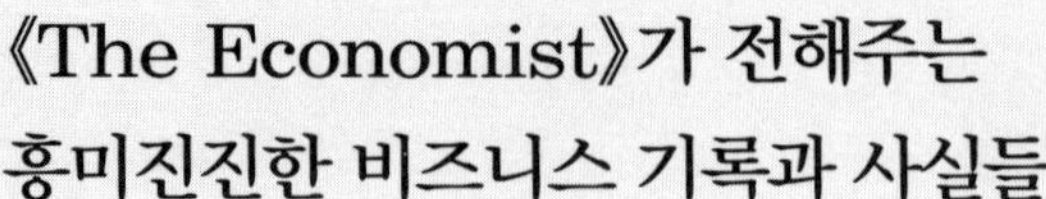

《The Economist》가 전해주는
흥미진진한 비즈니스 기록과 사실들

- 세계에서 가장 존경받는 기업은 가정용, 개인용 제품을 생산하는 미국의 P&G 사로 평가점수 10점 만점에 8.75점을 얻었다.

- 국가별 비즈니스의 부정 부패도를 측정한 결과 10점 만점 중 핀란드가 9.7로 가장 투명성을 보였고, 한국은 4.5점으로 평가되었다.

- 2004년 기준으로 미국에서 가장 많은 연봉을 받는 CEO는 야후의 테리 시멜이다.

- 세계에서 가장 높은 주거용 빌딩은 269m의 21세기타워(두바이)이고, 한국의 타워팰리스는 264m로 세계 3위이다.

- 세계 대형항공사들의 항공기 보유대수는 아메리칸 에어라인즈가 783대로 1위이고, 대한항공은 121대로 22위이다.

- 가장 오래된 증권거래소는 1602년에 설립된 암스테르담 증권거래소이다. 1801년에 설립된 런던 증권거래소는 조나단의 커피하우스에서 유래되었다.

- 세계 유형 수출에서 각국이 차지하는 비율은 유로 지역이 16.34%로 가장 크고, 한국은 2.75%로 12번째를 차지한다.

- 2003년 조사에 의하면 국민 1인당 납부세액은 스웨덴이 5,355달러로 가장 많았고, 미국이 3,355달러, 아일랜드가 2,311달러, 일본이 1,478달러이고 한국은 407달러이다.

- 총매출을 기준으로 전 세계 광고 회사 중 제일 기획은 세계 17위이다.